全國中研所試題彙編

宋裕・黃淑媛 編著

序言

宋裕

編者在民國八十四年，曾參考了各種文學通史、斷代史，專史近兩百種的著作，編成《中國文學史試題詳解．800題》一書，對於參加中研所入學考暨文學史期中期末考都有很大的方便與幫助。「文字學」、「中國思想史」是中文系必修，亦是中研所入學考必考的兩個科目，萬卷樓圖書公司編輯部有意將這兩個科目的試題加以解題出版，但這兩個科目，不是編者專長與興趣所在，因此不敢貿然答應。編者在蒐集各校文學史試題的過程中，也附帶蒐集了不少「文字學」與「中國思想史」的考題，但仍不夠齊全，因此又請黃淑媛小姐蒐集了不少題目，然後分別按年度排列，書後，並附上各科參考書目，雖然沒有解題，但對同學應當也有不少的方便與幫助。最後祝大家

考試順利

金榜題名

目錄

貳、中國文學史

參、文字聲韻訓詁學

肆、其他科目

附錄

壹

中國思想史

國立臺灣大學

八十四年度

1. 試比較孟子、荀子、董仲舒、郭象四家對「人性」問題的看法。
2. 莊子名理想之人物為「至人」、「神人」或「真人」；試述如何經由修養，達成此一人生境界？
3. 試就「涵養須用敬，進學則在致知」一語說明程伊川的修養論，並論述此一觀點對朱子有何影響？
4. 寫出下列著作成於何時何人？其主要內容及在思想史上的重要性為何？
(1)《近思錄》
(2)《大乘起信論》
(3)《明夷待訪錄》
(4)《孟子字義疏證》

八十五年度

1.試述魏晉南北朝佛學之般若思想及染淨之辨對中國儒佛思想之影響。

2.宋明理學中程朱的「性即理」和陸王「心即理」之說究竟有何異、同處？

3.試分別說明並比較孔子、墨子、孟子、荀子、董仲舒等人對「義、利」問題的見解。

4.試就所知闡述下列作品的作者、內容及其在中國思想史上有何重要意義？

(1)《道德經》

(2)《呂氏春秋》

(3)《春秋繁露》

(4)《論六家要旨》

(5)《淮南子》

八十六年度

1.孟子、荀子、莊子、董仲舒、王弼諸家心目中的「聖人」觀念（或「至人」境界）有何不同？他們對「人性本質」與「情性關係」的討論，各是如何？試詳較之。

2.詮釋下列語句之思想義涵，並註明出處。

(1)反者道之動，弱者道之用。

(2)一陰一陽之謂道。繼之者善也，成之者性也。

(3)神器獨化於玄冥之境。

3.試述王陽明「致良知」學說的精義及後學末流所產生的流弊。

4.解釋下列詞語出處及其涵義：

(1)應無所住而生其心

(2)一心開二門

(3)理一分殊

(4)變化氣質

八十七年度

1.孟子、告子、荀子的心性論主張各如何？孟告之辯，與荀孟之辯的爭議焦點何在？為什麼孟子的性善學說，在中國人性論史上較居優勢的地位與影響？

2.詮釋下列語句之思想義涵，並註明出處。

(1)物无非彼，物无非是。自彼則不見，自知則知之。

(2)聖人執左契，而不責於人。有德司契，無德司徹。

(3)天之顯經隱權，前德而後刑。

(4)神器獨化于玄冥之境。

3.朱熹與王守仁對《大學》「格物致知」的詮釋有何不同？此一差異在兩人的思想體系上有何特殊意義？試就所知論述之。

4.簡要說明下列各著作的作者、主要內容及其在思想史上的意義：
(1)《復性書》
(2)《太極圖說》
(3)《傳習錄》
(4)《存性編》
(5)《仁學》

八十八年度

1.孟子、荀子、董仲舒三人對「天人關係」及「人性善惡」的觀點，有何異同？試就其論證內容詳加比較。

2.王弼的《周易注》、《老子注》及郭象的《莊子注》，對先秦的《易》、《老》、《莊》哲學有何繼承和發展？在《易》、《老》、《莊》中有那些隱性的思想性命題，被他們揭示出來討論？

3.宋儒曰：「氣質之說，起於張、程，極有功於聖門，有補於後學。前此未曾有人說到。故張、程之說立，則諸子之說泯矣。」試說明上述言論的具體內容為何？並就此加以評論。

4.朱熹與戴震對易傳所謂「形而上者謂之道，形而下者謂之器。」的解釋有何不同？這種不同在思想史上有何重要意義？試說明之。

八十九年度

1. 簡要說明下列專有名詞的具體內容：
(1)正名
(2)仁內義外
(3)黃老
(4)塊不失道
(5)離堅白
2. 孟子的王霸論的具體內容為何？為什麼孟子要談王霸問題？舉例說明他的王霸論對後代學者有何影響？
3. 朱子學與陽明學的差異何在？試舉其大要說明之。
4. 晚清今文經學復起，試說明此派之具體主張為何？

九十年度

1. 解釋下列名詞：
(1)稷下之學
(2)墨經
(3)五行篇

(4)讖緯
(5)格義

2.先秦時代學派興盛，「諸子百家」蔚然成風，各家各派學說亦各有其理想與特色，然儒家卒能脫穎而出獨尊於天下，成為漢代官學，其原因究竟何在？試就學術思想史的觀點分析說明。

3.「性即理」、「心即理」二論自宋以後就爭論不止，試問二者的主要觀點有何不同？自宋至明，有那些學者對此提出了重要主張？

4.梁啟超在《清代學術概論》中以我國清代學術之發達與歐洲文藝復興相比擬。但有部分學者以為清代除在整理古籍、考證古史上頗有貢獻外，以思想史的角度看為成績平平、乏善可陳。二說顯然矛盾，試評論之。

九十一年度

1.宋明理學近人有稱之為「宋明新儒家」者，試問：(1)所謂「宋明新儒家」與「先秦原始儒家」在思想上有何區別？(2)「宋代新儒家」與「先秦原始儒家」各有何優、缺點？請就所知分別說明之。

2.韓愈雖為「文人之雄」，但其在中國思想史上經常被列為宋明理學之先驅，原因安在？試就韓氏所著〈原道〉、〈原性〉、〈省試顏子不貳過論〉及其他作品詳細說明之。

3.解釋名詞：

(1)以述為作
(2)正名
(3)夜氣
(4)齊物
(5)慎獨

4.今、古文經派的主要爭議何在?以思想史之角度觀察有何意義?

九十二年度

1.墨子非攻,孟子主張「善戰者服上刑」,兩人均反對戰爭,都不贊成以戰爭為解決問題的手段。試問:(1)兩人反對戰爭的理由是否相同?如果相同,理由為何?如果不同,差別又在哪裡?(2)兩人反對戰爭的理由與其基本思想有何關連?

2.何謂「黃老」?「黃老」之學有何代表性作品?其主要思想內容如何?黃老思想在當時曾發生什麼影響?試說明之。

3.試述中觀學派的學說要旨,以及其對中國思想史產生的影響。

4.試述宋明理學與清代學術的主要分歧。

九十三年度

1.儒家政治思想中,君臣關係是相當重要的部份,孔子、孟子對此均有論述。請問:(1)

孔、孟的君臣關係論有否差異？⑵如果有差異的話，差異在哪裡？⑶這種差異在思想史上有何意義？請詳細說明。

2.《大學》一書是儒家重要典籍，試問：⑴《大學》在儒家思想發展過程中具有何種地位？⑵《大學》與孟、荀兩家思想有何關係？試舉例說明之。

3.陽明後學，可以地域及學風分為數派，其中以「浙中」、「江右」、「泰州」最為有名，試於各派列舉二、三人，說明個人及該學派之宗旨。

4.章學誠（實齋）與戴震（東原）之學術來源為何？其學術貢獻為何？二人對清代中葉之後之學術發展有何影響？

國立臺灣師範大學

八十年度

1. 莊子天下篇評介先秦學術，有「道術將為天下裂」之語，何謂也？試解釋之；從思想史觀點言，此類道術分裂之現象，意義如何？試論述之。
2. 朱子與陽明對於大學之格物致知，各有不同之闡釋，其要旨如何？得失如何？
3. 法家於中國政治發展之貢獻為何？又其局限為何？請析論之。
4. 魏晉玄學中才性派之思想特色為何？試論述之。

八十一年度

1. 論者謂董仲舒為漢儒之首，然否？試就儒學發展史之觀點，評述董氏之學術成就。
2. 何謂禪宗？試據六祖壇經論述惠能思想之要旨。
3. 請析論惠施與公孫龍二家思想的異趣。
4. 哲學史一般視周濂溪為宋明儒學之開山之祖，請論其思想對宋明儒學之貢獻何在？又其不足之處何在?

八十二年度

1.試論楊朱其人及其學派之思想與價值。

2.論述清初顏（元）李（塨）學派之思想及其影響。

3.試舉出下列佛教各宗所據以立教之主要經論：

(1)天台宗

(2)華嚴宗

(3)成實宗

(4)三論宗

(5)唯識宗

4.明末顧亭林、黃梨洲、王船山身遭亡國之痛，為學有一共通之精神，此一精神為何?試各舉其著作以說明之。

八十三年度

1.試論述老子一書對「知」的看法。

2.漢自武帝以後，罷黜百家，獨尊儒術；漢宣帝卻說漢廷是「王霸道雜治」，試就學術思想的觀點說明其故。

3.魏晉玄學中自然與名教的關係為何？試闡述之。

4.孟子、莊子、董仲舒三人對「天」、「人」間之看法，要義如何？試比較說明之。

八十四年度

1.墨子與孟子二書皆有論「義」之言，試較論其異同。

2.東晉道安在中國佛學發展上之地位如何？請闡明之。

3.試就所知討論宋明儒學分系的成說之理論及其得失。

4.清代學術思想之特色為何？就整體發展而言，可以分為那些期派？各期派之代表人物與主要思想趨向為何？試就所知詳論之。

八十五年度

1.試論韓非子思想和老子思想的關係。

2.東漢王充何以被推為漢代學術界最具革命性的思想家？試述其具革命性之重要思想學說。

3.試論述魏晉時期「言意之辯」各家的主張及內涵。

4.清儒戴東原有關哲學的著作有那些？其哲學思想有何特色？應如何評論其在中國哲學發展上之價值？

八十六年度

1.儒家孔子荀子皆主正名，《春秋繁露》也談名，法家重刑名，名家尤以辯「名」成家，各家論「名」有何異同？試就所知，詳細以對。

2.試述魏晉時期的反玄學思想。

3.試述竺道生之佛學思想及其對後世之影響。

4.孟子、王充、程明道三人，為不同時代之思想家，亦皆有其論「性」之義，請闡明三人「性」論之異趣。

九十年度

1.試舉證論述《周易》與中國哲學的思想理路關係。

2.何謂「三綱」？落在中國哲學史上來說，它是如何形成的？它代表的意義何在？並請就「三綱」的內容結構，闡明「經典詮釋」、「政治權力」與「心靈意識」彼此的關係。

3.宋儒張載之學，以「苦心力索」著稱，試詳述其「苦心力索」之治學狀況與學術成就。

4.解釋並闡述下列詞語的內涵：

(1)性具三千

(2)種子現行

(3)機類有別

(4)教外別傳

(5)六即行位

九十一年度

1.後人對於先秦法家之思想理論，有所謂尚實、尚勢、尚法、尚術、集大成等派別之區分，其區分之焦點乃在思想之偏倚。試就所知，論證尚實派法家與集大成派法家思想之異同。

2.孟子有「本心」之說，主張「盡其心者，知其性也」；《六祖壇經》也有「不識本心，學法無益，識心見性」之說，試論其異同。

3.試論述王弼《老子注》、郭象《莊子注》中有關儒道會通的理論架構。

4.最近五十年來，台灣地區哲學思潮頗為多元，請就所知其中一個流派，深入探討，藉由「傳統主義」與「反傳統主義」之對比，指出台灣地區在未來多元、差異的文化對話中所可能扮演的角色。

九十二年度

1.「哲學」與「思想」有何不同？「哲學史」、「思想史」、「範疇史」三者是否有區別？編纂「中國哲學史」的目的何在？

2.試論述先秦道家、儒家、墨家對禮樂制度的觀點及其存在根據的說明。

3. 請就「理」、「心」、「氣」三個核心性概念，分別舉宋明儒學中三位代表性的人物，闡述彼此思想義理的異同。

4. 試舉證說明並比較清儒在中國哲學的詮釋與研探主題上，與漢儒和宋儒有何不同之處。

九十三年度

1. 試分析孔子、荀子、莊子及王弼對「名」的態度。

2. 孟子與莊子同時，二人對生死問題各有何主張？

3. 請環繞「格物、致知、誠意、正心」等關鍵性概念，舉宋明理學之兩大哲學系絡，指出彼此有何詮釋上的異同。

4. 請簡釋下列諸詞之哲學意涵：

(1)道生法

(2)名無固宜

(3)言不盡意

(4)一心三觀

(5)因陀羅網

國立政治大學

八十二年度

1.孟子、告子、荀子三人有關人性之論說，有何異同？請分別加以說明。
2.王弼為正始時期之玄學宗師，其玄學思想為何？試詳述之。
3.試論述董仲舒的天人思想及其在政教方面的運用情形。
4.試闡釋程朱的格物說，並詳述其得失。

八十三年度

1.老子所談的「道」，其義為何？請詳加說明。
2.嵇康為「竹林七賢」之一，有「臥龍」之稱，思想細密，擅長論理。試就「越名教而任自然」、「聲無哀樂」、「養生」三方面，說明嵇康的玄學思想。
3.試闡述禪宗思想之特色。
4.朱熹與王陽明對大學中之「致知」，解釋有別，試說明其異同。

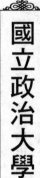

八十四年度

1.試論述莊子齊物論所表現之思想。
2.郭象如何將其獨化論運用至人生及政治問題上，試加說明。
3.竺道生在佛學思想上有何獨特之體悟，其所顯示之意義為何？試加闡述。
4.王陽明極注重良知之教，其所謂良知，內涵為何？試加論述。

八十五年度

1.何謂「化性起偽」？試就荀子思想詳加論述。
2.試述魏晉玄學思想興起的原因。
3.王充如何以其天道觀批駁天人感應之說？試加論述。
4.華嚴宗教義中之法界觀，其內容為何？試加說明。

八十六年度

1.試述墨子「兼相愛、交相利」的思想要義。
2.何謂「正始之音」？試舉出代表人物，並闡述其思想要義。
3.天台宗有所謂「一心三觀」之說，其意蘊為何？試加闡述。
4.朱熹與王陽明對於大學中的「格物致知」，看法有何不同？試加析論。

八十七年度

1.《墨子．非命上》云：「言必有三表。」何謂「三表」？並請舉例說明之。
2.魏晉玄學中的「言意之辨」，各家有何不同意見？試就所知，詳加論述。
3.王充對於性、命的看法各如何？其中是否有衝突矛盾之處？試加評述。
5.對王陽明之四句教，陽明弟子王畿、錢德洪各有何種不同的體會？試加論述。

八十八年度

1.請詮釋下列學說要義：
(1)公孫龍「離堅白」說
(2)荀子「虛壹而靜」說
(3)慧能「定慧不二」說
2.請闡述下列著作大旨：
(1)阮籍〈達莊論〉
(2)僧肇〈物不遷論〉
3.試述揚雄思想之大要及其在兩漢思想史上之地位。
4.試略述下列學者之論學主張。
(1)二程兄弟

(2)王陽明
(3)顧炎武

八十九年度

1.董仲舒倡「天人相應」之說，試就其對策之文與所著《春秋繁露》一書中相關資料詳加論述。
2.王弼主貴無，裴頠論崇有，試比較此二家之思想內涵。
3.試論述朱熹與王陽明「格物」說之要旨，並比較其異同。
4.試論述下列兩問題：
(1)禪宗之所以被稱為教外別傳之原因何在？
(2)顧炎武之論學主張為何？

九十年度

1.試述下列人物之思想大要：
(1)何晏
(2)桓譚
(3)道安
2.試述下列著作之主要內容：

(1)僧肇〈不真空論〉
(2)嵇康〈聲無哀樂論〉
3.荀子重「禮」，其主要理論為何？試詳論之。
4.朱熹集理學之大成，其思想對後世影響至大，試舉其重要學說，詳加論述。

九十一年度

1.請說明惠施、公孫龍二人思想要義，並析論其相異之處。
2.請說明程顥、程頤二人思想要義，並析論其相異之處。
3.漢初「黃老之學」與魏晉「老莊思想」有何區別？請詳論之。
4.隋唐佛學興盛之原因為何？試就所知，詳加論述。

九十二年度

1.先秦名家學說在後代沒有明顯的發展，這當中思想本身佔有很大的因素，因為先秦時候其他思想派別關於語言(所謂「名」)的看法就已經是對它的強力排擠了。請你(1)分別說明惠施、公孫龍名辯思維的一般手法。(2)以墨子後學和莊子為例，分別闡明兩者從什麼角度排擠了名家學說。
2.請從「自然與名教之辨」和「聖人境界」這兩方面，比較、論述王弼、郭象在融合儒、道上的融合程度和整體表現；並說明二人這般儒道融合的思想何以仍舊屬於道家的立場。

3. 戴震在對宋明理學主流思想的批評中建構了他的氣本論，請在跟宋明理學主流思想的對比中論述他氣本論的基本觀點，並說明他這種型態的氣本論在思想史上以及對今天的意義。

4. 請參考提示名單指出每段文句的作者，並從思想脈絡扼要說明你如此選擇的理由。

(1)推思而不理，不成仁。（孟子？荀子？）

(2)誠心守仁則形，形則神，神則能化矣；誠心行義則理，理則明，明則能變矣。（孟子？荀子？）

(3)志道懇切，固是誠意。若迫切不中理，則反為不誠。（程顥？程頤？）

(4)格物者，正物也。物各得其當然之實則正矣。物物而能正之，知豈有不至乎？（王陽明？王廷相？）

5. 下列英文都是中國思想史的重要名詞、話語或書名，請將它們的中文寫出來。

(1)Mandate of Heaven

(2)Learning of the Mysterious

(3)the Consciousness-Only School

(4)the Ten Mysterious Gates

(5)Plateform Scripture of the Sixth Patriach

九十三年度

1\. 請扼要回答下列問題：
(1)先秦諸子的起源及其興盛的原因為何？
(2)郭象《莊子注》的特色及其核心思想為何？

2\. 請闡述下列文句之義蘊：
(1)反者，道之動。
(2)得意在忘象，得象在忘言。
(3)無念為宗，無相為體，無住為本。

3\. 關於董仲舒的「深察名號」說，(1)它的基本內容為何？它是一個什麼性質（或關乎什麼課題）以及什麼用途的觀點？(2)它在漢代一般思想、學術中有無普遍性？它在今天一般中國人的思維中還有某個程度的存在、流行和正當性嗎（如果有的話請具體說明之）？

4\. 請統觀底下兩組資料，合併地申論其中思想變遷的線索和意義。
1a.《易經．繫辭傳》「易有太極」一句，孔《疏》：「太極謂天地未分之前元氣混而為一，即是太初、太一也。」
1b.同上，朱子《本義》：「易者，陰陽之變。太極者其理也。」
1c.同上，王夫之《周易內傳》：「……其實陰陽之渾合者而已，而不可名之為陰陽，則但贊其極至而無以加曰太極。」

2a.《論語》「參乎！吾道一以貫之。」章，孔《疏》：「言夫子之道唯以忠恕一理以統天下萬事之理，更無他法，故云而已矣。」

2b.同上，朱子《集註》：「蓋至誠無息者，道之體也，萬殊之所以一本也；萬物各得其所者，道之用也，一本之所以萬殊也。以此觀之，一以貫之之實可見矣。」

2c.顧炎武《日知錄》：「昔之清談談老莊，今之清談談孔孟，未得其精而遺其粗，未究其本而先辭其末……舉夫子論學論政之大端一切不問，而曰『一貫』曰『無言』，以明心見性之空言，代修己治人之實……」

5.下列是宋明清理學重要書名（⑴～⑶）和名句的英譯，請寫出其中原文。

⑴ Correcting Youthful Ignorance

⑵ Commentary on the meanings of terms in the Book of Mencius

⑶ Explanation of the Diagram of the Supreme Polarity

⑷ The principle is one but its manifestations are many.

⑸ The mind commands man's nature and feelings.

東吳大學

八十二年度

1. 儒道兩家對「名」之認知有何歧異之處？試申述之。
2. 魏晉玄學之特徵為何？試條舉說明之。
3. 宋明儒學何以稱為「理學」？各理學家論「理」有何異同。
4. 清末公羊學思想何以興起？有那些重要之公羊學家？其理論異同如何？

八十三年度

1. 試述孔子的人道思想，對後世的建樹與貢獻。
2. 秦火後，《史記》、《漢書》皆言其對漢代學術思想的影響，試述其主要的影響為何？
3. 解釋名詞：
(1) 六家七宗
(2) 格義

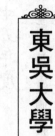

4.宋代程、朱與陸、王爭論的焦點為何?試申述之。
5.何謂社會主義?是經何種途徑傳入中國的?為何會在中國迅速傳播,其原因為何?

八十四年度

1.先秦之際,儒墨並稱顯學,二家主張之不同處,試申述之。
2.漢儒針對天人關係之主張為何?試說明之。
3.試簡介下列經籍(作者、時代、內容、重要性):
(1)成唯識論
(2)壇經
(3)近思錄
(4)傳習錄
(5)日知錄
4.理學大分「程朱」、「陸王」二系,試比較其異同。

八十五年度

1.有學者以為兩漢儒學是儒學的第一次變質,此說可否成立?請詳加論述。
2.有學者以為魏晉時代的道家為「新道家」,與先秦道家相比,有那些新的思想傾向,請詳加論述。

3.以下引錄宋明儒者名言十則，試說明出自何人，並解釋之：
(1)「定之以仁義中正而主靜」
(2)「學者必先識仁」
(3)「涵養須用敬，進學在致知」
(4)「為天地立心」
(5)「欲致吾之知，在即物而窮其理也」
(6)「取曰虞淵，洗光咸池」
(7)「知善知惡是良知」
(8)「隨處體認天理」
(9)「官連輦轂，念頭不在君父上……，即有他美，君子不恥」
(10)「樂是樂此學，學是學此樂」

4.何謂「論學宗旨」？

5.程朱與陸王有何異同？

八十六年度

1.述先秦法家思想之特色。

2.董仲舒天人感應學說要旨及對後世影響。

3.由朱熹「白鹿洞書院教規」，說明其教學宗旨。

4. 陽明學興起之因和流弊。
5. 解釋名詞：
(1)太極圖說
(2)明儒學案
(3)近思錄
(4)日知錄

九十年度

1.《荀子．非十二子篇》中批評墨子：「上功用，大儉約，而僈差等。」〈解蔽篇〉中說：「墨子蔽於用而不知文」；《莊子．天下篇》中評述墨子：「其生也勤，其死也薄，其道大觳；使人憂，使人悲，其行難為也，恐其不可以為聖人之道，反天下之心，天下不堪。墨子雖獨能任，奈天下何！」請就以上之評述，申論墨子學說之義蘊。
2. 儒、道兩家思想在漢代似已喪失其原始本色，勞思光先生在其《新編中國哲學史》中曾評述為「假冒的儒學」、「肢解的道家」。請闡釋儒、道兩家思想在漢代的質變狀況。
3. 試就所知，論述宋明理學與經學的關係。
4. 程朱、陸王之爭，到明末清初以何種方式來解決？請就所知加以論述。

九十一年度

1. 試就下列文獻，闡釋中國哲學中幾個關於「氣」的觀念：
(1)專「氣」致柔，能如嬰兒乎？（《老子》第十章）
(2)我知言，我善養吾「浩然之氣」。（《孟子．公孫丑上》）
(3)「氣」也者，虛而待物者也。（《莊子．人間世》）
(4)用「氣」為性，性成命定。（王充《論衡．無形篇》）
2. 試依據王弼注《老》與郭象注《莊》的內容，說明儒、道會通的理論架構。

九十二年度

1. 請以董仲舒為例，說明儒家天道、人性思想在漢代所產生的變化。
2. 解釋下列名詞：
(1)英雄（《人物志》）
(2)聖人體無（王弼）
(3)越名任心（嵇康）
(4)崇有（裴頠）
(5)自爾獨化（郭象）
3. 自唐代以降，三教歸一，是一個普遍的思潮。明代禪宗大師德清禪師也曾說：「為學有三要：所謂不知《春秋》，不能涉世；不精老、莊，不能忘世；不參禪，不能出世。」然三教經由工夫進路所追求之「理」為何？詳述之。

4.請詳述朱、陸「無極而太極」之辯，及周濂溪原說之思想為何？

九十三年度

1.請詳細分析神秀與惠能兩人偈語對佛教世界的理解與對解脫方式的理解？但請先完整地寫出兩人偈語的內容再論述之。

2.宋代理學家是如何看待「十六字心傳」？請析論之。

3.申論題：

(1)試分析說明孔子、老子、墨子面對「禮」的態度。

(2)試論述漢代「讖緯」的內容及其影響。

(3)試闡釋王弼的聖人形象。

文化大學

八十年度

1. 何謂易傳？試說明其思想要旨及其在思想史上之主要意義。
2. 儒、道、法三家皆極稱「無為」，其精神是否相同？試論述之。
3. 孟子、莊子、董仲舒三人對「天」、「人」間之看法有何區別？試比較說明之。
4. 何謂「禪智雙運」、「頓悟成佛」與「明心見性」？又各為何人所主張？試說明之。

八十一年度

1. 惠施謂「氾愛萬物，天地一體」，莊子謂「天地與我並生，萬物與我為一」，二家所言要義如何？立論之根據如何？試比較說明之。
2. 試論述竺道生之佛學思想及其對後世中國佛教之影響。
3. 朱子與陽明對大學之「格物致知」，各有不同之闡釋，其要義如何？得失如何？試分別說明之。

4.就儒家而言，我們哲學之憂患意識，起源於何時？其特色為何？試論述之。

八十二年度

1.由「反者道之動，弱者道之用」（《老子》四十章）二語，說明老子思想的特色。
2.試說明孟子、莊子、易傳對天人關係的看法，並比較其異同。
3.惠能思想的特色為何？及其在中國思想史上的地位如何？
4.試說明荀子、朱子的心性論，並比較其異同。

八十三年度

1.說明老子、莊子修養論的特色與關聯。
2.說明中庸、易傳思想之特色，及在思想史上的地位。
3.比較明道、伊川對天、人看法的異同。
4.解釋名詞：
(1)法身無色
(2)法界緣起
(3)性成命定
(4)得意忘言

八十四年度

1.試由「正言若反」說明老子「道」之內容。
2.惠能之「心量廣大猶如虛空」與象山之「宇宙便是吾心」有何異同。
3.孟子與橫渠對心、性的看法，有何關聯與異同。
4.儒釋道對生命困限的形成與克治各有何看法。

八十五年度

1.《道德經》曰：「天地不仁，以萬物為芻狗；聖人不仁，以百姓為芻狗。」試就老子「道」之思想，說明其義。
2.試就儒學發展史之觀點，評述董仲舒在漢儒之地位及其學術之成就。
3.何謂禪宗？南北禪宗之主要分歧安在？試分別說明之。
4.論述明末清初學術思想之變化及其新趨向。

八十六年度

1.孟子、荀子心性論的異同，及影響。
2.老子、莊子思想有何傳承與價值。
3.天台宗「一心三觀」的思想。

4.王龍溪的「四無」說，及其對儒學的價值。

八十七年度

1.先秦儒家論「禮」的演變與異同。
2.王弼對「言意之辨」的看法及其所彰顯之意義。
3.華嚴宗「三界所有法，唯是一心造」的內容及其影響。
4.張橫渠云「心能盡性」試釋其義及其在理學史上的重要性。

八十八年度

1.老子云：「天下之物生於有，有生於無」的內涵為何？
2.比較荀子、韓非子、董仲舒的人性論有何異同。
3.由華嚴宗：「事事無礙法界」的特點論儒、釋、道三家的異同。
4.說明朱子的心性論與理氣論的內容及關係。

八十九年度

1.孔子「仁．義．禮」的內容與關係。
2.莊子「逍遙遊」的工夫與境界。
3.大乘起信論的主旨，及其在中國思想史上的地位為何。

4.王廷相論「性」，與其他儒家有何異同？

九十年度

1.比較孟子、荀子、董仲舒三人對天人關係的看法有何不同？

2.說明王弼、郭象思想的特色。

3.說明慧能「明心見性」、「見性成佛」的思想。

4.比較張橫渠、朱子、王陽明三人的思想有何不同？

九十一年度

1.說明孟子「心、性、天」的理論。

2.說明王充思想的特色。

3.說明僧肇思想的特色。

4.說明張載「太虛無形，氣之本體」的內容，及在宋明理學的地位。

九十二年度

1.請由修養論的進路，說明老子之「無」與莊子之「逍遙遊」的共通性。

2.說明中庸、易傳、董仲舒等對天、人關係看法之異同。

3.說明天台宗「一念三千」、「一心三觀」的思想。

4.說明王廷相對理、氣、心、性的看法。

九十三年度

1.孔子之「仁」與孟子之「性善」的異同。
2.由「天地一指，萬物一馬」（《莊子·齊物論》）的思想，論儒、釋、道三家的異同。
3.華嚴宗對「心」的看法。
4.周敦頤以「誠」為主的學說。

淡江大學

八十年度

1. 解釋名詞
(1) 天人感應
(2) 玄學
(3) 一念三千
(4) 格物致知
(5) 無其器則無其道
2. 在先秦思想家中，「禮」是討論的重點之一，試以孔子、老子、荀子為例，分析其對「禮」的不同看法。
3. 由五經而九經，而十三經，經書範圍不斷擴充，「經」的定義與價值亦隨之變化，試說明從漢至宋儒學的轉變。
4. 以康有為、章炳麟（太炎）為例，說明中國近代知識分子的思想開展及其困窘。

八十一年度

1. 解釋名詞
(1)讖緯
(2)頓悟
(3)神滅論
(4)理氣二元論
(5)西化

2. 試說明儒、道、墨家有關「天」的觀念。

3. 禪宗傳入中國後，逐漸發展成一套特殊的思考方式，這套思考方式內容是什麼？對佛教本身造成了那些衝擊？對中國的思想界又形成了那些影響？

4. 百餘年來，在西方文化強勢凌迫下，在中國大陸「文革」式的肆意破壞下，中國文化的價值是否依然存在？這種價值在未來將藉著何種方式呈現？

八十二年度

1. 解釋名詞
(1)理即佛
(2)滌除玄覽

(3)聲無哀樂

(4)乾坤並建

2.中國思想就生命超轉之可能的思索，走著與西方「原罪─救贖」不同的路向，試就儒、釋、道三家說明其思索的大要。

3.戰國秦、漢以來，新形成的氣性宇宙觀逐漸成為解釋宇宙生成變化及人類存在的基礎性的理論，對於中國學術產生莫大影響，至今未絕，是一個不可忽視的思想主題。試以漢代王充為例，說明此一氣性宇宙觀的基本理路。

4.請運用你所學到與消化的中國思想，與當代社會進行對話。

當前台灣社會在「資本經濟與科技文明」的主導下，已進展到消費型社會，在此一過程中，不斷地浮現出現代化先進國家曾經歷的社會困境與心理困境。社會困境如：社會趨向唯利是圖的風氣，文化邊緣化，科層組織的異化，客體文化的反控以及資源的大量浪費與自然的反撲等；心理困境如：生活失去自主性，生命失去價值方向的焦慮，無法應對變動過速之世界的焦慮，與工作疏離的焦慮，以及人際接觸頻繁，卻缺乏真實情感交流的厭倦感與孤寂感。依你的看法，應以怎樣的思想來對治當代社會的心理困境問題。

八十三年度

1.古籍解題

例：荀子二十卷戰國楚蘭陵令荀況撰漢志作孫卿子云齊稷下祭酒

(1)申鑒
(2)中說
(3)劉子新論
(4)胡子知言

2. 解釋名詞
(1)窮神知化
(2)法後王
(3)踐形
(4)體用一源

3. 孔孟皆主張中道，試列舉論孟之言以證，並略論二家之異同？

4. 宋儒有心統性情之說為何人所主張？其涵義為何？

5. 處此多元化之社會儒釋道三家應扮演何種角色以救時弊？

八十四年度

1. 請解析下列詞彙之義理內涵
(1)心齋坐忘
(2)一心開二門
(3)五時判教

2.宋儒陸九淵曾云：「夫子以仁發明斯道，其言渾無罅縫，孟子十字打開，更無隱遁。」請闡論由孔子仁教到孟子心性之學的義理開展。
3.魏晉玄學的主要課題為何？請舉出重要的哲學家及其代表著作，並闡釋其學說要旨。
4.請闡述當代新儒家對傳統儒學的傳承與開展，並說明牟宗三先生的學術成就。

八十五年度

1.試分析先秦儒、墨、道、法四家有關「尚賢」思想的異同。
2.試扼要敘述魏晉南北朝期間佛教與道教的衝突及其（衝突）對道教的影響。
3.請以朱熹和陳亮為例，說明宋儒「王霸之辨」的內涵。
4.何謂「經世思想」？明、清之際的「經世思想」有何特色？

八十六年度

1.試就仁義禮說明孔子思想之主要精神，又，老子對仁義禮之批判應如何理解？
2.試比較墨子、荀子、韓非子，在權威主義及人性論立場上之異同。
3.試就逍遙遊，說明郭象注莊之特色。
4.試比較牟宗三及勞思光對宋明理學分系之異同得失。

八十七年度

1.中國思想史該如何分期?每期所因應的主要課題是什麼?
2.請說明「黃老」、「老莊」、「道家」三者的關係。
3.何謂「佛性論」?「佛性論」的提出在中國思想史上有何意義?
4.宋明儒者中陸象山、王陽明最契合孟子內聖精神,請舉出王陽明對孟子學說的發揮處。

八十八年度

1.試論孟子對告子、楊朱、墨翟思想之批判及其得失。
2.試比較孟子、告子、荀子、董仲舒之人性論。
3.《中論.觀四諦品》:「眾因緣生法,我說即是空,亦為是假名,亦是中道義。」此義應如何理解?又,天台智者大師有一心三觀及「即空即假即中」圓融三諦之義,又當如何理解?
4.試就理氣、心性情、格物致知、涵養察識,說明朱子學之特色及得失。

八十九年度

1.試以「權威主義」為核心,比較墨子、荀子及韓非子政治思想之異同。
2.試以逍遙、獨化、天刑等三義,說明郭象注莊之精義。

3.試依《六祖壇經》比較惠能及神秀工夫論之異同得失。

4.張載《正蒙．太和》謂：「由太虛，有天之名；由氣化，有道之名；合虛與氣，有性之名；合性與知覺，有心之名。」此義應如何理解？又，由「太虛即氣」及「太虛無形，氣之本體」之說，可以判定張載是唯氣論者嗎？理由何在？

九十年度

1.請依據《論語》、《孟子》文本，說明先秦儒家如何理解「天人關係」？

2.請說明「黃老道家」與「魏晉道家」在義理性格上的基本差異？

3.郭象以「適性」釋莊子「逍遙」義，支道林則以「明至人之心」另標新義，請比較二說，並予評論。

4.請說明戴震對宋儒批判的基本論點。

九十一年度

1.試就「人性論」，說明孟子、荀子、韓非對於政治思想之主張。

2.老子對仁、義、禮批判甚力，且有小國寡民之說。請問：老子究對於周文，是持否定之立場，而為一種「文化否定論」？還是老子仍然肯定周文，而欲加以治療的一種「文化治療學」？試述理由。

3.試評述魏晉「言盡意」與「言不盡意」之論。

4.請以四句教，說明陽明思想之精義。

九十二年度

1.試引文獻，說明先秦各家對「名」概念之理解態度。

2.墨子對心性論之理解態度為何？其如何安頓兼愛非攻之價值根源？

3.神秀：身是菩提樹，心如明鏡臺，時時勤拂拭，勿使惹塵埃。

慧能：菩提本無樹，明鏡亦非臺，本來無一物，何處惹塵埃。

試依以上詩偈，比較二者修養論之差異與得失。

4.試依理氣二分、心性情三分、心統性情、格物致知，說明朱子思想之體系與結構。

九十三年度

1.試就《中庸．首章》說明天命、性、道、教及中和之關係。

2.《莊子．天下》謂：「慎到棄知去己而緣不得已，泠汰於物以為道理，曰知不知，將薄知而後鄰傷之者也，謑髁无任而笑天下之尚賢也，縱脫無行而非天下之大聖，椎拍輐斷，與物宛轉，舍是與非，苟可以免，不師知慮，不知前後，魏然而已矣。推而後行，曳而後往，若飄風之還，若羽之旋，若磨石之隧，全而無非，動靜無過，未嘗有罪，是何故？夫無知之物，無建己之患，無用知之累，動靜不離於理，是以終身無譽。故曰至於若無知之物而已，無用賢聖，夫塊不失道。豪傑相與笑之曰：『慎到之道，非生人之行而至死人之理，適得怪焉。』」試依此文說明慎到思想之精義及其限制。

3. 試述智者大師的判教理論。又，天台宗以「緣理斷九」判華嚴宗非究極圓教，其義應如何理解？

4. 張橫渠《正蒙．太和篇》：「由太虛，有天之名；由氣化，有道之名；合虛與氣，有性之名；合性與知覺，有心之名。」應如何理解？

銘傳大學

八十九年度

1.「先秦諸子」之興，或謂源於「王官」之學，或謂起於「救世之弊」，試以當時之背景，條列說明其因及學派之分立概況。

2.楊朱之學術思想，在戰國之際曾風行一時，其勢似乎凌駕儒家學派，惟為時不久，其說即日趨湮沒不彰，試說明其思想之要涵暨湮沒不彰之原因。

3.魏晉之際「玄學清淡」之思想何以盛極一時？又對當時之社會習尚產生何種影響？

4.何謂「理學」？並列述王陽明之理學三大綱領要旨。

九十年度

1.先秦法家有所謂之「重勢派」、「重術派」、「重法派」等之分，試說明各派之思想特色。又韓非子謂君子應「持二柄」、「防八姦」，係指何事而言？試釋論之。

2.「陰陽讖緯」說之由來及要旨如何？又其思想之優、缺點各何在？

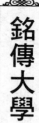

3. 試簡述佛學之思想要義，並說明「禪宗」對於佛學之中國化方面有何貢獻？
4. 何謂「理學」？其形成之原因安在？並請比較朱熹與陸九淵之思想異同處。

九十一年度

1. 試較論孟子、告子、荀子對「人性」問題的看法。
2. 諸子學為何勃興於春秋戰國時代？
3. 試述董仲舒「天人相應說」的淵源及內容大要。
4. 何謂玄學？試就其發生的時代、特色、形成的原因及主要課題扼要說明之。

華梵大學

八十三年度

1. 簡釋下列名詞，並註明係何人所言。
(1)安時處順
(2)虛一而靜
(3)取實予名
(4)理一分殊
(5)比類相觀
2. 司馬談《論六家要旨》以為六家之同為何？其對儒、道、墨、法四家有何評論？
3. 董仲舒與王充對「天」之概念各有何看法？兩者之差異何在？試說明之。
4. 宋代理學主要有四大學派，其名稱與代表人物為何？四派有何相同之觀點？又各有何特色？

八十四年度

1. (1)中哲史中「有無」究竟討論什麼哲學問題？
(2)試扼要說明老莊、何晏、王弼、裴頠、僧肇等人的看法，並試加評論。
(3)再說明他們的理論在中哲史發展上的意義。

2. (1)宋明理學為何要討論理氣問題？
(2)「理氣」究竟討論什麼哲學問題？
(3)試說明張載、朱熹、王夫之、戴震對理氣的看法，並比較其異同。

3. (1)儒家重正名，墨家重名辯，名家重名實，法家重形名，上述諸家究竟自何立場，又如何討論「名」的問題？
(2)試辨其異同，並加以批評。

4. 解釋名詞：
(1)人文思想
(2)渾天說
(3)性偽之分
(4)理一分殊
(5)心即理

八十五年度

1.孟子性善說及荀子性惡說為何，試加分析並比較之。
2.請比較漢代董仲舒及王充有關「天人關係」的思想內涵。
3.請說明先秦老、莊及魏晉王弼、郭象關於「道」觀念的發展演變。
4.宋代朱熹與陸象山的思想為何，請說明之並分析其優劣得失所在。
5.試述明末清初黃宗羲、顧炎武、王夫之「經世致用」之學的發生背景及其影響。

八十六年度

1.試簡述孟子、墨子與韓非子政治思想之要旨，並論其特色所在。
2.試比較先秦儒家之「心性」觀念與魏晉玄學之「才性」觀念，並作簡釋。
3.中國佛教三宗，立說之共同宗旨為何？其殊異何在？試論之。
4.「性即理」一命題，是何人所立？其理論得失如何？試抒己見。
5.「致知」與「格物」二語，朱熹與王陽明各有不同解釋，試述其要旨，並論其得失。
6.黃梨洲在《明夷待訪錄》中所揭示之政治思想，要旨何在？試作一說明。

八十七年度

1.試說明原始儒家從孔子、孟子到大學、中庸、易傳的重要哲理建構義涵。

2. 試論道家老子、莊子對社會政治哲學看法的差異及其背後所預設的哲學觀點。
3. 試說明《牟子理惑論》、《大乘起信論》、及《六祖壇經》三書的個別義理闡示重點。
4. 試說明天台宗及華嚴宗兩家的判教理論及其形上學（世界觀）的理論重點。
5. 試說明宋儒周敦頤、張載及朱熹三家的重要儒學觀念。

八十八年度

1. 試述先秦法家及墨家哲學思想的要義。
2. 試述儒家哲學自中庸、易傳至董仲舒春秋繁露之作中的形上學思想發展。
3. 試述魏晉玄學在注解老莊中所談論的哲學問題之要義。
4. 試述僧肇、道生、廬山慧遠三位哲僧的佛學思想要義。
5. 試述中國大乘佛學天台、華嚴兩教的判教觀。
6. 試述北宋五子之學的儒學理論。
7. 試述明代理學重要思想家的哲學觀點。

八十九年度

1. 請簡述中國易學史從先秦、兩漢到魏晉的發展脈絡。
2. 請說明儒家哲學從孔、孟、庸、易到漢代董仲舒的理論發展。
3. 請說明道家哲學在老、莊的理論建構及魏晉新道家的理論發展。

4. 請說明中國佛學史從僧肇、竺道生到天台、華嚴學的理論發展。
5. 請說明中國禪宗哲學史的理論發展。
6. 請說明宋明理學在北宋五子的理論建構。
7. 請說明明代理學的重要哲學家及其理論建構主旨。

九十年度

1. 請從易經、易傳、漢易、宋易的主題，簡述中國易學史發展的內涵。
2. 請從達摩、弘忍、神秀、慧能、及南宗各家為對象，簡述中國禪宗哲學史的發展。
3. 請以淮南子、河上公、嚴君平、王弼、郭象為對象，簡述漢代道家的魏晉道家的思想主題及義理內涵。
4. 請以周敦頤、張載、邵雍、程顥、程頤為對象，簡述北宋儒學的思想綱領。
5. 簡述華嚴宗三祖法藏及五祖宗密的主要哲學觀點。
6. 簡述當代中國哲學家勞思光先生及牟宗三先生的主要哲學觀點。

九十一年度

請解釋下列專有名詞：
1. 白馬非馬
2. 韓非子

3. 四端心
4. 為學日益為道日損
5. 齊物論
6. 易經文言傳
7. 春秋繁露
8. 論衡
9. 抱朴子
10. 跡本論
11. 老子指略
12. 六祖壇經
13. 大乘起信論
14. 摩訶止觀
15. 原人論
16. 華嚴四法界觀
17. 西銘
18. 理一分殊
19. 致良知
20. 當代新儒家的圓善論

九十二年度

1. 試述先秦時期墨法兩家的思想大要。
2. 簡述漢代思想在儒道兩家的發展大要。
3. 簡述魏晉南北朝時期佛教哲學的發展要點。
4. 簡述北宋儒學建構的義理要點。
5. 簡述禪宗思想自達摩至慧能的發展大要。
6. 簡述天台宗思想大要。
7. 簡述朱熹思想大要。
8. 簡述陽明及其後學之思想大要。
9. 試述牟宗三先生的儒學建構。
10. 試述勞思光先生處理中國哲學史的方法論觀點。

國立中央大學

八十年度

1.墨家的政治思想，走向「尚同」之路，為什麼？有謂已墮為權威主義的傾向，此說當否？試論述之。

2.韓非子斷定人性皆好利自為，如是，與其尊君利上，富國強兵的價值觀，是否構成矛盾？試解析其中的義理。

3.魏晉的玄學家對於「孔老會通」的問題，有那些看法？又他們的會通孔老，是否對儒道的原義有相應的了解？

4.大學所說的「格物致知」應如何了解？又試比較朱子及陽明的格物致知說。

八十一年度

1.孔子說：「仁者愛人。」墨子則主：「兼相愛，交相利。」試問兩家所云之愛，有何不同，又何以不同？

2. 韓非師承荀子，試問兩家人性論有何不同，影響又如何？
3. 「大乘起信論」在中國佛教的發展上有何等的地位？試說明之。
4. 試就大學「格物致知」的詮釋，解析程朱與陸王兩派的學術性格，有何根本的差異？

八十二年度

1. 老子云：「失道而後德，失德而後仁，失仁而後義，失義而後禮。」（卅八章）此一說法對儒家而言，是公正的嗎？
2. 荀子云：「人之性惡，其善者偽也。」（性惡篇）倘若人的本性是惡，是則所謂的善，又如何成為可能？
3. 魏晉時代王弼注老注易，郭象注莊，旨在會通孔老，何以牟宗三先生會有「陽尊儒聖，陰崇老莊」的判定？
4. 宋明儒學依傳統舊說，有理學與心學兩大派別，這樣的分別會是恰當的嗎？

八十三年度

1. 荀子云：「人之性惡，其善者偽也。」（性惡）請由是論荀子的性惡說與孟子的性善說有何不同的觀點？
2. 試比較兩漢「性三品」與「性善惡混」之間的異同。
3. 一般常謂儒道是一體之兩面，試問儒道如何是一體之兩面，請詳予疏釋。

4. 漢儒常以踐履儒家理想自許，然其表現果符合孔孟儒學之真義否？又：世人常目魏晉名士為道家之流，然其表現果符合老莊之精神否？請試論之。

八十四年度

1. 莊子天下篇列敘各家並加以評騭，而不及孔子，何故？請試論之。
2. 中國哲學自古迄今，所關注之核心問題及使用之重要字眼，不外天人理氣心性情才陰陽內外等叠叠之數，對此現象應作何解釋？並請由此進論中國哲學之特殊性格與哲學語言之特殊使用方式。
3. 宋明理學之分系，有傳統的二系說，牟宗三先生的三系說以及勞思光先生的一系說，試述各種主張的內容並評其得失。
4. 試以「心」一概念，區分孟、荀之差異。

八十五年度

1. 試說明孔子「正名」思想的內涵，並論此一主張與孔子倫理哲學之關係。
2. 試論「法」在韓非思想中的意義。
3. 荀子在非十二子一文中評墨子：「上（尚）功用，大儉約，而僈差等」，試以這三語為綱領，分別敘述墨子的學說。
4. 周濂溪在太極圖說首句云：「無極而太極」。試疏解此句之義理。又，這句話是否受道家影響？試陳己見。

八十六年度

1.試論漢初黃老之學的淵源及其特色。
2.試指出朱熹與王陽明二人對於大學「格物致知」之義的解釋，並據以論二家所說修養方法之異。
3.試以論語、孟子、大學、易傳、中庸五書為中心，敘述原始儒家所強調的義理內容。
4.孟子「性善說」所指的「性」與荀子「性惡說」所指的「性」是否相同？又，上二說是否必然衝突？試說明之。

八十七年度

1.中庸曰：「道不遠人，人之為道而遠人，不可以為道。」試申其義。
2.何謂「禮治」？何謂「法治」？試闡述二者之要義與特質，並論其異同與得失。
3.先秦諸子興起的原因為何？又，儒、道、墨、法四家對此問題如何回應？
4.朱子曰：「性以理言，情乃發用處，心即管攝性情者也。」（朱子語類卷第五），試述此語之義理內容，並說明朱子在此所說的「心」與孟子之「四端之心」是否相同。

八十八年度

1.試就「性」一概念，比較孟、荀二子看法之差異。

2.老子首章：「……無，名萬物之始；有，名萬物之母。常無，欲以觀其妙；常有，欲以觀其徼。此兩者同出而異名。同謂之玄，玄之又玄，眾妙之門。」試據此章，說明老子思想中「無」、「有」的關係。

3.牟宗三先生認為先秦道家，不在「是什麼」立論，而在「如何可能」做出解答，並以「作用的保存」來詮表道家的學術性格，試就儒道之間的中心理念，有以說明證成之。

4.宋明儒學的開展，勞思光先生主「一系說」，牟宗三則有「三系說」，請就二家說做出概括性的解說。

八十九年度

1.試述先秦諸子興起的原因，以及儒、道、墨、法四家對此問題的回應。

2.魏晉時代，出現了儒、道二家是否衝突的問題。試就王弼的「聖人體無」義與後來的「迹本論」，說明魏晉玄學如何解決這個思想史上的難題。

3.請用最精簡之文字，定義何謂儒學，並據此標準以說明：

(1)宋明新儒學之新，亦即不同於先秦者何在？又，雖有此不同，何以仍足稱為儒學？

(2)當代新儒學之新，亦即不同於先秦、宋明者何在？又，雖有此不同，何以仍足稱為儒學？

(3)以孟、荀相較，何以韓愈評荀子為「大醇小疵」？

(4)以程朱、陸王相較，何以牟宗三判朱子為「別子為宗」？

4.中國哲學史或思想史之著作，常論述至王陽明或王學而止，清代思想似屬另起頭緒，與前不相貫串者，試問其故何在？吾人若欲重新接上此斷裂，試問當如何而後可？

九十年度

1.解釋下列名詞：

(1)談言微中

(2)緣起性空

2.試述孟子的「性善論」。又，對孟子而言，人性既是善的，那他如何說明何以現實世界有生命墮落、物化的現象？

3.就思維或言說方式而言，老子為何「正言若反」？莊子為何「旋說旋掃」？此種思維與言說方式對道家義理與儒家義理之關係產生何種影響？

4.宋明儒學向來分程朱、陸王兩系，而以程朱為盛。然牟宗三卻以「別子為宗」判朱子，此何以故？試由此進論「朱陸之爭」之問題本質及其在儒學發展史上之意義。

九十一年度

1. 試簡釋下列各詞句：
(1)下學而上達
(2)盡心知性知天
(3)天人相應
(4)聖人有情
(5)一心開二門
2. 試比較天台宗與華嚴宗的判教理論。
3. 孟子書記載，告子與孟子對「性」的觀點有極大的不同，試詳述此差異。並簡述此二種對性的態度，對後世中國思想史的影響。
4. 宋明理學的分系，目前主張較眾者，有傳統的二系說，勞思光先生的一系說以及牟宗三先生的三系說。此三說，請由「對二程子詮釋的差異」切入，分疏彼此的不同。此外，你個人贊成哪一種說法，為什麼？

九十二年度

1. 試簡釋下列各詞句：
(1)白馬非馬

(2)兼相愛交相利
(3)性惡善偽
(4)天人相應
(5)言意之辨

2.孟子曾反省「政權的移轉」一問題，此是中國政治思想史的先聲。試就所知，敘述孟子對此問題的看法。

3.朱子語類卷第五：「性是心之道理，心是主宰於身者。四端便是情，是心之發見處。四者之萌皆出於心，而其所以然者，則是此性之理所在也。」此條將朱子理、氣，心、性、情之間的關係表達得很清楚。試疏釋此句，並藉此說明朱子的理氣觀與心性情彼此間的關係。

4.試論王陽明四句教的含意，又王龍溪何以認為四句教是權法？

九十三年度

1.老子所說的「道」應如何理解？又近年出土的《帛書老子》及《郭店楚簡老子》，與通行本《老子》有那些重要的不同？

2.僧叡曾在〈喻疑〉一文裡說：「自慧風東扇，法言流詠已來，雖曰講肆，格義迂而乖本，六家偏而不即。性空之宗，以今驗之，最得其實。然鑪冶之功，微恨不盡。當是無法可尋，非尋之不得也。」

此中的「性空之宗」是指何而言？試就所知以概述「格義佛義」的緣起背景，並略論此一格義之風何以在日後的佛學發展裡會漸次消失的原因。

3. 宋代儒學的復興，被認為是中國思想史上的重大事件。請就所知詳述此一事件發生的思想成因。

4. 試釋下列語句：

(1) 格物致知
(2) 聖人體無
(3) 心統性情
(4) 理一分殊
(5) 得意忘象

國立清華大學

八十三年度

1. 試論先秦時期道家與法家的關係。
2. 試解釋荀子性惡論的發生背景及其論證。
3. 在自然與名教的關係上，王弼與阮籍的立場有何不同。
4. 試簡要說明宋儒與清儒的不同。

八十四年度

1. 試論孔子的「仁」與「禮」之思想。
2. 先秦諸子的起源問題很複雜，各種解釋都有，試評《漢書．藝文志》的「王官說」及《莊子．天下篇》的「形上之一」說。
3. 解說下列兩段話的意義。

周濂溪通書思第九：「無思本也思通用也幾動於彼誠動於此無思而無不通為聖人。」

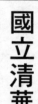

朱文公文集卷四六答黃商伯書：「論萬物之一原則理同而氣異觀萬物之異體則氣猶相近而理絕不同。」

八十五年度

1. 試論孟子、韓非子的人性論與其政治思想的關係。
2. 請以董仲舒思想為例，說明漢代儒學的特色。
3. 《廣弘明集》卷十八收載謝靈運〈辨宗論〉及對僧俗二界問難的回應，試簡要敘述謝氏論旨。
4. 試從思想史的觀點解釋、討論下列戴震《孟子字義疏證》的一段話：

理

理者，察之而幾微必區以別之名也，是故謂之分理。在物之質，曰肌理，曰腠理，曰文理；亦曰文縷。理、縷，語之轉耳。得其分則有條而不紊，謂之條理。孟子稱「孔子之謂集大成」曰：「始條理者，智之事也；終條理者，聖之事也。」聖者至孔子而極其盛，不過舉條理以言之而已矣。易曰：「易簡而天下之理得。」自乾坤言，故不曰「仁智」而曰「易簡」。「以易知」，知一於仁愛平恕也；「以簡能」，能一於行所無事也。「易則易知」，「易知則有親」，「有親則可久」，「可久則賢人之德」，若是者，仁也。「簡則易從」，「易從則有功」，「有功則可大」，「可大則賢人之業」，若是者，智也。天下事情，條分縷晰，以仁且智當之，豈或爽失幾微哉！中庸曰：「文理密察，足以有別也。」樂記曰：「樂者，通倫理者也。」鄭康成注云：「理，分也。」許叔重說文解字序曰：「知分理之可相別異也。」古人所謂理，未有如後儒之所謂理者矣。

八十六年度

1. 《漢書》〈董仲舒傳〉（卷五六）載：「臣愚以為諸不在六藝之科、孔子之術者皆絕其道。」六藝的內容有兩種排列次序，分別反映對孔子身份的兩種看法，而每一種看法都涉及上古重大的學術分野或觀點，試說明之。
2. 試就下列二個要點，說明：明末清初與乾嘉時期的學風特色。
(1)代表性的學者，及其學術思想
(2)這二個時期學風的主要不同
3. 郭象《莊子注》如何論證自然與名教為一
4. 《中論》云：「眾因緣生法，我說即是空，亦為是假名，亦是中道義。」請闡釋這段話的涵義。
5. 試解釋《莊子．齊物論》的「兩行」。
6. 在董仲舒思想中，「災異」是什麼?

八十七年度

1. 漢武帝以前書籍論到養生學派宗旨時，不外為我、全性、葆真、縱情性、早嗇、貴己等，試綜合那些說辭，概述該學派的思想。

2. 漢代以後，儒學成為統治思想，請以「三綱」為例，說明儒學何以能成為統治思想。

3. 試論《肇論》般若學的特色及其學說與魏晉玄學的關係。

4. 康有為說「仁」，有以下諸語：

不忍人之心，仁也、電也、以太也，人人皆有之，故謂人性皆善。既有此不忍之心，發之於外，即為不忍人之政。若使人無此不忍人之心，聖人亦無此種，即無從生一切仁政。故知一切仁政，皆從不忍之心生，為萬化之海，為一切根，為一切源，一核而成參天之樹，一滴而成大海之水。人道之仁愛，人道之文明，人道之進化。至於太平大同，皆從此出。……

不忍人之心，仁心也。不忍人之政，仁政也。難有內外體用之殊，其為道則一，亦曰仁而已矣。夫仁者，相人偶之謂。莊子曰：「空谷之中、見似人者而喜。」凡人之情，見有同貌同形同聲者，必有相愛之心。……人人有相愛之心，人人有相為之事。

孔子立三世之法，撥亂世，仁不能遠，故但親親。升平世，仁及同類，故能仁民。太平世，眾生如一，故兼愛物。仁既有等差，亦因世為進退大小。……凡世有進化，仁有軌道，世之仁有大小，即軌道大小，未至其時，不可強為。

（《孟子微》卷二）

仁者在天為生生之理，在人為博愛之德。……天，仁也。天覆育萬物，既化而生之，又養而成之，人取仁於天而仁也……

仁從二人，人道相偶，有吸引之意，即愛力也，實電力也。（《中庸註》）

請詳細討論：康有為的仁說，為儒家「仁」的觀念，增添了哪些新意。

八十八年度

1.「天人合一」是中國思想的主軸，但這個概念該如何解釋，卻頗分歧。試解釋：(1)《詩》、《書》的「天命有德」；(2)《中庸》、《易傳》的「生生形上學」；(3)漢儒的「天人符應」（人副天數）諸說所反映出的天人關係。

2.玄學與佛學有相通處，也有相異處，試就相通處任舉一點、相異處任舉兩點精簡說明。

3.以下是選自《明夷待訪錄》的一段文字，請閱讀後回答後面問題。

原臣

有人焉，視於無形，聽於無聲，以事其君，可謂之臣乎？曰：否！殺其身以事其君，可謂之臣乎？曰：否！夫視於無形，聽於無聲，資於事父也；殺其身者，無私之極則也。而猶不足以當之，則臣道如何而後可？曰：緣夫天下之大，非一人之所能治，而分治之以羣工。故我之出而仕也，為天下，非為君也；為萬民，非為一姓也。吾以天下萬民起見，非其道，即君以形聲強我，未之敢從也，況於無形無聲乎！非其道，即立身於其朝，未之敢許也，況於殺其身乎！不然，而以君之一身一姓起見，君有無形無聲之嗜慾，吾從而視之聽之，此宦官宮妾之心也；君為己死而為己亡，吾從而死之亡之，此其私暱者之事也。是乃臣不臣之辨也。

世之為臣者昧於此義，以謂臣為君而設者也。君分吾以天下而後治之，君授吾以人民而後牧之，視天下人民為人君囊中之私物。今以四方之勞擾，民生之憔悴，足以危吾君也，不得不講治之牧之之術。苟無係於社稷之存亡，則四方之勞擾，民生之憔悴，雖有誠臣，亦以為纖芥之疾也。夫古之為臣者，於此乎，於彼乎？

蓋天下之治亂，不在一姓之興亡，而在萬民之憂樂。是故桀、紂之亡，乃所以為治也；秦政、蒙古之興，乃所以為亂也；晉、宋、齊、梁之興亡，無與於治亂者也，為臣者輕視斯民之水火，即能輔君而興，從君而亡，其於臣道固未嘗不背也。夫治天下猶曳大木然，前者唱邪，後者唱許。君與臣，共曳木之人也，若手不執紼，足不履地，曳木者唯娛笑於曳木者之前，從曳木者以為良，而曳木之職荒矣。

或曰：臣不與子並稱乎？曰：非也。父子一氣，子分父之身而為身，故孝子雖異身，而能日近其氣，久之無不通矣；不孝之子，分身而後，日遠日疏，久之而氣不相似矣。君臣之名，從天下而有之者也。吾無天下之責，則吾在君為路人。出而仕於君也，不以天下為事，則君之僕妾也；以天下為事，則君之師友也。夫然，謂之臣，其名累變。夫父子固不可變者也。

請問：

(1) 在君臣關係的主張上，黃宗羲有何超越傳統之處？

(2) 就中國思想史的發展而言，黃宗羲所批評的君臣關係是如何形成的？

八十九年度

1. 試解析《論語》「興於詩，立於禮，成於樂」的思想內涵。
2. 孟子與荀子都重視「禮」，但他們對「禮」的看法不盡相同，請說明其間的區別。
3. (1)嵇康嘗撰〈難自然好學論〉，試精簡說明嵇論不透徹之處。
(2)東晉中葉曾針對沙門是否應向王者致敬辯難，試精簡說明慧遠立論之透闢處。
4. 王陽明曾七日七夜不停地「格竹子」，終致病倒。請問這件事在陽明思想轉變上的意義。

九十年度

1. 今本《莊子》經常出現抨擊、鄙夷、挖苦儒者及儒學的筆墨，學理上的原因安在？試任舉一項原因精簡說明。
2. 《孝經》曾被稱為《忠經》，請由此一角度，敘述「孝」的政治社會義涵。（說明請以先秦兩漢為限。）
3. 變化（動靜）是常見的思想議題，試比較郭象與僧肇的解釋。
4. 請就下列引文，詮釋王夫之的理論中：
(1)「器」的意義
(2)「道」與「器」的關係

天下惟器而已矣。道者，器之道；器者，不可謂之道之器也。無其道則無其器，人類能言之；雖然，苟有其器矣，豈患無道哉！君子之所不知，而聖人知之；聖人知所不能，而匹夫匹婦能之。人或昧於其道者，其器不成；不成，非無器也。無其器則無其道，人鮮能言之，而固其誠然者也。洪荒無揖讓之道，唐虞無弔伐之道，漢唐無今日之道，則今日無他年之道者多矣。未有弓矢而無射道，未有車馬而無御道，未有牢醴璧幣鐘磬管絃而無禮樂之道；則未有子而無父道，未有弟而無兄道。道之可有而且無者多矣；故無其器，則無其道，誠然之言也，而人特未之察耳。故古之聖人，能治器而不能治道。治器者，則謂之道；道得，則謂之德；器成，則謂之行；器用之廣，則謂之變通；器效之著，則謂之事業。（王夫之《周易外傳》卷五）

九十一年度

1. 《莊子．齊物論》有「兩行」之說，《中庸》第三十章有「道並行而不相悖」之說，試闡釋二者意義，並論其異同。
2. 盡人皆知儒家非常看重樂的功能，而墨家非樂，墨家的門面理由是什麼？墨家究竟基於什麼未明言的認定，導致雙方對樂的態度出現如此差異？
3. 《世說新語》是把「魏晉風度」流傳下來的重要著作，請問透過這部著作，您所理解的「魏晉風度」是什麼？
4. 《論語．先進篇》「子路曾皙冉有公西華侍坐」章，孔子很欣賞曾皙「浴乎沂，風乎舞雩，詠而歸」的境界。此段話是宋、明理學著名的公案。為什麼朱熹一方面說曾皙所造已達「天理流行」之境，一方面又說他「不可學」？王陽明卻說「點也雖狂得我情」？

九十二年度

1. 陳榮捷先生說：「論及孔、孟最大的不同，乃在於他們的學說。雖然大體來說，孟子的主張源自孔子，然而，在儒家的中心思想，也就是人性問題上面，孟子卻向前跨邁了一大步。」（《中國哲學文獻選編》頁124）請以孔、孟學說的內容闡釋孟子在人性問題上「向前跨邁了一大步」的具體內容。

2. 《老子》與《莊子》並稱為道家的重要典籍，但西漢時期《老子》獨受推崇，《莊子》卻到魏晉才有大量論述出現，請說明其中可能的原因。

3. 郭象論〈逍遙遊〉的旨義，說道：「物各有性，性各有極」，又說：「萬物必以自然為正；自然者，無為而自然者也。」為什麼支道林反對此一說法？

4. 張載的〈西銘〉，受到其他理學家極度的稱讚，如說它「極純無雜，秦、漢以來學者所未到。意極完備，乃仁之體也。」又說它：「《訂頑》立心，便可達天德。」又據朱子：「程門專以〈西銘〉開示學者。」請略為敘述〈西銘〉的內容，並說明〈西銘〉受到其他理學家重視的原因。

九十三年度

1. 荀子曾入秦，而且給予秦國相當程度的肯定，請解讀此舉反映了荀子的何種思想傾向。
2. 揚雄仿《論語》而做《法言》、仿《易經》而做《太玄》。試論揚雄這種模仿的思想史意義。
3. 請舉例說明，魏晉新道家如何賦予「無」新的意義。
4. 經典化的歷程通常也是思想史典範轉化的歷程，試問《四書》取代《五經》此事在思想史上的意義。

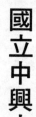

國立中興大學

八十二年度

1.孟（子）告（子）有仁內義外之辯。試就兩家之言，析論其說。

2.論韓非子之法治思想。

3.嵇康嘗著聲無哀樂論，謂聲主善惡，無關哀樂。其說為何？試評述之。

4.試述僧肇之思想。

八十三年度

1.墨子嘗謂天下君子不知辯義與不義（見〈非攻〉上）。其所指為何？試就其言，析論其說。

2.請說明《荀子·天論篇》中之「天道觀」，並指出其所受先秦諸子思想影響之成份。

3.顧炎武《日知錄》卷九，〈夫子之言性與天道〉一條，其文末云：

「五胡亂華，本於清談之流禍，人人知之。孰知今日之清談有甚於前代者！昔之清談談老、莊，今之清談談孔、孟。未得其精而已遺其粗，未究其本而先辭其末；不習六藝之文，不考百王之典，不綜當代之務；舉夫子論學、論政之大端一切不問，而曰一貫，曰無言。以明心見性之空言，代修己治人之實學；股肱惰而萬事荒，爪牙亡而四國亂。神州蕩覆，宗廟丘墟。」

請就此段文字，說明顧氏對明代學風批評之意旨，並據以說明其論學之歸趣。

4.閻若璩、胡渭二人並為清代考證學之先導。試分別論述兩家學術之貢獻。

八十四年度

1.孔子言義，曰：「君子之於天下也，無適也，無莫也，義之與比。」（《論語．里仁篇》）；墨子則譏天下君子不知義；而告子有義外之說。三家言義，各有所指。試分別述論其說。

2.《莊子．齊物論》曰：「庸詎知吾所謂知之非不知邪？庸詎知吾所謂不知之非知邪？」此是非靡定之說也。試依莊子之言，論證其說。

3.佛教既傳入中國，魏、晉以下，漸為士人所信從講論，其途徑厥在「格義」方法之應用。何謂「格義」？其派別如何？試詳言之。

4.黃宗羲著《明儒學案》嘗論云：「陽明先生之學，有泰州、龍溪而風行天下；亦因泰州、龍溪而漸失其傳。」今證以龍溪（王畿，字汝中，號龍溪先生。）所作〈三教堂記〉一文，有云：「三教之說，其來尚矣。老氏曰虛，聖人之學亦曰虛；佛氏曰寂，聖人之學亦曰寂。孰從而辨之？世之儒者不揣其本，類以二氏為異端，亦未為通論也。」梨洲之言近是矣。然則，其中之關鍵何在？試就所知，詳為闡論之。

八十五年度

1. 荀子正名思想（三條綱要）。
2. 韓非子的「勢」論得失。
3. 李翱的〈復性書〉中有佛教思想，試論其說。
4. 朱陸對心的看法比較。

八十六年度

1. 莊子天下篇載惠施學說十事，試條舉釋之。
2. 荀子之論心性有何特色？請詳細說明之。
3. 試述郭象之「獨化論」，並說明郭象此說與當時社會背景之關係。
4. 陸象山嘗以義利二字判儒釋。試就其說，詳述論之。

八十九年度

1. 荀子的天論觀，在中國思想史上，居有何種地位？試加說明。
2. 長沙馬王堆漢墓出土之《黃老帛書》係黃老學派之作，《黃老帛書》與《老子》之思想頗有不同，試舉其要說明之。

3. 向、郭之莊子注，與王弼之老子注，皆為魏晉玄學之重大文獻，二者有平行之地位。據是，試說明向、郭莊子注中所謂「獨化」之理論，而評騭其詮釋莊子思想之得失。

4. 以朱熹為分界，中國儒學大致可分為兩期：前期以《五經》為主，後期以《四書》為主，試論其思想之演變。

九十年度

1. 公孫龍「堅白論」之要旨如何？墨經對「堅白」之關係有何見解？

2. 所謂「隋唐佛教八宗」是否符合宗派成立的條件？印度傳來的佛教為何到了隋唐才建立起佛教的主體性？

3. 試述陸象山心學之特色及其與禪學之異同。

4. 漢儒與清儒皆倡言「通經致用之術」，而其內容實有不同，試舉例以言之。

九十二年度

1. 晚周諸子，儒墨相非，試述其大要，並評論之。

2. 試述魏晉玄學「貴無」與「崇有」說之大要。

3. 惠能曰：「凡夫即佛，煩惱即菩提。」（《六祖壇經．般若品》）試申其義。

4. 南宋理學有朱（熹）、陸（九淵）之爭，其爭議重點何在？請詳論之。

九十三年度

1.試述孔、老、墨對西周天命觀之改造。

2.王充之「自生」說與郭象之「自生」說，有何異同？

3.試述僧肇〈不真空論〉思想之大要。

4.在〈天泉證道紀〉中，對於王陽明之「四句教」，錢緒山以為此乃「師門教人定本」，王龍溪則視之為「師門權法」。二者見解何以不同？

靜宜大學

八十五年度

1.秦儒家成德之學，以仁為中心，試述孔子至孟子之間的義理發展。

2.後周到秦朝禮治與法治之間的差異，以及時代變遷的影響及關係。

3.魏晉玄學中以王弼、裴頠、郭象三大流派對無的看法，以及有無之間的差異。

4.二程之學是宋明理學的奠基者，朱熹是完成者，就理的關係來討論。

八十六年度

1.孟子、荀子對「人」之看法不同，試比較之。

2.老子：「失道而後德，失德而後仁，失仁而後義，失義而後禮，夫禮者忠信之薄，而亂之首。」其理由為何？

3.秦漢以後，法家成為政治思想之指導，這與春秋戰國時期中土發生的社會變遷有何關係？

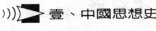

4.董仲舒有「大漢開國立論之師」之稱，其政治手段為何？如何使其學說成為可能？試論之。

八十九年度

1.試說明先秦時期人性論的幾個類型。

2.《莊子．秋水》的「濠梁之辯」，歷來爭議莊、惠理致優劣，口舌勝負，似無定論，請以你所理解的莊子思想，詮釋此故事的寓意。

3.印度佛教傳入中國之時，曾有一段依附中國本土學術而發展之時期。試以此一觀點論述佛教傳進中國的幾個階段。

4.試述劉蕺山「慎獨」之學與陽明「良知」學之關係。

九十年度

1.試分別說明先秦儒、道、墨三家對天或道的觀點。

2.魏晉玄學有「貴無」與「崇有」兩大主流，請分別舉出一名代表性思想家並說明此兩主流思想。

3.章學誠曾說：學術之有朱陸，乃千古不可無之同異，亦千古不可合之同異。朱陸之異同何在？請以二人對「心」的體會加以說明。

4.試說明下列文獻典出何人，並簡釋其意義：

(1)性即理
(2)心統性情
(3)夫性者，生理也，日生則日成也
(4)無善無惡心之體
(5)仁者渾然與物同體

九十一年度

1. 試說明莊子的變化哲學及其知識觀。
2. 「言不盡意」論為魏晉玄學重要課題，試解釋其內涵並說明對魏晉學術及士風造成的影響。
3. 賢首法藏〈一乘教義分齊章〉極有助吾人把握華嚴宗義理，其中言「總、別、同、異、成、壞」六相，試據其所舉屋舍之例，簡釋六相各為何義。又六相所顯示華嚴思想之特色為何？
4. 〈大學〉自韓愈表彰後，成為宋明儒闢佛老的重要文獻。但「致知在格物」一語原文似無說明，致後儒可各憑己意說解。朱子補傳謂：

　　蓋人心之靈，莫不有知。而天下之物莫不有理。惟於理有未窮，故其知有不盡也。是以大學始教，必使學者即凡天下之物，莫不因其已知之理而益窮之，以求至乎其極。至於用力之久而一旦豁然貫通焉。則物之表裡精粗無不到，而心之全體大用無不明矣。

王陽明四句教則謂「……知善知惡是良知，為善去惡是格物。」試問二人說法旨趣差異何在？

九十二年度

1.天人關係是先秦學派的重大論題，試說明儒、道、墨三家對此一論題的觀點。

2.魏晉玄學可粗分為正始、竹林、元康三個階段，試各列舉一名思想家，說明各個階段的重要論旨。

3.在歷史延續性的前提下，試簡述自唐中葉至北宋周濂溪之前，儒者如何逐步提出對佛教／佛學的批評與質疑，最終引發理學的出現。

4.錢賓四先生於《陽明學述要》中說：「宋代學者對本體論的共同見解是『萬物一體』，試就宋明理學家中擇三家相異的論述型態作一說明。

九十三年度

1.天人關係是先秦思想一大主題，試以孟子、荀子、墨子、莊子為例，分述這些思想家如何思考天人關係。

2.郭象注莊子，盛稱「獨化玄冥」、「逍遙適性」，試分述此兩辭語之意義，並說明兩者的關係。

3.太虛大師以「法性空慧學、法相唯識學、法界圓覺學」判大乘佛教，試問三系各有何代表經典？請各舉一部。又印順法師另判為「性空唯名、虛妄唯識、真常唯心」三系，試問兩種判分之各自判準何在？雙方差異又何在？

4. 試述明代理學中陽明後學的分派，及各派代表人物各一。並判讀下列文字：

問：「佛氏雖不免有偏，然論心性甚精妙，乃是形而上一截理。吾人敘正人倫，未免連形而下發揮。然心性之學沈埋既久，一時難為超脫，借路悟入，未必非此學之助。」先生曰：「此說似是而實非，本無上下兩截之分。吾儒未嘗不說虛，不說寂，不說微，不說密，此是千聖相傳之秘藏，從此悟入，乃是範圍三教之宗。……佛氏所說，本是吾儒大路，反欲借路而入，亦可哀也。……吾儒不悟本家自有家當，反甘心讓之，尤可哀也。」

(1) 此先生可能是誰？

(2) 此先生謂「儒者亦說虛、寂、微、密」，有何典據？

(3) 此先生對三教問題有何見解？

東海大學

八十五年度

1. 比較儒（孔孟）、道（老莊）形上學，倫理學，政治思想的異同。
2. 漢代天人感應思想內容和漢帝國君主專制建立的關係。
3. 魏晉玄學自然和名教的演變和歷史緣由。
4. 試論程朱理學和陸王心學的不同。

八十六年度

1. 從下列提示，說解荀、孟的不同：
   (1)人性論
   (2)成聖成德的途徑和方向。
2. 魏晉玄學的演變和派別。
3. 禪宗裡「南頓北漸」的思想有何不同？
4. 周敦頤是宋理學的思想奠基者，其思想內容為何？對之後發展有何貢獻？

逢甲大學

八十二年度

1.孔子盛言「仁」，墨子倡「兼愛」，佛家教「慈悲」。此三家

(1)其所以如此主張之學術背景何所在？

(2)其所以如此倡、言、教示者之涵義為如何？試略作分析申述。

(3)至於其對宇宙、人間、社會之價值，亦以己見定之。

2.先秦，商鞅言「法」，申不害主任「術」，慎到則重「勢」，韓非子乃集其大成，此所謂「法家」者也。試：

(1)綜觀此所謂「法家學派」，對其要義，一一摘要介紹申述之。

(2)並以己見略作批評。

3.二程子同出濂溪之門，本為一家之學；然兩家學說亦有不同。試條述論之。

4.顏元學重習行，故斥宋學，亦排漢學，試舉其說，評述論之。

八十三年度

1. 就思想史來說，孔、老二人思想有其相契而又兼相反的主張，請就你的理解，孔、老二人何者為首較為合理？
2. 墨子小取篇論辯之七事，其六曰援、七曰推。試依其言，論述援、推之義。
3. 王充嘗論天人關係以斥感應之說。試詳論之。
4. 阮籍著有達莊論以釋齊物之義，又作大人先生傳以黜禮法。試分別詳述其論。

八十四年度

1. 何謂莊子的「坐忘」？為什麼要忘卻一切，又忘卻一切之後思維如何進行？
2. 請說明宗密三教歸一思想的理論基礎？
3. 宋代儒學以重振孔子學說為目的，但因未能辨明所據經籍之真偽或傳授統籍，以致與孔孟學說時有乖牾，甚且依偽古文《尚書》「十六字心傳」立說，而為黃宗羲斥為「理學之蠹」，請說明之；又此一現象在思想史上有何重要意義？對吾人研治義理之學有何啟發？試申論之。
4. 顧炎武謂「古之所謂理學，經學也」，主張學者應「通經致用」「明道救世」，且身體力行投入反清運動；而晚清今文學家龔自珍、魏源等以《公羊》義譏評朝政，至康有為乃釀成思想界之革命，政治上則促成變法維新。請略述其事、較其異同，並申論其在思想史上所凸顯之意義。

八十五年度

1. 盛行於西漢初期之黃老思想，其根本精神為何？試舉其主要內容證成之。
2. 魏晉玄學思想之發生，非憑空而起，其淵源實蘊蓄於兩漢，試析論之。
3. 何謂「緯書」？試說明「緯書」的歷史發展，並評述其在學術文化上的意義。
4. 試闡述程、朱理學思想的內容。

八十六年度

1. 儒家、道家、法家與黃老家均有「無為」之論，試舉各家之說，並析論其異同。
2. 有無、言意、才性、形神、理氣等相對概念，向為中國思想史上之重要課題，試舉所知以說明之。
3. 試論張橫渠〈西銘〉所開示之義理。
4. 請詮釋下列論述或著作：
(1) 無善無惡心之體，有善有惡意之動。
(2) 僧肇「物不遷論」
(3) 飛鳥之景未嘗動也。
(4)《太極圖說》

(5)《經學歷史》

八十七年度

1. 墨子主張「兼愛」，孔子亦稱「汎愛眾而親仁」（《論語．學而篇》）二者有何異同？試就此論述儒墨二家思想之根本差異。

2. 歷來傳統知識分子對佛教思想或接納或排斥，如梁劉勰之深契佛理，而唐韓愈則力諫迎佛骨。試就思想的角度申論儒學和佛學的衝突與融合。

3. 試說明下列學術史、思想史文獻的作者與其書的重要性。

(1)《莊子．天下篇》

(2)《七略》

(3)《文史通義》

(4)《近思錄》

(5)《太上感應篇》

4. 請簡要說明下列各學說、論述之內涵與其精神：

(1)刑名之學

(2)不引繩之外，不推繩之內，不急法之外，不緩法之內。

(3)吾生也有涯，而知也無涯；以有涯隨無涯，殆已。

(4)心迷法華轉，心悟轉法華。誦經久不明，與義作讎家。無念念即正，有念念成邪。有無俱不計，長御向牛車。

(5)人心惟危，道心惟微，惟精惟一，允執厥中。

八十八年度

1.道家思想面貌多方，有以為積極者，亦有以為消極者，試就《老子》與《莊子》之內容，論其積極之一面。

2.請以「義以為質，禮以行之」（《論語．衛靈公篇》）與「主忠信」（〈顏淵篇〉）為主軸論述孔子之禮義思想；又此二原則對吾人今日處事方法有何啟發？試簡要申論之。

3.試以宋邵雍（1011～1077A.D.）的論著為例，說明宋代理學與道家思想間的關係。

4.請簡要申述下列各學說，論述之內涵與其精神。

(1)「仲尼曰：始作俑者，其無後乎。」（《孟子．梁惠王篇》）

(2)「人之性惡，其善者偽也。」（《荀子．性惡篇》）

(3)「南方無窮而有窮。」（《莊子．天下篇》）

(4)「予惡乎知說生之非惑邪？予惡乎知惡死之非弱喪而不知歸者邪？」（《莊子．齊物論》）

(5)「世異則事異」「事異則備變。」（《韓非子．五蠹篇》）

八十九年度

1.天人關係為觀察中國思想史發展之重要課題，試舉所知以申述之。

2.《莊子．德充符》述孔子之言曰：「死生亦大矣」，王羲之〈蘭亭集序〉引此云：「豈不痛哉！」漢末魏晉間人常陷於死生問題之困擾，試由此角度論述儒、釋（部分宗派）、道三家死生觀之異同。

3.戰國之世，儒、墨二家同為顯學，然於「命與鬼神」、「愛與義利」、「喪葬與禮樂」等思想上頗有差異。其差異為何？願聞其詳。

4.試簡要申述下列各學說、論述之內涵與其精神。

(1)弔喪弗能賻，不問其所費。問疾弗能遺，不問其所欲。見人弗能館，不問其所舍。賜人者不曰來取，與人者不問其所欲。（《禮記．曲禮上》）

(2)天地不仁，以萬物為芻狗；聖人不仁，以百姓為芻狗。天地之間，其猶橐籥乎！虛而不屈，動而愈出。（《老子》第五章）

(3)子釣而不綱，弋不射宿。（《論語．述而》）

(4)以道觀之，何貴何賤？是謂反衍。無拘而志，與道大蹇。何少何多？是謂謝施。（《莊子．秋水》）

(5)良馬固車，臧獲御之，則為人笑；王良御之，則日取乎千里。（《韓非子．難勢》）

九十年度

1.《孟子．滕文公篇下》稱「聖王不作，諸侯放恣，處士橫議，楊朱墨翟之言盈天下：天下之言不歸楊則歸墨。」為何楊朱、墨翟之說在孟子時代能占如此勢力？而二家學說又何以衰微?試從二家思想之重要主張與當時社會、政治背景析論之。

2. 董仲舒《春秋繁露》與班固《白虎通》(亦稱《白虎通義》)均為漢代今文學之主要學說,試就兩書有關「神學」之說,作一比較論述。

3. 試簡要申述下列各學說、論述之內涵與其精神。

(1)葉公問政。子曰:「近者說,遠者來。」(《論語.子路》)

(2)(老聃死,秦失弔之……)適來,夫子順也;適去,夫子時也。安時而處順,哀樂不能入也,古者謂是帝之縣解。(《莊子.養生主》)

(3)為無為,事無事,味無味。大小多少,報怨以德。圖難於其易,為大於其細。天下難事,必作於易;天下大事,必作於細。是以聖人終不為大,故能成其大。(《老子》第六十三章)

(4)夫繭,舍而不治,則腐蠹而棄。使女工繅之,以為美錦,大君服而朝之。(《尸子.勸學》)

(5)子列子適衛,食於道,從(途)者見百歲髑髏,攓蓬而指,顧謂弟子百豐曰:「唯予與彼之而未嘗生未嘗死也。此過養乎?此過歡乎?」(《列子.天瑞》)

4. 請舉出下列各著作或理論之作者,並說明其在思想史上之重要性:

(1)尊德行而道問學(《禮記.中庸》)

(2)物不遷論

(3)《宋元學案》

(4)《孟子字義疏證》
(5)《六祖壇經》
(6)《太極圖說》
(7)竹林之為放，有疾而為顰者也；元康之為放，無德而折巾者也。（《晉書．戴逵傳》）
(8)三教論衡
(9)人心惟危，道心惟微，惟精惟一，允執厥中。（偽《古文尚書》）

九十一年度

1.《莊子》從萬物之變動不居（如〈秋水〉：「物之生也，若驟若馳，无動而不變，无時而不移」），引出齊物思想，又由齊物導出無為思想，此一思想發展之脈絡何在？請析論之。

2.請簡要說明下列各名詞、學說、論述之內涵：
(1)義以為質，禮以行之。（《論語．衛靈公篇》）
(2)言意之辨。
(3)刑名。
(4)志至焉，氣次焉。（《孟子．公孫丑上篇》）
(5)名無固宜，約之以命。約定俗成謂之宜，異於約者謂之不宜。（《荀子．正名篇》）
(6)三玄。

(7)名教中自有樂地。（《世說新語・德行篇》）
(8)讖緯。
3. 試論程顥、程頤學說之異同及其與朱熹、陸象山理學之關係。
4. 請簡要說明下列各問題：
(1)李翱〈復性書〉對「成聖之道」的看法。
(2)柳宗元之「經權」說。
(3)邵雍「心法」。
(4)天泉證道。
(5)經學即理學。

國立暨南國際大學

八十四年度

1. 宋明儒者在定性工夫，有何特徵？程明道、朱晦翁、王陽明、劉蕺山各如何主張？此一定性工夫之講究，對中國知識份子的人格涵養，認知方法與做事態度，有何影響？試論評之。
2. 王充、裴頠、郭象皆言「自生」，其義有何異同？
3. 解釋以下諸語詞或語句，闡明其哲學義涵，並註明其出處。
(1) 盡其心者，知其性也。知其性，則知天矣。
(2) 人何以知道？曰：心。心何以知？曰：虛壹而靜。
(3) 彼是莫得其偶，謂之道樞。樞始得其環中，以應無窮。是亦一無窮，非亦一無窮也。故曰莫若以明。
(4) 五時八教
(5) 道者，器之道；器者，不可謂之道之器。

八十五年度

1.孟子的性善說與養氣之論，此兩種法有何特殊之處？在中國思想史上的地位如何？

2.王弼、斐頠、郭象、僧肇對有與無的觀念，再以此來敘述魏晉南北朝玄學的演變。

3.朱熹、王陽明、顏元對格物致知說的異同，並藉此說明宋明理學的演變。

4.(1)一陰一陽之謂道

(2)反者道之動，弱者道之用

(3)性日昇日沈

請說明原典出處及解釋義理。

八十六年度

1.說明中庸「誠者天之道，誠之者人之道也」之意義。

2.詳述魏晉言意之辨，並說明此一命題在哲學上之重要性。

3.說明下列書籍作者：

(1)復性說(2)先秦諸子繫年(3)仁學(4)習學記言(5)心體與性體(6)大同書(7)漢學師承記(8)新唯識學(9)物理小識

4.戴震云：「酷吏以法殺人，後儒以理殺人，浸浸乎舍法論理」，試以戴震思想大要說明此語意涵。

5. 李敖是台灣當代頗具爭議性之人物，試以思想史角度評論之。

八十七年度

1. 先秦論「氣」，勝義紛披，請就孟子、荀子、管子三家氣說，詳加析論。
2. (1)試析論僧肇〈不真空論〉的思想。
(2)試析論「朱陸異同」。
3. 試評析近代「中體西用」觀念之興起及其引起的爭議。
4. (1)舉實例以說明文獻考證與思想史研究之關係。
(2)舉實例以說明意識形態與思想史研究之糾葛。

八十八年度

1. 晚近出土的許多文獻對於先秦思想研究有相當之貢獻，試舉實例分析論述。
2. (1)試就所知分析《大學》之「八條目」的內涵，並說明其思想史意義。
(2)試說明中國佛教「六家七宗」的學說內容。
3. 試述王陽明之「心即理」說與程朱理學有何關係？對明代中後葉思想有何影響？
4. (1)試說明黃宗羲之《明儒學案》在思想上有何特色。
(2)試說明「太極」在朱子思想中之地位與涵義。

八十九年度

1. 請就所知分析先秦至漢的道家思想之變化。
2. 試論宋明儒學對於先秦儒學的繼承與發展。並評價之。
3. 清乾嘉以來，學者喜言「漢學」「宋學」之別，其說當否？試申論之。
4. 解釋以下諸語詞或語句，說明其哲學義涵，並註明其出處。
(1)可以言論者，物之粗也；可以意致者，物之精也；言之所不能論、意之所不能察致者，不期精粗焉。
(2)聞、說、親
(3)一念三千
(4)故天地之塞，吾其體；天地之帥，吾其性。民吾同胞，物吾與也。

九十年度

1. 先秦諸子對於「名」有許多不同觀點，試說明儒家、道家、墨家、法家、名家「名學」之異同。
2. 試從思想史角度說明下列時代的知識份子以何種「經典」為論說依據？(1)魏晉(2)北宋。並說明其因為何？
3. 試由清初「朱學」「王學」的發展，說明清代初期的學術概況。

4.解釋以下諸語詞或語句，說明其哲學涵義，並註明其出處。
(1)環中
(2)名也者，定彼者也；稱也者，從謂者也。
(3)非無幻化人，幻化人非真人也。
(4)易簡工夫終久大，支離事業竟浮沉。
(5)夫性者，生理也，日生則日成也。

九十一年度

1.試從主體性簡述孟子四端之說，並說明孟子如何交代惡的由來。
2.試說明王弼、嵇康與郭象對自然與名教的基本看法。
3.試說明朱子思想中「理與氣」之涵義，及其在明清時期有何演變？
4.清代乾嘉考據學興起之原因有不同的解釋，試述有何種解釋？並加以評論。

九十二年度

1.試從周初人文精神的躍動到春秋，以迄孔子、孟子這個先秦儒學發展史的脈絡中，說明儒家「內聖」系統的觀念和架構之形塑過程。
2.先說明以下諸觀念的莊學內涵：「無待」、「齊物」、「化」、「死生」、「氣」、「坐忘」、「無用之大用」、「自然」；然後演繹諸觀念之間的關係，以組構出你所理解的

《莊子》思想之整體風貌。

3. 試說明朱子之天地之性與氣質之性的概念，及其在明清時期的演變。

4. 試說明王陽明天泉證道之四有與四無的涵義。

5. 試扼要說明大乘起信論之主要內容及其意義。

九十三年度

1. 試述孔子、墨子、荀子對「天」之看法。

2. 試說明朱子之理氣論的內容，並就己見評論之。

3. 試說明中國佛教與傳統儒道二家之關係。

4. 以明清思想為範圍，試擬一研究論文題目，並詳細說明研究之內容與目的。

國立彰化師範大學

八十五年度

1. 試述研究漢初黃老思想有那些重要素材？並略論黃老思想之大要，再加評述之。
2. 魏晉玄學有「貴無」、「崇有」之論，試舉重要代表學者及其學說主張。
3. 試以隋唐佛學為範圍，自擬一研究子題，並列一簡要之內容大綱。
4. 老子曰：「致虛極，守靜篤，萬物並作，吾以觀復。夫物芸芸，各復歸其根。歸根曰靜，是謂復命。復命曰常，知常曰明，不知常妄作，凶。」試由此說明老子如何論「道」。
5. 朱子和王陽明均有「致知」之說，請由他們的學說分述之。

八十六年度

1. 請解釋中庸的「誠」。
2. 少年王弼如何理解老子的道？特有的理路為何？

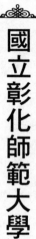

3.試述淮南子、董仲舒、揚雄、王充等對人性的看法。
4.試論禪宗、天台宗、華嚴宗的主要思想，及其與宋明理學的關係。

八十八年度

1.試比較孟荀之人性論，並說明禮在荀子思想中的重要性。
2.試簡述何謂黃老之學，並說明黃老帛書之基本思想。
3.簡述魏晉玄學興起的背景及重要派別。
4.解釋名詞
(1)壇經
(2)明儒學案
(3)不真空論
(4)天泉證道
(5)陳白沙

八十九年度

1.試論孔子的仁學思想及其展現在政治上、教育上的主張。
2.兩漢學者論及人性善惡問題者有多家，試分論其要，並加評述之。
3.試簡述「四聖諦」及「緣起」，並列出五種主要的緣起說，同時說明法界緣起的主要特色。

4. 試說明王守仁如何理解「心即理」、「致良知」及「知行合一」。

九十年度

1. 中國哲學黎明時期到底應該設定在甚麼時候？對於這個問題現代學人曾提出許多不同的看法，試舉數家說明他們的看法，並加以評論。同時，請略述先商（含商代）中國哲學的重要現象。
2. 試從義利與義命兩方面簡述孔子對義的看法。
3. 試說明郭象獨化說及其對自然與名教的觀點。
4. 試先簡述如來禪與祖師禪的分別何在？並說明南禪的思想特色。

九十一年度

1. 試簡述莊周夢蝶的寓言，並說明這寓言所反映的哲學意義。
2. 說明董仲舒、王充在人性論上的主張，並分析其異同。
3. 試列舉濂、洛、關、閩各家的代表人物，並指出〈西銘〉與〈識仁篇〉的作者及兩文基本觀點的異同。
4. 試述陽明心學興起的原因，及其學說思想，並評述王學末流之缺失。

九十三年度

1. 問答題

(1) 晚近出土之黃老帛書實為漢初黃老學說之重要文獻，請言其篇名為何？又其道、法與形名之說為何？並較論其與原始道家學說之異同。

(2) 試選擇三位陳白沙以前之明初理學家，說明其學說要旨。

2. 簡答題

(1) 試簡述先秦、兩漢儒家經權之說。

(2) 魏晉玄學關涉議題甚多，舉其要者有四，請略述其言意之辨、才性論、貴無與崇有之爭及養生論之要旨。

(3) 朱子、二陸太極圖說之辨，其說紛繁，試述其要。

(4) 黃崗熊十力學術影響深遠，其生平、學術可得聞乎。

國立中正大學

八十三年度

1. 請試述孟子、荀子人性論之基本觀點；又孟荀皆自謂其思想紹述於孔子，因此，請一併試論孟荀人性論和孔子思想的關係。
2. 魏晉玄學與先秦道家思想之歧異處，試說明之。
3. 程朱和陸王之學是宋明理學的兩大系統，請試述這兩大系統的基本論點，並試就其異同略作評騭。
4. 清代樸學之成就為何？試申述之。

八十四年度

1. 先秦道家對儒家之仁義禮樂如何批評？
2. 魏晉玄學中有所謂「自然」與「名教」的衝突，請試述這兩派的基本觀點。
3. 請試述朱子「大學格物補傳」的內容，並試分析其思想。

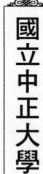

4.有清之際，乾嘉學派之學術成就為何？

八十五年度

1.先秦儒、道、名三家之論名實問題，互有不同，試說明之。
2.兩漢儒學與孔孟所述，其不同處何在？
3.試就理學家中程道明、伊川的思想分述其異同。
4.請以簡答方式解釋下列幾個概念：
(1)無待逍遙
(2)一念三千
(3)明心見性
(4)性即理
(5)四有句

八十六年度

1.漢儒之言天人關係，頗有可觀者，試舉二家之說以答。
2.清乾嘉之際，學術有吳派、皖派之稱，試各舉二位代表人物，說明其學術成就。
3.牟宗三謂：「魏晉玄學的主要課題是如何會通孔老。」錢賓四謂：「魏晉南北朝三百年學術思想可以一言蔽之曰：『個人自我之覺醒。』」二說是否得當？能否相容？試予申論。

4.竺道生與惠能對佛學之中國化有何貢獻？

八十七年度

1.歷來學者論老子思想，或以為「最毒天下」，「最精於打算」；或以為「最為愛民」，「最有智慧」，諸說當否？試予析論。

2.試述王弼思想要旨及其在中國思想史上的地位與影響。

3.請說明「誠」這一概念在周濂溪思想中的地位。

4.戴震為清代最重要的思想家之一，請舉出一、兩部他的思想性著作，並請簡述他的最重要思想。

八十八年度

1.孟子、告子、荀子、董仲舒、王充諸人論「性」有何異同？試析論之。

2.錢賓四先生謂郭象之注莊為一種「偽學」；牟宗三先生則以為郭象注莊「提出圓教的觀念和境界，就是新的發展，……不能算錯，也並不違背道家的原意。」二說有何理據？能否成立？是否衝突？試析論之。

3.魏晉玄學有人以為係「在儒而非儒，非道而有道」，試一抒己見。

4.唐韓昌黎排斥佛老、扶樹教道，試說明之。

八十九年度

1. 荀子曰：「墨子蔽於用而不知文。」又曰：「惠子蔽於辭而不知實。」試申述之。
2. 魏晉玄學與先秦道家學說，其間之差異何在？
3. 請說明朱子「理氣二分」及「心性情三分」的內容。
4. 請說明王陽明之後，王學分化的情形。

九十年度

1. 請說明下列思想家的時代，同時列舉他的任一項重要著作（書名或篇名俱可，唯不得只說「某人之文集」之類的籠統名稱），並說明他對中國思想史的重要貢獻（說明請儘量扼要）。
(1)葛洪
(2)王龍溪
(3)嵇康
(4)智顗
(5)僧肇
2. 傳統上，關於先秦諸子思想的來源，有說出於王官，有人則反對此說，請略述這些不同的立場，並略作評騭。

3.魏晉清談有所謂名理一派，其重要代表人物有誰？試介紹其理論。

4.中國思想史之研究方法，究竟應以何者為優先？試舉例說明之。

九十一年度

1.王充論衡書中所主張之論點為何？試條舉說明之。

2.兩漢四百年中陰陽災異之說至為流行，其形成之原因背景為何？

3.一般都認為「仁」這個概念乃是孔子思想的核心概念，請問孔子是如何理解這個概念的？而孟子又用什麼概念來詮釋這個概念呢？（如果可能，請儘量引述論孟原文，以為申論的基礎）

4.請在下列十本著作中，挑出屬於宋明理學家的幾本著作，並請列出它們的作者，同時簡述這些作者對理學的貢獻。

(1)通書(2)參同契(3)原人論(4)傳習錄(5)復性書(6)易本義(7)弘明集(8)中論(9)正蒙(10)人譜。

國立成功大學

八十年度

1. 試指出孔、孟的人性論，各有何特色，並影響了後世那些哲學家的人性思想。
2. 申明今本列子與莊子注的作者為誰？
3. 試述印度佛學傳入中土，從排斥到接受，與儒道思想之關係如何？
4. 解釋左列諸詞語：
(1)災異譴告說
(2)知行合一
(3)堅白相盈
(4)適性逍遙論
(5)心即理與性即理

八十一年度

1.試指出魏晉思想的基本性格為何?其表達思想的方式如何?需舉例說明之。
2.佛教傳到中國,發展出那幾家重要宗派?各有何重要的思想觀念?
3.宋明儒學既是先秦儒學的一步發展,試問有那些觀念思想超過先秦儒家,或為先秦儒家所未有者?
4.漢代論人性者共有那幾家?各有何說法?試分別說明之。

八十二年度

1.試根據《中庸》《易傳》中的形上學,論述儒家天人合一思想的特色。
2.試問先秦名家共有幾派?各有何重要的思想觀點?其在學術上有何正面的意義?
3.試從天道、人性、氣命等學說及對聖人經典所持的態度,比較董仲舒與王充之差別。
4.試說明荀粲「言不盡意」、王弼「忘言忘象以得意」、歐陽建「言盡意」、郭象「寄言出意」等有關言意說的要義。
5.試問南北朝佛學傳到中土,建立了那些不同的宗派?其與玄學的關係為何?

八十三年度

1.試從宏觀的立場指出中國哲學思想的發展,究竟是以儒家為主幹,還是以道家為主幹?

2. 兩漢與魏晉的思想家對儒學的研究，在方法及觀念上有何不同？試舉例說明之。
3. 陸、王「心學」之思想體系如何建立？其批評程、朱理學的焦點為何？
4. 簡答題：
⑴試指出下列思想名著之作者：
①聲無哀樂論
②物不遷論
③沙門不敬王者論
④夷夏論
⑤朱子晚年定論
⑵簡要說明下列各學說，並指出由何人所提出：
①一闡提人皆得成佛
②五德終始
③形質神用
④反者道之動
⑤太虛即氣

八十四年度

1. 如何區別「先秦儒家」與「兩漢儒家」，以及「兩漢儒家」與「宋明儒家」之間的根本差異？

2. 董仲舒如何調和儒與陰陽？如何調合儒與法？又如何調合儒家的孟與荀？試深入釐析之。

3. 歷來研究魏晉玄學發展的學者，有以王弼為高峯，有以郭象為高峯，有以僧肇為高峯，試明此三人的主要學說及其在中國思想史上的地位。

4. 玄奘所介紹之印度唯識宗與在中土發展之天臺、華嚴思想有何不同？

八十五年度

1. 試闡述《禮記》中禮運篇首段及大學篇首章所揭示之政治理念，並與近代民主政治思想作一比較，指出其根本異同。

2. 試問印度佛學傳到中土：
(1)是否受到排斥？理由為何？
(2)用何種方法弘揚佛學讓中國人接受？
(3)魏晉南北朝出現了哪些佛學宗派及著名的佛學家？
(4)他們如何使佛學中國化？

3. 魏晉玄學的核心問題在溝通儒道，試問其溝通的管道如何？又比較魏晉思想與兩漢思想的差別。

4. 簡答：

(1)試指出下列思想名著之作者：

①抱朴子

②傳習錄

③孟子字義疏證

④法言

⑤肇論

(2)簡要說明下列各學說：

①比相生與間相勝

②天志與尚同

③一心三觀與三諦圓融

④心即理與致良知

⑤心齋與坐忘

八十六年度

1. 試析荀子對道家思想之吸收與改造。又荀子如何掌握時代之大變局，對儒家思想進行革新，以建構完整的君主專制政體。

2. 魏晉南北朝時期儒釋道三教論爭的主題有哪些？試舉要以明之。

3. 鈴木大拙曾說：「禪，是中國佛家把道家思想接枝在印度思想上，所產生的一個流派」，試以此為線索，說明莊子與玄學對禪宗的影響，並評價鈴木的說法是否妥當。

4.仁學是孔孟思想的核心，先秦以降，理學家最能發揮仁學之精蘊，使仁學有新的生命與發展，試就此說明北宋諸儒對仁學的新詮釋。

八十七年度

1.司馬談〈論六家要旨〉及班固《漢書藝文志．諸子略序》，在中國思想史上的意義為何？試就其內容探討之。

2.「格物致知」是宋明理學的主要課題，試以之說明程朱與陸王思想的異同。

3.清初學術大抵以「經世致用」為主流，然至乾隆、嘉慶時，學風一變而成所謂「乾嘉學派」，試說明其思想的演變過程。

(1)寫出下列各思想名著之作者：

①肇論

②人物志

③太玄

④大同書

⑤明夷待訪錄

(2)簡述下列學說：

①董仲舒「三統、三正」說

②墨子「三表」說
③范縝「神滅論」
④華嚴宗的「法界緣起」說
⑤中庸「誠」的哲學

八十八年度

1. 試以「禮」為中心，論述先秦人文精神的發展。
2. 試比較莊子、郭象與支遁的「逍遙」義。又此三家逍遙義的詮釋角度有何不同？並指明其立論的時代背景。
3. 中國思想家於人性問題上，如何明善？辨惡？講性三品？論復性？別天命之性與氣質之性？試舉例申明之。
4. 試概述明末東林學派到清代樸學興起時的學術概況。

八十九年度

1. 漢魏、明清易代之際，出現了那些撥亂反治的改良思潮？
2. 魏晉尚清談，清談名目以「聲無哀樂」、「養生」、「言盡意」三理為核心，試概述此三理的論辨內涵及其對魏晉士人的影響。
3. 何謂「格義」？其於文化交流上具有何種積極意義？又何謂「判教」？其意義為何？並

舉天台、華嚴宗的判教為例。

4.試論述宋明理學與先秦儒學的異同。

九十年度

1.試以「義利之辨」為中心，說明先秦儒家價值論的發展及其對後世的影響。

2.試明老子「反者道之動」之辯證思維，及莊子之「兩行」、墨子之「尚同」、佛教中觀之「不二」思想。

3.試寫出下列高僧之名論及其義理：

(1)道安

(2)竺道生

(3)慧遠

(4)僧肇

(5)支遁

4.「存天理去人欲」可說是宋明理學的共同論域，其主要內涵為何？該如何評價？

九十一年度

1.試對被評為「苛察繳繞」、「琦辭怪說」的名家學說，如惠施《歷物》及公孫龍〈指物〉、〈堅白〉、〈白馬〉等名論加以解析，以明其旨趣。

2. 試說明董仲舒「天人相應」之說，及其在漢代思想史的根源與影響。

3. 魏晉諸子「以注代作」來寄託自己的思想，其最著者有何晏集解《論語》；王弼注《老子》、《易經》；向秀、郭象隱解《莊子》；張湛注《列子》，試明以上各家標出那些新義？

4. 試比較朱子與王陽明「格物致知」的論說及兩家宗旨之異同。

九十二年度

1. 孟子曰：「口之於味也，目之於色也，耳之於聲也，鼻之於臭也，四肢之於安逸也，性也；有命焉，君子不謂性也。仁之於父子也，義之於君臣也，禮之於賓主也，智之於賢者也，聖人之於天道也，命也；有性焉，君子不謂命也。」試由此性命對揚的論述，說明孟子所透顯內在、固有的道德觀。

2. 簡述下列問題：

(1) 述「陰陽」與「五行」說的起源與演變。

(2) 簡述先秦天道觀之大凡。

(3) 敘述《易傳》的生生之德。

(4) 闡述莊子的「氣化」思想。

(5) 試由荀子的「天、人」關係談到「性、偽」關係。

3. 「苦、集、滅、道」號稱「四聖諦」，是佛教的核心思想，試就所知，詳加論述之。

4.試述周濂溪學說與儒、道兩家的關係，及其對兩宋理學的影響。

九十三年度

1.孟子的政治思想以「民心」為依歸，所謂的「天命」，主要表現於「民心」，政權的轉移，乃以「民心」決定政權之得失。試就此基本論點，說明孟子的民本說與仁政說。

2.王充以「疾虛妄」為其思想宗旨，然卻主張「性成命定」的命運觀，試從思想史的觀點，詮釋王充的性命說與元氣說、人性論的關聯，並檢討「性成命定」說的得失。

3.郭象《莊子注》中，於形上本體的思維上，有統合何、王「貴無」與裴頠「崇有」之跡，試明其所以。又郭象循著形上思維所開展的「性得而齊」的認識論，及「適性安命」的人生論，其義理如何？

4.試明下列名言概念

(1)三論宗「四重二諦」。

(2)禪宗「無念為宗、無相為體、無住為本」。

(3)張載「太虛即氣」。

(4)陸九淵「宇宙便是吾心，吾心即是宇宙」。

(5)僧肇「物不遷」。

國立中山大學

八十年度

1. 被韓非子一書稱為「顯學」的是何學派？試述其學說大要。
2. 漢志謂諸子之學出於王官，其說是否有當，試以己見論之。
3. 試述董仲舒春秋學之大要。
4. 何謂「玄學」？玄學發生之時代及其在學術發展史上之特色為何？試詳述之。
5. 宋代理學有所謂「濂洛關閩」，其學派造成之素為何？其主要之代表人物及思想特色為何？試加說明。
6. 清初三大儒為那三人？是否歷來有不同之說？其各自之主要著作為何？

八十一年度

1. 莊生「逍遙」一義之大旨為何？
2. 孔子如何論仁？

3.魏晉時期所以在思想史上佔獨立之地位，主要之原因何在？試從其思想之特點及所產生之影響加以說明。
4.宋明理學中程朱與陸王兩派對於「道德判斷」所依據之心理條件有何不同之看法？試書所知加以討論。
5.明末清初中國人文思想有何發展之新趨向？其影響於學術之面貌者為何？

八十二年度

1.先秦各大學派均言「無為」，試比較論述之。
2.韓非子書謂：「儒以文亂法，俠以武犯禁」，因而視之為蠹，其故何在？
3.魏晉時期曾有「自然」與「名教」之辨，其時代意義為何？試申述之。
4.何謂「涵養須用敬」，程子此語要義何在？試由思想史之發展加以討論。
5.陽明後學曾有「四有」「四無」之爭，雙方爭論之焦點為何？

八十三年度

1.試比較先秦時期儒、道、墨、法四家之政治思想。
2.試述王弼在思想史上特殊之地位與貢獻。
3.試述智者大師「一念三千」之義。
4.試論伊川「性即理」之說。

八十四年度

1. 試就「物有本末事有終始知所先後則近道矣」一語論〈大學〉之要旨。
2. 試論《老子》中柔弱之道。
3. 王弼貴無、郭象崇有，試論二人立說之分歧點何在？
4. 試陳僧肇「物不遷論」、「不真空論」與「般若無知論」要義及立論用意。

八十五年度

1. 試就「天」「人」觀念比較先秦儒、道兩家之異同。
2. 先秦思想中是否曾有觸及「知識」問題之討論？試就所知，加以敘述。
3. 讀畢下列引文之後，回答所提問題。

甲、「有之為有，恃無以生；事而為事，由無以成。」（《列子．天瑞》）張注引何晏道論）

乙、「天地萬物，皆以無為本。無也者，開物成務，無往而不存者也，陰陽恃以化生，萬物恃以成形，賢者恃以成德，不肖恃以免身。無之為用，無爵而貴矣！」（《晉書．王衍傳》引何晏語）

丙、「天下之物，皆以有為生。有之所始，以無為本。將欲全有，必反於無也。」（王弼《老子注》四十章）

試問：

⑴何晏所謂「陰陽」是「有」或「無」？何故？彼所謂「陰陽」與「萬物」的關係是什麼？

⑵《世說新語．文學》稱：何晏自嘆不如王弼之注老子精奇，試言其故。

4.佛教傳入我國之後，晉代名士與名僧頗以玄學解釋般若學，雖未盡合，不失為認識般若學之途徑之一，試問彼時何以能取玄學解釋般若學而蔚成風潮？

八十六年度

1.試討論先秦「名家」學派之學術性質及其與其他各家之關係。

2.試分論儒、道、墨、法四家之政治思想與倫理學上之主張。

3.董仲舒《春秋繁露，深察名號》說：「質于禽獸之性則萬民善矣質于人道之善則民性弗及也萬民之性善於禽獸者許之聖人之所謂善者勿許吾質之命性者異孟子孟子下質于禽獸之所為故曰性已善吾上質于聖人之所善故謂性未善。」假設你是孟子，試駁上列董生之說。

4.大學說「誠意」，試問：未下誠意工夫前，怎知意應該誠？下誠意工夫時，意如何誠？正下誠意工夫時，若覺意不誠，應如何？

八十七年度

1.先秦諸子之天人關係思想，各具特色，試以墨子、莊子、孟子為例，加以比較說明。

2.黃宗羲之經世思想，以政治思想最為根本，影響亦大，試就所知，詳加評述。

3.東漢以下，迄於魏晉，中國思想史上曾出現所謂「自然」與「名教」之爭，此項討論其重要之發展為何？試申述之。

4.理學發展中，有「程朱」與「陸王」兩派之對立，其知識論上之差異為何？試加分析比較。

八十八年度

1.老子、韓非子對「智」的看法與孔孟不同，試析論之。

2.試論董仲舒「天人感應」之說。

3.朱子曾言：「氣質之說起於張、程，極有功於聖門，有補於後學，前此未曾說到。」其所謂「氣質之說」何所指？又何以謂「極有功於聖門」？試就中國思想史之發展，加以說明。

4.清儒戴東原《孟子字義疏證》一書極為近人論哲學史者稱道，該書主要之論點為何？其書在治學之方法上有何特殊之貢獻？試分別加以論述。

八十九年度

1. 試論先秦時期儒、墨兩家之相非議。
2. 東漢王充有何特殊的言論？
3. 試比較周敦頤與張載兩人於宇宙論方面思想之異同。
4. 清代戴震曾提出「訓詁明而後義理明」之主張，其所以提出此說之原由與其要旨為何？試申述之。

九十年度

1. 《老子》亟稱於水，試問何取於水？
2. 韓非謂法術二者皆為帝王之具，其理由為何？
3. 試論述王弼與郭象思想之大要，及兩人在中國思想史上之地位。
4. 試概述宋代理學思想中有關「涵養」與「察識」兩問題討論之大要，並說明其重要性。

九十一年度

1. 孟子言性善，荀子謂性惡，試較論二人之說。
2. 學者多將漢世罷黜百家獨尊儒術，歸功於董仲舒，此說是否正確？試論之。
3. 試說明魏晉玄學之主要議題與思想特徵。

4.試比較宋明理學中「性即理」說與「心即理」說之異同，以及程朱、陸王別派之理由。

九十二年度

1.試述先秦儒、道兩家於政治、倫理方面思想之差異。
2.試說明宋明理學中「陸王」之學之義理取向及其哲學特性。
3.試以董仲舒為例，說明漢代儒學與陰陽家思想之關係。
4.試比較魏晉玄學思想中所謂「自然」義與先秦老、莊二家原旨之不同。

九十三年度

1.試比較先秦儒、墨、道、法四家之政治主張。
2.試述「陰陽五行」思想於漢代之影響。
3.試說明王弼注《易》之影響及其個人思想之重要性。
4.明代有所謂「泰州之學」，試述其來歷及基本主張。

國立高雄師範大學

國文研究所

八十年度

1. 劉劭與王弼為魏晉玄學之大家，試比較其思想之異同。
2. 《中庸》一書為儒家思想之重要典籍，其思想內容與重要性為何？
3. 佛學在中國獲普遍信仰之契機何在？並述其尚需中國化之理由。
4. 試釋王陽明之四句教，並述其所引發之爭議及影響。

八十一年度

1. 試述董仲舒「天人相應說」之淵源及內容大要，並引王充之說加以評論。
2. 老子、孔子及墨子對於「禮」的看法有何不同？試詳加論述。
3. 郭象注莊子與原始莊子有何異同？並述其影響。
4. 北宋中期關學的代表是誰？試述其思想源流及其為理學奠基之表現。

八十二年度

1. 鵝湖之會之與會學者為誰？並述其在中國思想史上之意義。
2. 試述陽明門下各學派之特色，並說明各派出現之意義。
3. 試論漢儒性說與魏晉才性論之關係。
4. 試評述先秦諸子天人關係思想之異同。

八十三年度

1. 墨子曰：「凡入國，必擇務而從事焉。」試以其所擇十務，辨儒墨之異同。
2. 試分述何晏、王弼、郭象的玄學思想。
3. 試闡述孟子仁政思想之哲學基礎。
4. 陽明之後，王學分為那些流派？各派爭議之癥結何在？

八十四年度

1. 試述劉劭《人物志》一書在中國哲學史上的地位。
2. 兩晉是佛教玄學化時期，試述玄佛如何相通？
3. 孟子力斥楊、墨之動機何在？何以謂「楊氏為我，是無君也；墨氏兼愛，是無父也？」孟子於儒家思想之發展貢獻如何？

4.南宋永嘉學派形成之主客觀因素為何？並略述薛艮齋、陳止齋、葉水心諸先生學術思想之特色。

八十五年度

1.兩漢春秋學的發展情形與異同，試舉例說明。
2.王弼、裴頠思想的異同比較。
3.朱熹、陸九淵的思想異同及學術爭論情形的實質意義如何？
4.王船山在中國哲學史之地位，評述之。

八十六年度

1.試述孟子政治學說建立的基礎及內容。
2.先秦莊子思想與郭象注有何異同？
3.說明下列四典故的內容及其在中國哲學史上的意義。
(1)朱張會講
(2)鵝湖之會
(3)天泉證道
(4)淮南會講
4.詮釋下列文句的思想內涵，並註明出處。

(1)克己復禮為仁。
(2)道常無為而無不為。
(3)人何以知道？曰心。心何以知道？曰虛壹而靜。
(4)一月普現一切水，一切水月一月攝。
(5)一切諸法唯依妄念而有差別，若離心念，則無一切境界之相。

八十八年度

1. 試述孔子以仁為核心的思想體系，及其理想人格的特點。
2. 莊子書中逍遙一詞凡六見，並有專章討論，請細審其異，並述其歸趣。
3. 老子曰：「上德不德，是以有德；下德不失德，是以無德。」是請(1)申論此句之義。(2)老子學術中道與德之關係如何？
4. 朱熹以為「二程出於周氏」，試比較周濂溪與「二程」思想之異同。

八十九年度

1. 《大學》一書有三綱八目，其內容為何？並論三綱與八目二者之關係。
2. 試述阮籍《大人先生傳》的內容及其對名教的批評。
3. 張橫渠著《正蒙》一書，充分表達其哲學思想，試就所知詳述之，並以己意評論之。
4. 清儒嘗言：「訓詁明而後義理明」，試就儒學發展的內在要求，說明清代經學考證的思想背景。

九十年度

1.孟子主性善，荀子主性惡，二人皆宗孔子，而對人性之主張則恰相反，其故何在？

2.王弼和何晏之思想為貴無派的代表人物，其思想內容如何？兩人有何差異？試詳加說明。

3.朱熹《中庸章句序》云：「『允執厥中』者，堯之所以授舜也；『人心惟危，道心惟微，惟精惟一，允執厥中』者，舜之所以授禹也。」試釋其義。

4.試述清代乾嘉學風之特色，及其主要代表人物之哲學思想。

九十一年度

1.《春秋》三傳中對於齊桓公霸業如何記敘與評論，試就所知詳加說明。

2.韓非思想強調「術」，其認為人臣所由成姦者有八，試舉八姦以對，並論其防止之法。

3.試論兩漢今古文經學之爭及其對學術之影響。

4.試說明李侗、胡宏、張栻對於朱熹思想形成過程所產生的影響，並分析朱熹「心統性情」的理論體系。

九十二年度

1. 老子曰：「天地不仁，以萬物為芻狗，聖人不仁，以百姓為芻狗。」試論老子無為哲學的內容。
2. 象數思維是漢代思辨哲學的最大特徵，試述其內容，並對其提出批判。
3. 試述郭象的玄學思想，並說明其思想淵源及對後世之影響。
4. 試就儒學發展之歷程，析論北宋儒者所面臨的理論危機，及其解決之道。

九十三年度

1. 儒家與墨家同為戰國時期的顯學，二家思想有相同點，亦有相異點。試就其同點與異點分別列舉比較之。
2. 清代學術，獨樹一幟，唯既有「漢學」之名，復有「樸學」之稱，試依所見，就當時諸儒治學之方法及精神論評之，以著其特色與價值。
3. 試解析王陽明良知學有關良知之體、良知作用以及致良知的方法諸論題的意義，並說明三者之間的關聯。
4. 魏晉思想家以貴無派為主，試舉出代表人物，並闡述其思想。

經學研究所

九十二年度

1.劉邵《人物志》一書，對於人才的分類為何？並請詳加評論。
2.試從方法與內容兩方面說明王弼《周易注》的特徵。
3.試論述韓愈、李翱之思想特色，並說明其在唐代思想史上的價值。
4.清初顧炎武謂「古之所謂理學，經學也」，主張學者應「通經致用」、「明道救世」，與清代中葉常州公羊學派前後呼應，請論述常州今文學派之特色及影響。

九十三年度

1.孔子修《春秋》，董仲舒以其「是非二百四十二年之中，以為天下儀表。」試闡述其思想。
2.何謂「三玄」？「三玄」之說其在學術思想上，有何涵義可言？
3.試評述韓愈、柳宗元對中唐儒學復興的貢獻。
4.試述朱熹學術對宋代以後的影響。

國立花蓮師範大學

九十一年度

1.宋明理學有傳統的二系說與牟宗三的三系說，請問這與二程的思想異同有何關係？並請說明三系說的代表人物及其分系的思想內涵。

2.佛教傳入中國，對傳統思維造成廣泛深入的影響，其中也建立了許多宗派，尤其禪宗可說是佛教中國化的代表，請問何謂「禪」？何謂「禪宗」？並請依據《六祖壇經》論述惠能思想之大要。

3.清代是中國哲學的總結時代，其批判明末學風而建立的學術思想特色為何？就整體發展而言，可概分為那些時期與學術派別？其代表人物的學術風格為何？試就所知論之。

4.解釋名詞

(1)正言若反與反者道之動

(2)比相生與間相勝

(3)貴無與崇有

(4)一心開二門
(5)四句教與四無說

九十二年度

1. 申論
(1)儒家、道家均有天人合一的思想，其內容與工夫有何異同？
(2)朱熹與王陽明是宋明理學的思想家，兩人學說的差異之處為何？學術的稟承與影響又如何？請論述之。

2. 解釋名詞
(1)請簡略的說明以下五位思想家活躍於那個時代，各有何代表著作與提出的主要論題為何？
①公孫龍
②郭象
③竺道生
④周濂溪
⑤章太炎
(2)請簡略的說明以下五部中國思想史上重要著作的作者、成書時代與內容大意。
①論六家要旨

②春秋繁露
③肇論
④四存編
⑤中國哲學十九講

九十三年度

1.《莊子》中的理想人格稱為「至人」、「神人」、「聖人」，其中所表述的精神境界各由何修養過程致之？

2.魏晉六朝清談之內容，除三玄義理之闡發，馬鄭及新舊經說之異同外，尚有那些名理內容，試列述之。

3.朱熹之學以「窮理居敬」為本，唯晚年又有另論。之後所傳弟子如黃榦、真德秀、魏了翁、金履祥、宋濂諸人皆承此說而開明代中期心學新聲，試舉大要說明之。

4.試述魏晉南北朝佛學之般若思想對中國儒道思想的影響。

東華大學

九十一年度

1.以下所列之思想家，皆扮演著反省與批判當代主流思潮的角色，試從諸家所處之「時代思潮」的角度切入，以彰顯其思想殊趣及影響：

(1)王充

(2)裴頠

(3)竺道生

2.中國思想家常以注疏的方式重新解說傳統文獻，但每寓新義於舊傳統，試從以下三例以證成之，並揭示此三例於思想史上的意義。

(1)王弼之於《周易》

(2)郭象之於《莊子》

(3)戴震之於《孟子》

3.試從「善惡」的觀點分析比較〈樂記〉與孟子、荀子、老莊在「人性」觀點上的異同。

4.梨洲「心性」之學承自陽明、蕺山，主張「理不外於心」。然而，他同時又非常重視外求「經史」之學。試問梨洲之學何以有此轉變？而其會通內外之學的理由何在？

九十二年度

1.試列舉兩次中國思想史上「從繁複走向簡易」之思想發展的實例，並探索其轉化演變的原委、軌跡及其意義。

2.試解釋以下所列未標點之思想文獻，並說明此思想文獻於思想史上的意義。

(1)不生亦不滅不常亦不斷不一亦不異不來亦不去。

(2)天地合氣萬物自生猶夫婦合氣子自生矣。

(3)人何以知道曰心心何以知曰虛壹而靜虛壹而靜謂之大清明。

3.宋明之間在儒學內部產生了波瀾壯闊，且影響深遠的「儒學復興運動」，你是否能對此運動之形成背景、原因、內涵及特色，做一番說明及評判。

4.請就以下六種中國哲學史或中國思想史的著作任選三種予以評介。（亦可挑選下列六種之外者來評介，惟下列所列者至少評介兩種。）

(1)胡適《中國古代哲學史》（即《中國哲學史大綱》上卷）

(2)馮友蘭《中國哲學史》或《中國哲學史新編》

(3)勞思光《中國哲學史》

(4)牟宗三《中國哲學十九講》

(5)王邦雄等撰《中國哲學史》(空中大學)
(6)韋政通《中國思想史》

九十三年度

1.司馬談〈論六家要旨〉與王弼〈老子指略〉皆有對先秦諸家思想進行評述，其用意何在？試從思想史的角度論述兩者所展現之殊義旨趣，並比較其異同。

2.解釋下列所引文獻或名辭之思想義涵：

(1)「心生滅者，依如來藏故有生滅心，所謂不生不滅與生滅和合，非一非異，名為阿黎耶識。」(《起信論》)

(2)「夫天籟者豈復別有一物哉？即眾竅比竹之屬，接乎有生之類，會而共成一天耳。」(郭象《莊子注》)

(3)離堅白

(4)言盡意

(5)心統性情

3.朱子云：「《易》只是箇卜筮之書，孔子卻就這上依傍說些道理教人。」其說意指《易經》六十四卦本為卜筮之用，至《易傳》出現後，《易經》方成哲理之書。請問：

(1)相傳孔子所作的《易傳》，應形成於什麼時代？其中包含了哪些篇章？

(2)《易傳》在轉化《易經》為哲理之書時，提出了哪些重要的思想觀念？

4.明儒劉宗周論王陽明〈拔本塞源論〉云：「快讀一過，迫見先生一腔真血脈，洞徹萬古。蒙嘗謂孟子好辯而後，僅見此篇。」此說提示了兩點訊息：其一，由〈拔本塞源論〉可以探知陽明思想的要旨；其二，孟子與陽明之間，應具有思想遞承的關係。依據劉宗周此段話語，請問：

(1)〈拔本塞源論〉如何呈現陽明的良知之學？

(2)陽明學說與孟子思想的關聯性究竟何在？

嘉義大學

九十年度

1.老莊如何面對文明之病痛和人生之命限？試從表達方式、立身處世和工夫境界諸方面論述之。又郭象之「逍遙」義是否與莊子相契合？亦請一併申述之。

2.何謂「體用一源，顯微無間」？何謂「理一分殊」？「體－用」概念蓋首由誰拈出？而易傳所謂「易無思也，無為也，寂然不動，感而遂通天下之故。」此命題與體用概念有何關聯？又如何影響於宋明理學家？

3.朱熹與王陽明對大學「格物致知」有何不同詮釋？兩者的歧異反映出怎樣的學術性格？

4.「天人關係」是漢代的重要論題，其內涵為何？試以董仲舒、王充為例說明之。

九十一年度

1.孟子曰：「逃墨必歸於楊，逃楊必歸於儒。」〈盡心下〉請說明其思想意涵，並加以評論。

2.王充的思想在「疾虛妄」，其內涵為何？而王充在思想史的地位如何？

3.司馬談「論六家要旨」有何思想史上的意義？又其中評及儒家有謂「博而寡要，勞而少功」，汝以為然否？試就先秦儒迨及漢儒評論之。

4.宋明理學流派有所謂濂、洛、關、閩以及陸、王，試問其開創人物之稱號和代表著作各為何？其各開創人物之人格典範或特色又如何？

九十三年度

1.請闡發下列文獻的義理內涵：

(1)老子曰：「善者吾善之，不善者吾亦善之，德善。」（第49章）

(2)孟子曰：「盡其心者，知其性也；知其性，則知天矣。」（〈盡心上〉）

(3)《易傳》：「八卦成列，象在其中矣；因而重之，爻在其中矣；剛柔相推，變在其中矣；繫辭焉而命之，動在其中矣。」（〈繫辭下傳〉）

(4)《中論》：「受諸因緣故，輪轉生死中；不受諸因緣，是名為涅槃。」（〈觀涅槃品〉）

(5)朱熹：「天下未有無理之氣，亦未有無氣之理。」（《朱子語類》卷一）

2.「自然與名教」是魏晉玄學重要的論題，請說明其內涵，並以王弼、嵇康、郭象的見解論其演變。

3.陰陽五行學說，在漢代、魏晉、宋代，均可見其發展脈絡與深化影響，請申論之。

4.二程的思想，同源而異流，請就「道的體悟」、「仁的體會」、「人性論」、「工夫論」等四方面，說明兩人學說的相異之處，及其對宋明理學發展的影響。

南華大學

八十七年度

1. 從「天有十端」論董仲舒「天人相感」與「性善情惡」之理。
2. 試論王弼的「聖人體無」與「聖人有情」在人性論上的意義與價值。
3. 請比較天台宗的「五時八教」與華嚴宗的「五教十宗」等判教系統的異同。
4. 從王陽明「四句教」的內容，說明「善惡」與「良知」、「格物」間的關係。

八十九年度

1. 試論易傳「乾道變化，各正性命」的形上思想。
2. 試論王充「用氣為性」與「性成命定」的性命觀。
3. 試論《大乘起信論》的「一心開二門」在中國佛學史的地位。
4. 試論劉蕺山（宗周）「歸顯於密」的誠意慎獨之學。

九十年度

1. 先秦諸子之起源歷來有何重要之解釋？試舉其要並評述之。
2. 先秦儒學是否僅為「心性論中心」之哲學？理由何在？
3. 試據莊書內七篇說明莊子之人生理想及其證成之道。
4. 佛教之緣起論依大小乘宗派之不同有幾大類型之主張？內容何在？

九十一年度

1. 孔子、老子、荀子對於「禮」的看法有何不同？
2. 試比較孟子、告子及董仲舒的人性論？
3. 說明王弼、郭象的主要思想內容，及其在學術發展上的意義？
4. 試述朱子與陽明在詮釋「格物致知」上有何差異？
5. 簡介下列各哲學名著的作者及撰作年代？並扼要說明其重要思想及影響。
   (1) 論衡
   (2) 六祖壇經
   (3) 正蒙
   (4) 明夷待訪錄

九十二年度

1. 試述孟子知言、養氣的義旨。
2. 說明莊子心齋、坐忘的修養方法。
3. 介紹王充論衡一書的主要思想。
4. 說明張載正蒙一書的主要思想。
5. 評述王陽明四句教及王龍溪四無的義旨。

九十三年度

1. 試比較孔子、荀子論「學」及「正名」思想的異同。
2. 墨子非儒，孟子闢墨，其在思想史上的意義各如何？
3. 道家思想於兩漢、魏晉開始變轉，試就時代背景論述之。
4. 解釋名詞：（指出諸詞語所屬家派，並略釋其義理）
(1)得意忘言
(2)天人感應
(3)聖人體無
(4)頓悟
(5)格物致知

雲林科技大學

九十二年度

1. 荀子主性惡，然其為學卻旨在使人為善，此如何可能？試說明之。
2. 試述朱熹與陳亮二人在思想上之論辯及其在思想史上之意義。
3. 董仲舒之思想與孔、孟儒學有何異同？試說明之。
4. 試略述下列作品之作者及其內容要旨。

(1)「孟子字義疏證」

(2)「堅白論」

(3)「不真空論」

九十三年度

1. 孔子「承禮啟仁」，重建了「道之本統」，其意義為何？請說明之。
2. 新儒家主張三期儒學，其內容為何？

3. 試述「鵝湖之會」體現出何種朱、陸思想之異同？

4. 試論章學誠的歷史哲學思想有何特色？

國立屏東師範學院

九十一年度

1. 試比較先秦儒、道二家天道觀之異同。（以孔子、孟子、老子、莊子為主）
2. 試論近現代中國思想家王國維與蔡元培的美學觀。
3. 試舉例說明子學研究與經學研究之相互貢獻？
4. 就所知略述朱子之教育思想，又其對「小學」與「大學」之教育任務有何主張？

九十二年度

1. 〈學記〉是我國古代教育文獻中最早出現自成體系的一篇專著，就所知請分述其主要之教育思想觀。
2. 何謂「經學玄理化」？何晏、王弼與經學玄理化有何關係？請詳述之。
3. 試論先秦時期道家思想中「無」與「有」的關係。
4. 試論宋明理學中「性即理」與「心即理」之異同。（以程頤、朱熹、陸象山、王陽明為例）

世新大學

九十二年度

1.先秦儒家論名份、名家究名實，二家之學說基本歧義何在？
2.兩漢諸子探究天人關係者多矣！試舉兩家說法以對。
3.宋代程明道、程伊川兄弟，同問學於周濂溪，而思想內容卻不相同，試申述之。
4.吾國思想史內容豐富、各擅勝場，試就最妥善之研究方法，條舉以對。

九十三年度

1.仁、義、禮、樂為儒家思想之主軸，而老子乃曰：「失道而後德；失德而後仁；失仁而後義；失義而後禮。」又曰：「禮者，忠信之薄而亂之首也。」其中消息試說明之。
2.董仲舒嘗曰：「道大之原出於天。天不變，道亦不變。」試全面解讀其義。
3.朱子與象山兄弟於鵝湖論爭之重點為何？試申述之。
4.顧炎武既反對陸、王心學，又反對程、朱理學，而倡「經學即理學」，並主張「通經致用」。試介紹其中之主要理由。

貳

中國文學史

國立臺灣大學

八十年度

1. 詩經與楚辭稱為我國文學二大宗流，試就所知，簡介其內容風格與形式特色上之異同。
2. 南北朝時期，文士詩歌作品與民間樂府詩歌之關係如何？試舉例以為具體之說明。
3. 何謂「新樂府」？其代表詩人各有何表現？試加說明。
4. 明代小說發達的原因為何？其時長短篇小說各有何重要著作？

八十一年度

1. 試述漢賦的源流、類型、體製與重要作者、作品。
2. 試述魏晉南北朝小說之形式、題材，並例舉代表性作品及其作者。
3. 何謂諸宮調？其於南北曲及元雜劇有何影響？
4. 宋詩導源於唐，而能別開畦徑，大放異彩，至與唐詩方駕，試就所見，述宋詩之大要。

八十二年度

1. 古典詩經學有「變風」、「變雅」之說，今之文學史家則有「寫實主義」、「社會詩」等解，二者所論是否相應？試各予闡釋並評議之。
2. 試述兩漢至南北朝樂府詩自貴族而民間以至文人擬作之演化大要，並舉出各時期重要作家或作品以論證之。
3. 解釋下列詞語：
(1) 唐傳奇
(2) 江西詩派
(3) 詩必盛唐
(4) 玉茗堂四夢
4. 說明下列各項：
(1) 元和體
(2) 西崑酬唱集
(3) 錄鬼簿
(4) 三言二拍

八十三年度

1.何謂神話?中國神話有何特色?試舉出先秦兩漢保存神話材料最多的四種典籍名稱。

2.試簡論西漢散文的演變。

3.在五言詩的發展中，太康與元嘉兩個時期，詩風有何異同?請舉出各時期的代表詩人三人，並簡論各人的詩歌成就。

4.何謂「話本」?宋人話本的家數及結構為何?

5.回答問題或解釋名詞：

(1)陳子昂的復古主張及詩歌表現。

(2)陶庵夢憶。

(3)譴責小說。

八十四年度

1.就體式而言，漢賦可分成幾類?各類的形成背景、性質功能以及形式結構有何異同?試論述之。

2.何謂「建安文學」?建安詩歌有何特色?

3.扼要論述下列人物在文學史上的地位。

(1)初唐四傑

(2)李賀
(3)柳永
(4)公安三袁
(5)蒲松齡

4.試論宋元民間說話藝術對晚明白話短篇小說的影響。

八十五年度

1.文學史上有所謂李、杜優劣之論，試論述之。

2.元好問論詩絕句第二十八首云：「古雅難將子美親，精純全失義山真；論詩寧下涪翁拜，未作江西社裡人。」試詮釋之。並扼要說明元氏論詩絕句之性質與論點。

3.試論「楚辭」對後世文學之影響。

4.試從文學史的角度，評價南朝宮體詩及詠物詩之地位。

八十六年度

1.試述《孟子》與《莊子》的時代背景，並比較二書的精神特質及文字風格。

2.試述漢代五言詩的形成、發展及成就。

3.中國古典詩歌有所謂抒情詠懷的傳統，請問：這個傳統是如何形成的？其間有怎樣的變化？有哪些重要的典型作家及作品？試綜合論述之。

4.在中國古典文學範疇內，「小說」此一敘事文類的原始特質與功能為何？是否一貫或有所變化？而「小說」何以遲至南宋以下始飛躍發展？試並予析論。

八十七年度

1.《詩經》中之作品在哪些方面為後世詩歌奠定了傳統？
2.何謂「山水詩」？南朝時期山水詩在風貌與內涵上產生哪些典型與流變？
3.以詩歌發展史的意義言，初唐詩與中唐詩各有其重要成就與地位，請分別加以闡論。
4.自明以降，詩、文俱有講求「性靈」一脈，此中重要人物為誰？成就與影響如何？民國以來之新文學是否亦有追蹤繼承者？是並加論述。

八十八年度

1.科舉之制興於隋唐，迄清末乃止。其興、廢頗有影響於文學發展者，試以唐、元二代為例，加以論述。
2.有宋一代於文學各體類，亦頗有新變處，試予揭述，並略述何以有此種種新變。
3.中國古代神話予人以「不發達」或「發展中斷」之印象，理由安在？
4.屈原〈離騷〉在文學史上展現出哪些開創性的特色？

八十九年度

1. 試述唐宋古文運動的領導家、代表作家，其基本主張與寫作風格為何，並各例舉其代表作一至二篇。
2. 試述詞與曲在體製形式與基本風格的異同，並例述其個別之代表作家，各五人以上，加以簡評。
3. 杜甫〈詠懷古蹟〉五首曾云：「庾信平生最蕭瑟，暮年詩賦動江關」，試論庾信詩賦之特色及其文學史上之地位。
4. 北宋詞體之發展可略分為幾期？各期特色如何？請舉出主要作家、詞集名稱，說明之。

九十年度

1. 試說明「建安七子」為何許人；並以「建安風骨」為中心，詮釋當時詩風的特質。
2. 試舉出宋代婉約派的代表詞人，並略述宋代婉約詞風的演變。
3. 何謂「徐庾體」？其與唐詩之關係如何？
4. 何謂志怪小說？試述魏晉南北朝志怪小說興盛之原因及其影響。

九十一年度

1. 鍾嶸〈詩品序〉曰：「故知陳思為建安之傑，公幹、仲宣為輔；陸機為太康之英，安仁、景陽為輔；謝客為元嘉之雄，顏延年為輔。斯皆五言之冠冕，文詞之命世也。」請根據這段話，回答以下兩小題：

(1)分別說明「陳思」、「陸機」、「謝客」三人在詩歌創作上獨特的成就。

(2)說明「建安」、「太康」、「元嘉」這三個時期在文學表現上的承傳演變。

2. 比較〈楊林故事〉、〈枕中記〉、〈南柯太守傳〉在小說主題與敘事手法上的異同，並論析其所以異同的原因。

3. 初盛唐之際，詩歌如何由「六朝錦色」轉向「盛唐氣象」？試舉若干詩作為例，具體說明期間的轉化之跡。

九十二年度

1. 就古典文學史的發展而言，中唐頗具「轉折」意義，無論「詩」、「文」，皆有「新變」，影響深遠。試分別予以扼要闡述。

2. 試簡述下列作者在文學史上的重要性。

(1)張岱

(2)吳敬梓

(3)曾國藩

(4)魯迅

(5)徐志摩

3.何謂志怪小說？試述魏晉南北朝志怪小說興盛之原因，及其對後代文學的影響。

4.李白、杜甫是中國詩歌史上兩大巨人，宋．嚴羽《滄浪詩話》云：「太白有一二妙處，子美不能道；子美有一二妙處，李白不能作。」試就二人才性思想、作品體製、風格及詩歌史地位加以比較。

九十三年度

1.在中國文學史中，南北文學的差異一直是重要的議題，請你舉兩個例子詳細說明二者的特色並藉以歸納南北文學融合演化的規律。

2.中國文學在演變的過程中，曾經歷過多次的文學運動。這些運動有的極為成功，影響深遠，有的卻成效有限。你認為文學運動之所以能夠成功的原因是什麼？請舉例闡釋你的看法。

3.繆鉞說：「譬諸遊山水，唐詩則如高峰遠望，意氣浩然；宋詩則如曲澗尋幽，情境冷峭。唐詩之弊為膚廓平滑，宋詩之弊為生澀枯淡。雖唐詩之中，亦有下開宋派者，宋詩之中，亦有酷肖唐人者。」試從內容、技巧（包括用事、對偶、句法、用韻、聲調等）與風格來比較唐詩與宋詩，並說明唐代哪些詩人造成宋詩之派別，宋代又有哪些詩人所作之詩酷似唐代詩人？

4.明代四大奇書之出現有何時代背景與歷史淵源？你認為清代如《紅樓夢》之類的長篇小說與明代長篇小說有何異同？請比較明清長篇小說之文學價值。

國立臺灣師範大學

八十年度

1. 何謂駢文？六朝駢文可分幾種類型？試舉例說明各類型駢文之內容，及其代表之作者與作品。
2. 何謂邊塞詩？我國歷代邊塞詩之演進如何？其特色何在？試道其詳。
3. 試述北宋慢詞之發展及其作品之特色。
4. 試述清代桐城派之古文運動及其重要之文論。

八十一年度

1. 騷賦與短賦各何所指？二者在文學形式、寫作題材、以及表現之風格，有何殊異？試為比較以論之。
2. 試述正始詩歌之風格特色，並舉其代表作家論述之。
3. 清光緒年間出土之唐人敦煌卷中，有敦煌曲子詞、俗賦、詞文，其內容大要如何？對後世文學有何啟示與貢獻？

4.明代古文家有「文章本色論」、「童心說」、「性靈說」之分，其內涵有何異同？對當時古文之創作有何影響？

八十二年度

1.春秋戰國散文何以勃興？又在形式上其文學特色如何？試並為說明之。

2.試比較太康與永嘉詩風之殊異，並舉其代表作家論述之。

3.唐代傳奇小說發生之原因何在？試舉實例以證之。

4.唐代第一波古文運動與宋代第二波古文運動，在古文理論之建立上，有何異同？試比較以明之。

八十三年度

1.陸機文賦論文學有何可貴之見解？試引賦中原文加以闡明。

2.南朝何以會產生山水詩？有何代表作家及作品？試並為說明之。

3.隋暨唐初之復古運動何以失敗？韓、柳何以成功？試為詳論之。

4.清代長篇小說紅樓夢的主題思想、情節結構、人物塑造及文學價值如何？試各加申述。

八十四年度

1. 試據詩經、楚辭及南北朝民歌，論述南北文學之不同。
2. 試述七言詩之起源及其發展之過程。
3. 試分述韓愈、柳宗元之古文理論。
4. 清代有何主要之小說？此類小說與時代、社會背景有何關係？試擇要述之。

八十五年度

1. 試論詩經、楚辭對後世文學內容與文學形式之影響。
2. 魏晉南北朝志怪筆記小說發生之原因何在？並舉作品以明之。
3. 唐代有新樂府與正樂府之流派，其文學理論如何？其作品之內容與風格又如何？
4. 試述清代之古文運動及其重要文論。

八十六年度

1. 什麼是神話？什麼是傳說？中國古代神話為何不發達？
2. 試述中唐奇險詩之風格特色，及其代表作家。
3. 稼軒詞有何特色？試舉例說明之。
4. 明代有何重要之白話短篇小說？其內容如何？在文學上有何成就及貢獻？

八十八年度

1. 試舉實例分別說明《詩經》中賦、比、興的表現手法。
2. 試論述魏晉之文學批評。
3. 試述蘇軾的文學理論和他在散文創作方面的成就。
4. 試比較明四大奇書之藝術特色。

九十年度

1. 辭賦作品自戰國演變至清代，形成幾種類型？試列舉說明之。
2. 試比較南北朝樂府民歌之特色。
3. 試比較唐、宋兩代各體文學之異同。
4. 試述「晚明小品」產生的背景、內容、特色及文學成就。

九十一年度

1. 試比較詩經與楚辭對後代文學之影響。
2. 試舉例說明六朝筆記小說的類別、特色及影響。
3. 何謂唐四六？何謂三十六體？試並為論述之。
4. 試以五本具有代表性的小說為例，說明清代小說之成就及特色。

九十二年度

1. 我國文體分類之說，蓋肇始於漢、魏而大盛於齊、梁，試述其要旨。
2. 試論歷史散文自先秦至兩漢之發展。
3. 解釋詞語
   (1)建安風骨
   (2)樂府
   (3)才秀人微
   (4)五花爨弄
   (5)人間詞話
4. 清代康、乾年間，詩人喜言宗派，試為詳論之。

九十三年度

1. 孟子曰：「王者之迹熄而詩亡，詩亡然後《春秋》作。」為何先秦時代詩的衰頹和散文的興盛有關？能否從政治經濟、學術教育、文體特色等三方面加以說明？
2. 試述中國神話的類型，並舉例說明其藝術成就。
3. 試述魏晉南北朝詩歌之發展。
4. 所謂「詩莊詞媚曲俗」之說，其意為何？試就所知，詳申述之。

國立政治大學

八十年度

1. 略述屈原離騷之大意。
2. 略述山水文學與田園文學之異同。
3. 請比較李白、杜甫在詩歌創作上之成就。
4. 略述自神話時代以迄當前我國小說發展之大勢。

八十一年度

1. 略述中國古代神話所呈現之集體意識。
2. 略述下列各文學家之重要成就：
   (1) 屈原
   (2) 曹植
   (3) 陶潛

(4)杜甫
(5)張岱
3.略述唐詩繁榮之原因。
4.略述五四新文學運動後以迄抗戰前夕十餘年間文壇之概況。

八十二年度

1.詩大序云：「詩有六義焉，一曰風、二曰賦、三曰比、四曰興、五曰雅、六曰頌。」請闡釋之。
2.略述宋元話本產生之時代背景及其特色。
3.中唐新樂府運動之背景及其重要主張是甚麼？
4.何謂臨川派、吳江派，其各自的戲曲主張是甚麼？

八十三年度

1.略述下列先秦典籍散文之特色：
(1)左傳
(2)論語
(3)孟子
(4)莊子

(5)荀子

2.或以詞為詩餘，其概念為何？並請就詞之產生檢視此一概念。

3.章回小說與宋、元話本之間有何關係？

4.略述「文學研究會」與「創造社」之文學主張。

八十四年度

1.試述先秦儒道二家對後代文學思想的重要影響。

2.試述志怪、傳奇、話本的差異，並說明造成差異的原因。

3.試述杜甫對中晚唐和宋代詩人的影響。

4.簡述下列諸人在中國文學史上的重要性：

(1)揚雄

(2)蘇綽

(3)李贄

(4)梁辰魚

(5)王士禎

八十五年度

1.試述魏晉南北朝在中國文學史上的地位。

2. 試述宋詩發展的概況。
3. 試述公安文論的背景及其主要觀點。
4. 試述晚清小說的概況。

八十六年度

1. 試述魏晉以迄唐宋之賦體演變。
2. 試述明代通俗文學興盛之主要原因。
3. 試述鍾嶸《詩品》之文學觀。
4. 或曰漢語詩歌至唐代律詩而臻極致，請從史之觀點討論之。

八十七年度

1. 試述中國古代神話的特質，及保存中國古代神話的重要典籍。
2. 試述六朝詩歌對唐代的影響。
3. 或曰詞以婉約為正宗、豪放為別格，請就詞之產生及發展，論評其說。
4. 試述明代公安文論之主要觀點及其產生之背景。

八十八年度

1. 試述晉宋山水詩興起的背景，並略說明其代表詩人謝靈運作品（山水詩）之特色。

2. 試述唐代古文運動的文學主張，並略說明其代表人物韓愈散文藝術的成就。

3. 「文學史」的書寫，有人獨自完成，也有合兩人以上之力合寫而成。請自現行的《中國文學史》書類中，各舉一例，比較其異同，並指出其優劣。

4. 在中國文學史的領域中，有斷代文學史，如《漢代文學史》、《唐代文學史》等；也有分類文學史，如《中國小說史》、《中國詩歌史》等，請問，想了解更全面且有系統的文學學識，你如何自這兩類書寫中去取捨？說明時，請儘量舉實際例子為據。

八十九年度

1. 試述建安詩歌產生的背景及其特色。
2. 試述唐代古文運動的主要主張並略述韓愈散文之特色。
3. 何謂鼓子詞、諸宮調、雜劇，三者之間有何關聯性？
4. 明代四大章回小說的內容和形式，都是前有所承，請說明之。

九十年度

1. 漢代散文對於先秦散文的繼承和發展。
2. 六朝南北民歌的差異。
3. 志怪、傳奇、話本的演變軌跡。
4. 臺灣歌仔戲形成的京劇因素。

九十一年度

1. 中國文學史中屢次出現「侍從文學」，請就所知論述此一文學現象。
2. 李肇《國史補》（卷下）指出：「元和之風」是唐詩發展的轉變關鍵，此時期所指詩人包括：韓（愈）、孟（郊）與元（稹）、白（居易）兩大詩派，試說明其傳承、發展。
3. 中國古典章回小說有所謂「累積型」小說，其產生的原因為何？試擇一部章回小說為例以說明之。
4. 試論清詞對宋詞的繼承與開創。

九十二年度

1. 試述魏晉南北朝唐宋時代賦體文學的演變情況。
2. 崔鶯鶯的故事曾在不同的文體中出現，請分別說明其性質與關係。
3. 試述白居易的詩歌主張與詩歌特色。
4. 試述明代前後七子與公安派的文學主張。

九十三年度

1. 試述漢賦興盛的原因。
2. 試述唐人對南北朝文學的評論、承襲與變革。

3.「詠物」向來是文學創作的大宗，南宋有那些作家擅長「詠物詞」？其歷來的評價如何？當代的學術視野（例如：物質書寫等的觀點）是否可以提供不同的理解？試申論之。

4.試說明「公案小說」、「俠義小說」及「偵探小說」在文學史上的發展變化關係及其時代意義。

東吳大學

八十一年度

1. 唐詩中分初、盛、中、晚唐四期，其說法為何？各有何特色？及代表作家？試敘述之。
2. 陸機文賦和鍾嶸詩品之文學理論中有何異同？試敘述之。
3. 試說明明代小說興盛的原因。
4. 解釋名詞：
(1)花間集
(2)西崑體
(3)樵歌
(4)陳摶高臥

八十二年度

1. 詩經與楚辭就風格而言，有何差別？

2. 試以文學史知識，解釋元好問論詩絕句二首：
(1)沈宋橫馳翰墨場，風流初不廢齊梁。論功若準平吳例，合著黃金鑄子昂。
(2)望帝春心托杜鵑，佳人錦瑟怨華年。詩家總愛西崑好，獨恨無人作鄭箋。

3. 解釋下列詞語：
(1)雲謠集
(2)樵歌
(3)古文運動
(4)京本通俗小說

4. 試從文體、題材及寫作動機三方面比較六朝志怪與唐代傳奇之異同。

5. 何謂南戲？南戲在形式結構上有什麼特點？

八十三年度

1. 試從形式、內容及表現手法三方面比較兩漢與魏晉賦之異同。

2. 北宋張先、柳永二人在詞的發展史上佔有何種地位？

3. 解釋名詞：
(1)悲憤詩
(2)維摩詰經變文
(3)博物志

(4)屬玉堂傳奇

4.唐代變文伸入宋代文壇形成話本與諸宮調形成兩道主流，對元、明、清文壇造成深遠的影響，試抒所知以對。

5.劉勰與鍾嶸的文學主張為何？並做一簡評。

八十四年度

1.在中國文學史上，若西漢武、宣，若南朝之梁、陳，乃至唐、宋、明各代皆有宮廷文學，試略述宮廷文學的特點及其影響。

2.略述唐、宋兩代古文運動的異同。

3.解釋下列詞語：

(1)建安風骨

(2)花間詞

4.略述魏晉南北朝小說之形式特色與題材性質。

5.湯顯祖玉茗堂四夢之故事取材及藝術成就為何？

6.名詞解釋：

(1)大唐三藏法師取經記

(2)題目、正名

八十五年度

1. 有謂詩經、楚辭、漢樂府為中國詩歌的三個源頭，此說然否？試就所知，略述彼等對後代詩歌的影響。
2. 北宋詞體的發展，屢有變遷，約可分為幾期？各期之特色為何？並舉出各期主要作家其詞集名稱及藝術風格。
3. 語詞解釋：
(1)齊梁文學
(2)桐城派
(3)劉彥和六觀說
(4)文以載道
4. 問答：
(1)試從文體上比較六朝志怪與唐人傳奇之異同。
(2)略述南曲戲文，傳奇在元、明、清三代的發展概況。

八十六年度

1. 試述兩漢史傳文之特色。
2. 列舉一首詩，寫出作者和詞風。

3. 列舉出蔡琰、王充、阮籍、韓愈等人作品；採取選擇方式選出適合之選項。
4. 簡述宋詩之特色和流變。
5. 南戲、傳奇、雜劇在藝術形式上之比較。
6. 解釋名詞：
(1)變文
(2)八股文
(3)前後七子
(4)三言二拍

九十年度

1. 名詞解釋：(1)九歌(2)史傳散文(3)駢文(4)啟顏錄
2. 問答
(1)試述唐傳奇、宋話本、明清小說之間的關係及差異？
(2)為何後一朝往往是前一朝之文學餘緒？試就唐以後朝代舉二例說明。
3. 配合題：（從下列十五項，選出與各子題相關答案，將阿拉伯數字填入）
(一)姜夔……（　）
(二)元好問……（　）
(三)湯顯祖……（　）

㈣朱彝尊……（　）
㈤王世貞……（　）

(1)文章以意為主，以言語為役。
(2)王國維說：「寫景之作，……雖格韻高絕，然如霧裡看花，終隔一層。」又說他：「有格而無情。」
(3)小說與群治之關係。
(4)詩之極致有一，曰入神，詩而入神，至矣盡矣。
(5)才生思，思生調，調生格。
(6)創神韻詩派，尊王維、孟浩然。
(7)所以為文者八，曰神、理、氣、味、格、律、聲、色。
(8)屠隆稱他：「才高博學，氣猛思沈。格有似凡而實奇，調有甚新而不詭。語有老蒼而不乏於姿，態有穠豔而不傷其骨。」
(9)沈德潛推他的詩為一代之冠。
(10)詩集中有論詩絕句三十首。
(11)主張詞以比興為重，強調寄託，重視內容。
(12)著長生殿，韻調之嚴，守法之細，為人稱道。
(13)強調興、趣、意、悟、天機。
(14)創浙西派，其詞有《江湖載酒集》、《靜志居琴趣》、《茶煙閣體物集》、《著錦集》。

⒂主張童心說，反對擬古拜孔的偽道學。

九十一年度

1.請綜述樂府詩歌由形成以寖至南北朝之流變。

2.自斷代文學史觀之，《楚辭》之於漢魏六朝，影響為何？

3.解釋名詞：

(1)天監文學

(2)正始文學

4.全祖望在〈宋詩紀事序〉論宋詩的演變，概括言之是由西崑，而歐、蘇，而黃庭堅，而南宋四家、四靈派，而遺民詩；試就本題所列，分別說明其詩歌特色。

5.簡述明代二百七十餘年間文學思潮的發展及其影響。

6.解釋：

(1)小令、帶過曲、套數

(2)題目正名、砌末

九十二年度

1.詳論漢代諸體文學。

2.比較南朝樂府、北朝樂府，及唐代新樂府彼此之異同。
3.試說明辛棄疾詞的特色。
4.試述晚明公安派的文學主張。

九十三年度

1.沈約《宋書．謝靈運傳論》云：「降及元康，潘、陸特秀，律異班、賈，體變曹、王，縟旨星稠，繁文綺合。綴平臺之逸響，採南皮之高韻，遺風餘烈，事極江右。有晉中興，玄風獨振，為學窮於柱下，博物止乎七篇，馳騁文辭，義殫乎此。自建武暨乎義熙，歷載將百，雖綴響聯辭，波屬雲委，莫不寄言上德，託意玄珠，遒麗之辭，無聞焉爾。仲文始革孫、許之風，叔源大變太元之氣。」請評述文中所陳時代之詩歌概況；又鍾嶸《詩品》將此期名家列為上品者，其詩風特色為何？
2.中國小說發展，較諸詩文為晚，魯迅《中國小說史略》謂唐傳奇「始有意為小說」，請闡論小說自濫觴以迄文言成熟階段，其思想內容與形式表現之演變歷程有何異同。
3.請指出下列名篇作者：
(1)〈白雪歌送武判官歸京〉
(2)〈幽憤詩〉
(3)〈幽通賦〉
(4)〈詠內人晝眠〉

(5)〈新豐折臂翁〉

4.簡述兩宋詞體的發展，約可分為幾期？各期的特色為何？並舉出各期主要作家其詞集名稱及藝術風格。

5.簡述明代二百七十餘年間文學思潮的發展及其影響。

6.簡答：

(1)「荊、劉、拜、殺」

(2)桐城派

文化大學

八十年度

1. 試述漢賦：
(1)發達之原因
(2)特點
(3)到魏晉時在形式和內容上的改變
2. 何謂敦煌變文？試述其對後世文學之影響。
3. 略述雜劇、南戲、傳奇之關係異同。
4. 解釋名詞：
(1)臺閣體
(2)新樂府
(3)義法說（方苞）
(4)宮體詩

(5)江西詩派

八十一年度

1. 何謂樂府？試述其與民歌之關係及在文學史上之價值。
2. 試述南北朝筆記小說之大類（每類各舉一書）及其對後世文學之影響。
3. 略述明代散文（古文）之流派，並試論其得失或影響。
4. 解釋名詞：
(1)曲子詞
(2)淩濛初
(3)永明體
(4)唐傳奇
(5)南戲

八十二年度

1. 何謂變文？試述其源起及影響。
2. 「建安文學」是指那一時期的文學？試述這時期的詩歌在思想內容上之特色及在形式上值得注意之處。
3. 略述明代散文（古文）的流派，並試論其得失或影響。

4. 解釋名詞：
(1)梧桐雨
(2)漢宮秋
(3)灰闌記
(4)殺狗勸夫

八十三年度

1. 試就形式與內容，簡述楚辭之特色及其對後世文學之影響。
2. 試就背景、目的與影響三者比較唐代古文運動與民初之白話文運動。
3. 何謂晚清四大小說？各書主題為何？與以往之小說相較，其共同特色為何？有何影響？
4. 解釋名詞：
(1)宮體詩
(2)南戲
(3)剪燈新話
(4)文學研究會
(5)普羅文學

八十四年度

1.試論述五言詩的興起及其成就。
2.唐代傳奇的內容、發展及影響如何?試言其要。
3.試分別敘述儒林外史與紅樓夢二書之主題思想及其影響。
4.試略述「五四」前後文學革命的背景及胡適和陳獨秀二人的文學改革主張。

八十五年度

1.魏晉南北朝小說,大致可分「志怪」、「軼事」二類,試分別評述其內容及重要著作。
2.盛唐詩歌中之「自然詩派」及「邊塞詩派」,其發展、成就與影響各如何?試略論之。
3.元雜劇之起源與組織如何?又元代前期雜劇有何重要作家?其代表作為何?並願聞之。
4.試說明「五四」以後,文學團體中「文學研究會」、「創造社」、「新月社」各自的特色與表現。

八十六年度

1.《詩經》何以被稱為我國古代北方詩歌總集?它是怎樣編輯成書的?其內容又大致如何?試言其要。
2.試分別論述陶淵明與謝靈運在田園、山水詩方面的表現與影響。

3.《水滸傳》如何經營形成其「逼上梁山」的情節特色？又《水滸傳》成書後，對後世文學有何影響？並願聞之。

4.三、四十年代「左翼作家聯盟」（簡稱「左聯」）由成立到解散的前因後果，能言之否？

八十七年度

1.兩漢時代，有何重要之哲理性與歷史性之散文？此類散文對後代文學有何影響？

2.何謂駢文？六朝駢文之分類如何？有何主要之作家及作品？試擇要述之。

3.唐人傳奇小說發生之原因何在？並舉實例以證之。

4.明代公安派之文學主張如何？對後世文壇有何啟示與影響？

八十八年度

1.春秋戰國時代，有何重要之散文著作？其成就如何？試擇要述之。

2.今存魏晉南北朝樂府民歌，其內容如何？特色何在？

3.唐代傳奇小說發生之原因為何？並舉例說明之。

4.清代桐城派與陽湖派、湘鄉派之古文理論有何異同？試比較以明之。

八十九年度

1.屈原之生平及其作品如何？其人其作品對後世有何影響？

2.何謂「樂府」？漢樂府之內容及其特色何在？試擇要述之。
3.唐代有何重要之文學運動？主要參與者為誰？其對文壇之影響如何？
4.明代有何重要之白話短篇小說？其內容請列舉二、三篇為例以明之。

九十年度

1.漢代有何重要之史傳散文？其對後世文學有何影響？試擇要述之。
2.唐代文人樂府有系樂府、新樂府、正樂府之分，其間主要之詩論何在？有何主要之代表作家？
3.試述元人雜劇之起源，並列舉元人雜劇四大家及其代表作。
4.清代有何重要之長篇章回小說？並列舉其作者及其作品之內容大要。

九十一年度

1.《詩經》中有何神話之詩篇？其內容大意如何？對後世文學有何影響？
2.自正始以後，兩晉（266~420A.D.）詩歌之發展如何？其間有何重要之作家？在詩歌之成就與貢獻為何？
3.何謂「古文」？唐代韓愈、柳宗元在古文理論上有何建立？其古文作品之成就如何？
4.元代散曲興盛之原因何在？其間有何重要之作家？其作品之風格如何？試擇要述之。

九十二年度

1.先秦時期有何歷史散文?試舉兩家為例，說明其特色及文學上之成就。

2.何謂樂府?漢樂府詩之特色何在?其主要內容如何?試擇要述之。

3.何謂變文?唐人敦煌變文依內容之性質來分，可分幾類?試擇要述之。

4.晚清時期有何主要之譴責小說?其文學價值何在?

九十三年度

1.試論述寓言與先秦哲理散文之關係，及其功能，並論各家作品之特色。

2.試論述兩漢散文之發展，及其特質。

3.六朝唯美文學興起之背景與因素為何?試論述。

4.中唐奇險詩產生之背景為何?有何特色與代表作家試並為詳論之。

淡江大學

八十年度

1. 在您所讀過的「中國文學史」中，您認為那幾部是較具有代表性的？請您就它們的文學史觀、選擇範例的取向及優劣、評騭的標準，或其他項目，評論它們的得失。
2. 請您敘述宋詩的發展，它每一個時期或流派的特色為何？代表人物又是誰？
3. 在理論上提倡復古，或在創作上擬古，一直是中國文學史上不斷重複出現的文學現象，請您即以復古或擬古為中心，論述復古擬古在歷代文學史上所形成的現象及其所產生的影響。

八十一年度

1. 分析魏晉南北朝社會政治的變革作用於當代新思潮及新文學觀念的主要現象。
2. 論詞的起源，並由內容及風格兩方面探討詞由晚唐五代至南宋的流變。
3. 試述宋人話本與晚清（甲午戰爭以後）小說的發展情況，並論它們的題材與藝術表現在中國文學史上的意義。

4. 寫出下列各書的編著者及朝代：

(1)樂府詩集　(6)宋文鑑

(2)唐音癸籤　(7)臨川集

(3)說郛　(8)楚辭通釋

(4)四聲猿　(9)搜神記

(5)歷代詩話　(10)詩集傳

八十二年度

1. 在中國文學的研究議題中，有所謂的「山水詩」，請您就山水詩的寫作方法，說明中國歷代的山水詩各有何特質？

2. 何謂「公安派」？請您就整體文學背景說明公安派產生的原由，以及公安派的主張。

3. 請簡單說明宋代話本小說的特色及其影響。

八十三年度

1. 試述有唐一代詩體的演進與發展。

2. 韓愈、歐陽修的文論為何？其散文作品是否能實踐自身的理論？

3. 元雜劇和明傳奇的體製有何不同？對其藝術表現有何影響？

八十四年度

1. 西崑體歷來頗受學者詬病，而且在文學史的研究上多遭漠視，但當其盛時，亦曾風行達數十年之久，《四庫全書總目》也認為西崑體「固亦未可輕詆」。請您略為討論，西崑體在中國文學史上究竟有何意義或價值？

2. 請問元代詩歌有那些代表性的作家？若就整體而論，請問元詩有何特殊風格？

3. 在文學史的研究中，史觀是極為重要的一環，請您就自己讀過的文學史中，任擇幾部，討論其文學史觀，並略述得失。

八十五年度

1. 試述唐代文學發展中，新樂府運動和古文運動以及唐人傳奇之間有何相互性之變動及關聯？

2. 江西詩派在宋詩獨特風格的形成上有何影響作用？

3. 試述元代社會背景對文學的影響。

4. 何謂「小品文」？它在明代散文發展上的地位如何？

八十六年度

1. 明代李東陽在其《麓堂詩話》中說：「宋詩深，卻去唐遠，元詩淺，去唐卻近。顧元不可為法，所謂取法乎中，僅得其下耳！」（廣文書局《古今詩話二》）這段文字不但指涉了唐、宋、元詩的差異，並且揭示了李東陽在詩學上的主張，請分別說明之。

2.在詞學的發展過程中，向有「清詞中興」之說，請問清代的詞有那些重要的詞派及代表詞人？其詞學上的主張為何？

3.中國文學除本身的發展外，亦頗受「外來文學」的影響，鄭振鐸《插圖本中國文學史》的緒論中，即稱「外來文學」使中國文學產生許多新文體及新的活動力，請諸君就所知簡要說明之。

八十七年度

1.由東漢末建安開始，至南朝為止，詩歌發展有那些主要階段？各階段的作品特色及代表性詩人為何？

2.試述唐代古文運動和明代前後七子的文學主張，並比較二者提出的文學觀念在文學史上的意義。

3.論清末小說的題材、藝術表現，與當代社會狀況及思想發展的關係。

八十八年度

1.宋・嚴羽《滄浪詩話・詩辨》中說：「……近代諸公，乃作奇特解會，遂以文字為詩，以才學為詩，以議論為詩。夫豈不工，終非古人之詩也。……」請您從詩作發展的角度，討論這段文字所彰顯的意義。

2.王國維《人間詞話》中說：「詞至李後主而眼界始大，感慨遂深……。」請您以李後主為中心，討論王國維此一觀點在詞作發展史中的意義。

八十九年度

1.中國文學發展至南朝，無論文學之觀念與詩體形式、聲律均與以前有顯著的進步與不同。試舉例以說明之。

2.有唐一代，文學大盛，舉凡詩歌、古文、傳奇、變文無不有輝煌成就。試分析諸此文類中，彼此有無相關性或獨特性？試舉證析論之。

3.略述後蜀趙崇祚所編《花間集》一書之內容及其在詞史發展上的價值與地位。

4.試述歸有光在明代散文的主張？並兼論其文章之特色？

九十年度

1.試論述唐代邊塞詩的前緣發展以及在當代所以大盛之原因？

2.試述「詞的起源」的幾種重要說法？並舉證說明蘇軾在詞壇上的地位？

3.何謂「小品文」？並說明「公安派」的文學主張？

4.試概述在中國歷代文學發展中，外族文明的功過如何？

九十一年度

1.漢代樂府詩與《詩經》在性質與搜輯上有無共同之處？漢樂府詩內容和藝術特色各如何？

2.魏晉、唐代、宋元在中國古典小說發展上具有階段性意義，試論三個階段的小說在語言文字、思想、內容上的重要變革。

3.論「詞」在唐五代的發生和發展，並評述唐五代主要詞人的藝術、思想特質。

4.「文心雕龍」是中國古典文學批評的集大成著作，它總共有多少篇？內容大約可歸納為幾類？在觀念上，這些門類為中國傳統文學樹立的批評體系和方向大要如何？

九十二年度

1.論述五言詩興起於漢代的幾種說法中，何者為可信？又五言詩的興起與樂府詩的關係如何？

2.《詩品》云：「詠懷之作，可以陶性靈，發幽思。言在耳目之內，情寄八荒之表，洋洋乎會於風雅，使人忘其鄙近，自致遠大。頗多感嘆之詞，厥旨淵放，歸趣難求。」此所謂「詠懷」之作是指何人作品？試就作者之個性與環境予以申論。

3.唐、宋二代皆有古文運動，試論述二者主張之異同。

4.試述崑曲的興起以及魏良輔在此方面的貢獻。

九十三年度

1. 試說明賦之名義，並詳述賦體在兩漢、魏晉、南北朝、唐宋各時期之不同發展。

2. 律化是中國詩歌發展史上重要之歷程，試述永明聲律說之內容，並說明其對近體詩及詞曲等各種韻文體製所形成之影響。

3. 王國維《人間詞話》曰：「詞之為體，要眇宜修。能言詩之所能言，而不能盡言詩之所能言。詩之境闊，詞之言長。」請據此分辨詩與詞兩種文體之不同性質及其在文學史上之意義。

4. 請依序寫出下列各種典籍撰（編）者之時代、姓名、及其在《四庫全書》中所屬之部別、類別：

(1)《續齊諧記》

(2)《片玉詞》

(3)《藝文類聚》

(4)《樂府詩集》

(5)《韻語陽秋》

銘傳大學

八十九年度

1.《楚辭》影響後世甚大，試舉漢人如：劉安、司馬遷、班固、揚雄、王逸等人，對屈原其人及其作品的評述。

2.《文心雕龍．明詩篇》云：「正始明道，詩雜仙心。何晏之徒，率多浮淺。惟嵇志清峻，阮旨遙深，故能標焉。」以文學史觀點詳加解釋。

3.試說明元雜劇興起的原因及其體製。

4.試說明公安派、竟陵派之代表作家及其文學理論。

九十年度

1.兩漢賦體之發展趨勢如何？試分期陳述並列舉各期之代表作家二人及代表作品。

2.劉彥和《文心雕龍》專屬於文學批評論者有幾篇？試列舉篇名並陳述要旨以對。

3.魏晉南北朝志怪小說之內容可分幾類？各類之代表作有何？試各陳述之。

4.唐代變文之形式如何？其題材內容可分幾類？對後世文學有何影響？試各詳述以對。

九十一年度

1.《文心雕龍．詮賦》云：「賦也者，受命於詩人，拓宇於《楚辭》也。」其說是否允當？試從詩、騷、賦發展的軌轍加以說明。

2.何謂敦煌變文？敦煌變文在文學上有何成就？對後世有何影響？

3.試舉例說明關漢卿與馬致遠雜劇的特色與差異。

4.試述明代前後七子文學理論的背景及主要觀點。

輔仁大學

八十四年度

1. 下列諸句君意以為然否？
(1)嵇志清竣，阮旨遙深
(2)元輕白俗
2. 試述先秦至南北朝文章發展大要
3. 試舉例說明關漢卿與馬致遠曲文的差異
4. 試述清亡以前中國白話小說的發展

八十五年度

1. 試述唐宋八大家文風的轉變。
2. 試述柳永、蘇軾、姜夔對詞曲的貢獻。
3. 試述宋傳奇、元雜劇、明傳奇之間，在結構上的傳承關係。

4.試述晚清小說發展概況。

八十六年度

1.關漢卿雜劇與湯顯祖傳奇的特色。
2.試述從漢到魏晉南北朝各階段的詩風。
3.試從形式和語言文字論我國小說的發展。
4.試論賦的發展和古文之間的關係。

八十八年度

1.試簡述中國俗文學在唐、宋、明、清時的發展概況。
2.試述六朝、唐、宋、明、清各代駢文的特色變化。
3.在六朝詩歌中，後人對玄言詩、宮體詩的評價都不高。但它們作為詩歌潮流各盛行了那麼長的時間，本身就是一個值得注意的現象，而且有其一定的意義。請分別論述之。
4.請論述明傳奇的發展和流派。

八十九年度

1.請論述北朝散文名著：酈道元的《水經注》和楊衒之的《洛陽伽藍記》二書。
2.散曲是元代一種新興的韻文形式，一種新的詩歌體裁。請論述它的興起和體制。

3.宋詩對唐詩而言，有何承傳與演變？試詳細說明之。
4.試述唐傳奇在小說發展史上之意義。

九十年度

1.請論述魏晉南北朝山水詩的淵源、流變、特徵與時代意義。
2.請論述敦煌俗講與變文。
3.試述公安、竟陵、桐城三家派之文論主張。
4.何謂南戲？試述南戲發展之情形？

九十一年度

1.在漢代的各種文類中，賦的地位格外重要。請論述漢賦的發展演變。
2.請論述晚唐詩歌。
3.試說明北宋、南宋「詞壇」之傳承關係，以及發展狀況。
4.試論述明代小說發達之原因，並舉出長篇、短篇小說之代表作介紹之。

九十二年度

1.南朝齊、梁、陳雖是三個朝代，詩歌風氣則大體不分，文學史家常合而論之，統稱為齊梁詩風，又含有代指浮靡之習的貶意。然而，齊梁詩人在語言風格、藝術表現、題材內容和形式體裁方面大量探索，使詩歌風貌在晉宋之後發生了轉折性的變化，促使唐詩的產生。請論述齊梁詩風在詩歌史上的意義。

2. 關於元雜劇的興起，直接源頭主要是兩條：一是從宋到金的說唱藝術（諸宮調）；一是從宋到金以調笑為主的短劇（宋雜劇、金院本）。請論述之。

3. 試說明明代《三國志演義》（《三國演義》）的特色。

4. 姚鼐於《古文辭類纂》序末云：「凡文之體類十三，而所以為文者八，曰神、理、氣、味、格、律、聲、色。神理氣味者，文之精也；格律聲色者，文之粗也。然苟舍其粗，則精者亦胡以寓焉。學者之於古人，必始而遇其粗，中而遇其精，終則御其精者而遺其粗者。」是詮釋上文姚鼐之言，以見桐城派論文之道。

九十三年度

1. 試述江西宗主黃庭堅之詩風，並述江西詩派對宋詩之影響。

2. 試述唐人傳奇之寫作目的。

3. 向來文學史家都說魏晉南北朝是「文學自覺」的時代，那麼，「文學自覺」的標誌為何？

4. 明清時期民間的說唱文學樣式，有寶卷、彈詞、鼓詞、子弟書等，它們此起彼伏，在民間廣泛流傳。請簡釋這四種說唱藝術。

華梵大學

八十二年度

1.兩漢散文之發展繼先秦散文而來，而兩漢散文，有何成就與開展？試舉實例以說明之。

2.魏晉南北朝樂府，有吳歌、西曲、神弦曲及梁鼓角橫吹曲等，其主要內容及特色何在？試擇要述之。

3.何謂敦煌變文、敦煌曲子詞？敦煌變文與曲子詞在文學上有何成就？對後世文學有何影響？

4.我國白話短篇小說起源於何時？理由安在？自此至明代其間有何主要之白話短篇小說傳世？

八十三年度

1.中國文學的詩詞曲中，發抒男女之情者甚多，試舉出你覺得最富中國人情致之一首，加以賞析，並說明這一種情感內容之特質。

2. 唐傳奇中，如枕中記、南柯太守傳，其主題所顯示之作者人生態度為何？與當時的社會現象與文化意識，又有何關連？試分別加以說明，並對作者的看法加以評論。

3. 蘇東坡有詩云：「橫看成嶺側成峰，遠近高低各不同，不識廬山真面目，只緣身在此山中。」（題西林壁）又有詩云：「溪聲便是廣長舌，山色豈非清淨身？夜來八萬四千偈，他日如何舉似人？」（贈東林總長老）試問兩詩中所呈顯的理悟之境為何？又有何異同？試加以分析說明之？

4. 從屈原的作品中，我們可以看到他在面對逆境時，有何人格精神特質？其對中國後世又有何影響？以一個現代的中國人而言，您對此又有何看法與評價？

八十四年度

1. 神話的起源、意義、寫定早晚的利弊，中國神話較少的原因。

2. 第二次古文運動的情形與內容。

3. 漢代樂府的定義、內容、特色、代表作品與其與五言詩的關係。

4. 西遊記的作者與作品分析。

八十五年度

1. 韓愈在〈答李翊書〉一文中云：

「氣，水也；言，浮物也。水大而物之浮者大小畢浮。氣之與言猶是也：氣盛，則言之短長與聲之高下者皆宜。」

請問：

(1)據此，韓愈對於「養氣」與「文學創作」之間的看法為何？試申明之。

(2)韓愈認為該如何「養氣」？與孟子所倡，是否相同？與曹丕《典論．論文》、劉勰《文心雕龍．風骨》之重氣，又是否相同？

(3)您個人是否有「養氣」的經驗，試詳述之，並據此以評論韓愈之「養氣說」。

(4)您認為韓愈「養氣說」的價值是時代性，還是恆久性的？對當今文學創作是否仍有足資參考處，抑或已無價值？亦請分別詳述之。

2.王漁洋在〈笠溪西堂詩序〉中言：

「嚴滄浪以禪喻詩，余深契其說，而五言猶為近之。如王、裴《輞川絕句》，字字入禪。他如『雨中山果落，燈下草蟲鳴』，『明月松間照，清泉石上流』，以及李白『郤下水精簾，玲瓏望秋月』，常建『松際露微月，清光猶為君』，浩然『樵子暗相失，草蟲寒不聞』，劉昚虛『時有落花至，遠隨流水香』，妙諦微言，與世尊拈花，迦葉微笑，等無差別，通其解者，可語上乘。」

試問：

(1)何謂「以禪喻詩」？禪與詩到底有何關係？同耶？異耶？為何得以相喻？

(2)滄浪「以禪喻詩」，與漁洋所謂「字字入禪」，是否相同，何以言「深契」？

(3)何謂「妙諦微言」？為何便與「拈花微笑」無差別？試舉漁洋所引之兩例析言之。

(4)禪坐、禪定、禪宗之禪，三者為異為同？深入修學此道，與文學創作為相背，抑或相成？試就己意，並依中國文學史之實例研判之。

八十六年度

1. 孔子說：「有德者必有言，有言者不必有德。」（《論語．憲問篇》）韓愈說：「仁義之人，其言藹如也。」（〈答李翊書〉）歐陽修說：「大抵道勝者，文不難而自至也。」（〈答吳充秀才書〉）朱熹說：「道者，文之根本；文者，道之枝葉。惟根本乎道，所以發之於文者，皆道也。三代聖賢文章皆從此心寫出，文便是道。」（《朱子語類》）儒家這樣推崇道德是文學的根本，是否恰當，試加以評論。

2. 魏晉以來，文學逐漸走上自覺的道路，得到蓬勃的發展，出現重情尚文的傾向，其後，更導致淫靡文風之產生，因而廣受批評。然則，六朝文學之重情與尚文，其正面的價值與負面的影響，該如何評價。其次，文學若是情感的表達，這究竟是何種感情？請說明之。

3. 或謂詞「要當以婉約為正，否則雖極精工，終非本色」；何謂「婉約」？試舉例說明。

4. 明代前後七子的文學主張為何？試分析他們倡言復古的背景，並評論他們與韓柳古文運動在復古的意義上，有何不同。

八十七年度

1.何為《詩》之六義？《毛詩序》對此曾加以闡釋，其說允當否？孔子與《詩經》之關係若何？司馬遷《史記》有刪詩之說，後人見解若何？能縷述之否？

2.賦為兩漢代表文學，其興盛之原因為何？劉勰《文心雕龍．詮賦篇》探討賦之源流曰：「賦也者，受命於詩人，拓宇於《楚辭》。」你之看法若何？兩漢有哪些大賦家及代表作？試介紹之。

3.盛唐詩人王、孟、李、杜，所處時代及環境相若，而四人之詩風竟各自不同，其故安在？於此四家詩，試徵引你所喜愛之作品，並予以分析說明，以揭示四人詩歌之風格。

4.宋代女詞人李清照，其生平明顯分作前後兩期：前期生活美滿，後期艱苦坎坷，因而亦影響及其詞作之內容與風格，早晚有所不同。試就李清照之身世，並引述相關之詞作，以說明其早晚二期不同之詞風。

5.明、清小說至為富贍，舉其代表作則有羅貫中之《三國演義》、施耐庵之《水滸傳》、吳承恩之《西遊記》與曹雪芹之《紅樓夢》。試略述上列四書之內容、特色、成就及其在中國文學史上之地位。

八十八年度

1.何謂《楚辭》？司馬遷謂「屈原放逐，乃賦〈離騷〉」。〈離騷〉是《楚辭》最具代表性之優秀作品，其內容及藝術特色若何？其對後世賦作之影響又若何？試分別述說之。

2.文學史上有所謂「建安七子」，是指哪七位文學家？此七人於文學創作上各有其獨特之成就，能介紹其代表作品並分別評論之否？

3.韓愈、柳宗元於唐代推行古文運動，其推行之背景為何？韓、柳二人對文章復古曾提出何等主張？惟韓、柳二家之古文成就各有其特色與風格，能分別舉例闡述之否？

4.元代雜劇興盛之原因為何？關漢卿乃有元最具代表性之雜劇作家，其所創作《竇娥冤》一劇，於文學史上具高度之藝術成就與評價。試略述《竇娥冤》之故事內容，並分析竇娥此一人物典型所具備之社會意義及藝術特色。

八十九年度

1.先秦諸子，後世每視之為思想家，在文學史上，也是造就中國古典散文的第一個黃金時代。然而，梁．蕭統〈文選序〉卻以為「老莊之作，管孟之流，蓋以立意為宗，不以能文為本」，因而摒棄在《文選》之外。蕭統的說法與上述所陳，明顯有出入，試說明您對這個問題的看法。

2.陳子昂曾謂：「文章道弊五百年矣，漢魏風骨，晉宋莫傳。」李白也說：「自從建安來，綺麗不足珍。」漢魏以後的詩歌，似乎輕易地被否定了。然而，從文學史上看，六朝詩是唐詩的開路先鋒；陳、李的說法，是否偏頗？而六朝詩的弊病，究竟為何？

3.李清照曾謂：「乃知詞別是一家」，並批評蘇軾等人「學際天人，作為小歌詞，直如酌蠡水於大海，然皆句讀不葺之詩爾，又往往不協音律者」，李氏何以有此批評？是否公平？所謂「詞別是一家」，是甚麼意思？試加以說明。

4. 韓愈的古文運動是以儒家的思想為依據，以復古為號召，並奠定往後的古文發展之基礎；清代的桐城派，也是標榜儒家的義理，而且，建立了與道統相依的文統，雖也曾盛極一時，但卻是古文的光榮結束。試問同是以儒家為宗，都是含有濃厚「復古」的意味，兩者卻有不同的結果，原因究竟為何？試加以探討分析。

九十年度

1. 中國文學恆受外來文化之影響，試以佛教文化為例，從作者、作品、讀者以及文學理論各方面，說明佛教文化對中國文學之影響。
2. 「傳奇」一詞，在各代有何不同之內涵？唐傳奇之內容，常成為後世戲曲小說改編之題材，試舉三種唐傳奇作品，說明在後代改編之狀況。
3. 試述江西詩派之源流、演變及對後世文學之影響。
4. 解釋名詞：
(1)文學史觀
(2)建安風骨
(3)《錄鬼簿》
(4)人間詞話

九十二年度

1.「吟詠性情」是六朝文學的重要思潮，然而，李白〈古風〉第一首謂：「自從建安來，綺麗不足珍。」陳子昂也說：「漢魏風骨，晉宋莫傳。」然則，六朝文學對於「情感」的肯定，究應如何評價？

2.詞有異於詩，表現出特殊的審美風格，試加以說明。

3.清代詩論「神韻說」對「詩」有何主張？這個看法對於闡發詩的「本質」，有何特色？價值何在？

4.清代桐城派對古文寫作有哪些主張？若與明代的擬古主義比較，有何異同？

國立中央大學

八十年度

1.在中國詩歌史上，《詩經》一向被推尊為最高典範。請你就文化思想與作品本身的特質兩方面，解釋它何以受到如此的推尊；並進而簡約地指出《詩經》對後代詩歌的發展究竟有什麼實質性的影響。

2.試就「時代風格」的觀念，以論述「太康文學」在形式、內容與整體表現上的特色；並以所論為據，評估「太康文學」在中國文學史上「轉型性」的價值。

3.柳冕在文學理論上有什麼重要的主張？又柳冕的文學理論既較韓愈廣泛，何以唐代古文運動之成功，在韓不在柳？試就所知，分別加以說明。

4.晚明散文之風格有何特色？試以袁宏道、張岱兩家作品為例，詳加論列。

八十一年度

1.漢代的辭賦可以分為「言志」與「寫物」二大系統。請問：它們各自的來源為何？它們在文體的形式與內涵上各有何特徵？請各舉二個代表性的作家及作品加以說明之。

2.南朝文風綺靡，因此一向所受的評價不高。然則，從文學史的視界來看，南朝文學究竟有何價值？其價值之高低如何？

3.請比較六朝志怪與唐代傳奇，藉以說明中國古典小說從六朝到唐代的演變狀況。

4.請簡要回答下列問題。

(1)何謂「風騷精神」？

(2)何謂「建安風骨」？

(3)「江西詩派」何以能代表「宋詩」？

(4)關漢卿何以被推為「雜劇之祖」？

八十二年度

1.「屈騷」在中國文學史上有創體之功，請就「文體」觀念，論述「屈騷」所創何體？及其對後世文學發展有何影響？

2.沈約《宋書．謝靈運傳論》云：「降及元康，潘、陸特秀，律異班、賈，體變曹、王」，何謂「律異班、賈，體變曹、王」？試以此說為據，論述從漢、魏以至西晉文學變遷的情況。

3.宋代長篇小說，至今可見者有那幾部作品？請論述它們在文學史上的價值。

4.何謂「南戲」？它與「北戲」大體上有何不同？它約起於何時？往後有何發展？以上問

題，請簡述之。

八十三年度

1.試以晉室與宋室之南渡為例，論述政局變動對當時文風影響的實況，並綜合判斷，此種文風變遷有何規律？

2.試以關漢卿、馬致遠、張可久、喬吉為代表，舉其作品為例，以論述元代散曲的風格演變。

3.宋詞史常見「豪放派」、「婉約派」、「格律派」等名目。試每一派別舉一位作家及其作品為例，說明並評論這種分派方式的得失。

4.試論述清代桐城派的文學主張及影響。

八十四年度

1.中國古典小說，從六朝志怪以至唐代傳奇，在形式及內容方面，有何顯著的演變？

2.南宋晚期，嚴羽在《滄浪詩話》中，曾對當時各種詩派嚴加批判。請問嚴羽在詩歌上基本的主張為何？他依循此一主張對當時各派詩風做出嚴厲的批判，請從他的批判中，述明當時各派詩風的特色及流弊。

3.司馬相如和揚雄對漢賦的發展有何貢獻和影響？

4.花間集在詞史上佔有怎樣的地位？集中所收錄的詞作，有沒有甚麼共同的性質？

八十五年度

1. 簡要描述下列三個時代文學的風格特色，並列舉其代表作家。
(1) 建安文學
(2) 太康文學
(3) 永嘉文學
2. 元代雜劇何以由北而南移？雜劇南移之後，至明代，對於原來南戲的發展，有何影響？
3. 唐代詩人對「詞」這種新文類的發展有何貢獻？試舉例說明。
4. 試通過作品的分析說明明代公安派的文學理論。

八十六年度

1. 我國志怪小說與志人小說不同之點何在？試述志人小說重要作品為何？
2. 何謂賦？試述兩漢重要的賦家及其作品特色如何？
3. 宋元說唱文學對明清小說有何影響？試舉例說明之。
4. 明人張綖將唐宋詞分為婉約、豪放二體，並云：「婉約者欲其詞情蘊藉，豪放者欲其氣象恢宏。蓋亦存乎其人。如秦少游之作，多是婉約；蘇子瞻之作，多是豪放。大抵詞體以婉約為正。」其說是否允當？試以己意申述之。

八十七年度

1. 東漢樂府詩有何種重要作品？對中唐新樂府有何影響？
2. 「傳奇」一詞在不同時代有何不同意義？其關聯性若何？試申述之。
3. 試以關漢卿或馬致遠一部代表作為例，分析元雜劇的特色。
4. 清桐城派的文學理論有何重點？對他們的文學創作有何影響？

八十八年度

1. 地域特性對文學傳統的形成有很大的影響，試以五代（含）以前的中國文學為討論場域。
2. 試以魏晉隋唐間的文學為例，說明政治上的鬥爭對文人及其文學會產生什麼樣的正負面影響。
3. 試論東坡詞的成就與特色，並論其在詞史上的地位。
4. 當今中國約有多少戲曲劇種？那些是流行比較廣、影響比較大的劇種？擇曲牌體與板腔體各一種，從文學、音樂、表演藝術等方面簡述其特色。

八十九年度

1. 從漢至唐，有不少歷史學家曾表達過他們的文學見解，請舉實例討論他們的文學觀。

2.曹操父子、梁武帝蕭衍父子皆形成不同的文學團隊，試加以分析。

3.試以李清照的詞論為據，評述北宋詞的發展及其得失。

4.以《竇娥冤》為例說明元雜劇的體製，及關漢卿在戲劇史上的地位。

九十年度

1.試以「唐宋謫放文學家與詩歌」為題，擬定一研究綱要，並說明研究步驟。

2.明清兩代有那些知名俠義小說？其藝術成就及文學史上的意義若何？對近代武俠小說之發展有何影響？

3.起源於民間的文學，後來常有雅化現象，試舉例說明之。

4.簡介下面各書：

(1)《搜神記》

(2)《錄鬼簿》

(3)《雲謠集》

九十一年度

1.請說明下列著作之主要批評理論：

(1)曹丕《典論．論文》

(2)陸機〈文賦〉

(3)司空圖《二十四詩品》

2.時代背景、地理環境或人際場域（interpersonal field）形成之文學社群，影響書寫甚鉅，試以下列三者為例，分別說明之：

(1)花間詞人

(2)江西詩派

(3)桐城文派

3.試由聲腔的演進，闡述從宋元南戲到明清傳奇的發展概況。

4.試說明晚明短篇小說與時代背景、社會意識的關聯。

九十二年度

1.魏晉時期在文學理論方面有何具體成就？試申述之。

2.「傳奇」一詞在唐代指短篇文言文小說，在其他朝代指的是什麼？試說明之。

3.李贄（一五二七～一六〇二）童心說、自然美、發自己心事之論點，對公安「三袁」與「五四」運動時期「文學觀念」、「內容書寫」、「語言載體」均有影響，試說明之。

4.閩南南管戲曲一向被稱為「南戲遺響」，試就聲腔、劇目、牌調、科範等說明其與宋元南戲之關係。

九十三年度

1. 論述賦之流變與特色。
2. 試從曹丕、陸機、葛洪等人論魏晉的文學理論。
3. 試舉例說明宋元南戲與元代雜劇在體制及內容上之差異。
4. 試論晚明散文之成就，及其與時代背景、社會意識之關聯。

玄奘大學

八十七年度

1. 試述《楚辭．九歌》中祭祀之對象及其內容大要。
2. 何謂志怪文學？六朝志怪文學發生之原因何在？試舉例說明之。
3. 唐代詩歌中有詩仙、詩佛、詩聖三大家之稱，試比較三大家在詩歌上之成就及其特色。
4. 何謂古文義法？清代桐城派古文理論如何建立？試擇要述之。

八十八年度

1. 《詩．大序》云：「《詩》有六義焉。」《詩》之六義，其內涵如何？試舉《詩經》之例以說明之。
2. 吳歌西曲發生之原因何在？及其在文學上之特色為何？
3. 唐宋八大家指那八家？試擇要說明八家在古文上之成就。
4. 晚清譴責小說發生之原因何在？其間有何重要之作品？試舉例說明之。

八十九年度

1.試言《詩經》之六義，並舉例說明之。
2.樂府緣何而名?與古詩有何區別?
3.試言柳宗元作品之特色。
4.試論蘇東坡在詞體發展史上之地位與貢獻。

九十年度

1.《詩・大序》曰：「《詩》有六義焉」，何謂六義?請扼要說明之。
2.略述《西遊記》之寓意。
3.《史記》對後世文學有何影響?
4.從體裁形式、內容題材、作品風格比較盛唐田園詩派與邊塞詩派的異同。

九十一年度

1.試論《論語》與《孟子》之文學特點。
2.唐詩興盛之原因為何?試論述之。
3.試述李清照詞之藝術成就。
4.《西遊記》之藝術特點為何?試論述之。

九十二年度

1. 試述《左傳》之文學特色及其在文學史上的地位。
2. 同為田園詩人，王維與孟浩然有何異同？
3. 朱子是宋代理學家中最富於文學修養者，試述其文學觀。並詳述此種文學觀與清代方苞之文學主張有何關係。
4. 試述周美成《片玉詞》之特徵。

國立清華大學

八十年度

1. 試說明漢代五言詩的起源與發展，並述建安詩人對五言詩的貢獻。
2. 魏晉南北朝時期的所謂「志怪」小說，其特色為何？發展演變的情形又如何？
3. 試述韓愈、歐陽修對中國文學發展的貢獻，並說明兩人在創作上的成就。
4. 何謂「董西廂」？何謂「王西廂」？二者分屬於何種文類？體製有何不同？又其故事源頭為何？

八十一年度

1. (1)潘、陸(2)顏、謝(3)徐、庾，以上三組簡稱，請寫出他們的姓名、所屬的時代、以及他們在文學史上所起的作用和影響。
2. 試比較韓愈與柳宗元論文的主要見解。
3. 試簡述宋詩的特色及流變。

4. 請比較「北雜劇」與「南雜劇」體製之異同。
5. 晚清小說中《二十年目睹之怪現狀》及《老殘遊記》一類為代表之作品，在敘述結構上，有何特色？其在小說發展史上之意義為何？

八十二年度

1. 請舉例說明漢賦的題材與表現手法之特色。
2. 試由中國古詩發展的角度說明鮑照詩與陶淵明詩的特色。
3. 唐代小說的發展分幾個階段？各階段特色為何？試舉例說明之。
4. 試述公安派與竟陵派的代表人物、其詩文集名稱與主要的文學主張。
5. 請說明「南戲」、「傳奇」、「崑曲」和「崑劇」之間的關係。

八十三年度

1. 魏晉南北朝時期可以說是中國文學批評發展上的一個重要階段，請說明這個階段文學批評活動所關心的論題為何。
2. 請從宋代詩詞發展史的立場舉出你認為最重要的四位宋代詩人、三位宋代詞人，並說明他們在宋代文學史上的重要性。
3. 試簡述下列詞語所指涉的中國古代小說的性質特色，並舉例說明。

(1) 志人小說

(2)變文
(3)詞話
(4)才子佳人小說
4.請簡答下列四小題。
(1)何謂「參軍戲」？
(2)何謂「旦本」與「末本」？
(3)戲曲史所稱之「南洪北孔」指的是那幾位作家？他們分屬什麼時代？有何重要作品？
(4)「戲曲」與「散曲」有何不同？

八十四年度

1.試從古詩十九首的主題與表現方式兩方面說明十九首與後代文學傳統的關係。
2.從文學史發展的角度觀察，中唐文學殊多變革，試就所知，評述其變革之跡。
3.早期的詞大多描寫相思別離，至蘇軾而無所不寫。試分析自早期階段至蘇軾之間，詞在內容上逐步擴大的過程。
4.請先寫出以下四部戲曲作品的作者及其所屬劇種類別，再簡要說明它們在戲曲史上的重要性。
(1)浣紗記
(2)四聲猿

(3)琵琶記
(4)竇娥冤
5. 試說明中國小說中志怪傳統與民間說書傳統之間的區別。

八十五年度

1. 請說明下列詩人的作品特色及其在中國文學史上的地位。
(1)曹植
(2)鮑照
(3)庾信
2. 韓愈之前，唐代有哪些重要的古文家？韓愈本人對古文運動有什麼重要主張？請說明之。
3. 試述柳永、蘇軾、周邦彥三人在宋詞發展上的重要性。
4. 請詳述由「南戲」演進至「傳奇」的過程，並請說明傳奇之體製。
5. 傳統長篇小說之中，以《東周列國志》、《三國演義》、《封神演義》為例，雖然所寫多少皆與歷史有關，但三者風格又大異其趣，試以三書為例，說明傳統歷史演義小說與神怪小說的分際與特色。

八十六年度

1.唐代駢文與散文之發展，各擅其勝，試述其嬗變之跡。
2.試簡述明清文學批評史上「格調說」、「性靈說」、「神韻說」的內涵。
3.唐代變文對後代小說的影響如何，請申述之。
4.請分辨文學史上「宋雜劇」、「元雜劇」、「明雜劇」、「北雜劇」、「南雜劇」諸名詞之異同，並分別說明其體製結構。
5.試述溫庭筠在中國韻文史上（自唐迄清）的地位。

八十七年度

1.試從散文發展史觀點比較先秦哲理散文、兩漢史傳散文與六朝文學散文的特質。
2.請說明下列批評著作的主要批評論題為何：
(1)曹丕《典論．論文》
(2)陸機〈文賦〉
(3)鍾嶸《詩品》
3.簡要說明下列詩人、詞人係何時人物，作品特色及在文學史上之地位為何：
(1)陳子昂
(2)白居易

(3)王禹偁
(4)姜夔
4.試說明元雜劇的組織結構。
5.《紅樓夢》書中對清初以來流行的才子佳人小說曾大加批評。請問《紅樓夢》和當時流行的才子佳人小說主要異同為何？

八十八年度

1.請申述魏晉時期文學批評領域有哪些重要的論題。
2.試述杜甫在社會寫實詩上的成就。
3.小說史上唐代傳奇為代六朝志怪而興之文體，試問傳奇之起與志怪之發展關係為何？傳奇與志怪之同異如何？
4.試從文學背景及思想背景說明古文運動產生的原因。
5.請說明湯顯祖在中國文學史上的重要性。

八十九年度

1.請說明下列著作在中國文學批評史上的意義：
(1)梁．劉勰《文心雕龍》
(2)唐．司空圖《二十四詩品》

2.請說明下列詩人對中國詩詞發展的貢獻：

(1)謝靈運（詩）

(2)陳子昂（詩）

(3)溫庭筠（詞）

(4)柳永（詞）

3.三言、二拍，各指何書而言？它們在小說發展史上的地位如何，試說明之。

4.請說明中國戲曲自宋代以下的發展脈絡。

九十年度

1.《論語》中孔子曾經說道：「詩可以興，可以觀，可以群，可以怨。邇之事父，遠之事君，多識於鳥獸草木之名。」請申述這一段話的意旨。

2.試述唐五代詞的發展過程。

3.《金瓶梅》在通俗小說發展上的地位如何，請說明之。

4.解釋名詞：

(1)元曲四大家

(2)宋雜劇

(3)崑山腔

九十一年度

1. 試簡論中國散文由諸子散文、史傳散文、六朝駢文到唐宋古文演變軌跡的語文因素。
2. 解釋名詞：
 (1)謝靈運
 (2)梅堯臣
3. 在中國古典詩歌的歷史發展過程中，南朝是一個重要的階段。請申述這段期間在「詩學」領域上有哪些重要的議題？
4. 請詳細說明元雜劇的體制，並評析此種體制對於藝術創作所提供之優勢及所造成的限制。
5. 《閱微草堂筆記》及《聊齋誌異》同為清代文言小說，但性質稍有差異。二書作者為誰，主要異同為何？試說明之。

九十二年度

1. 《詩經》是怎樣的一部書？內容分〈風〉、〈雅〉、〈頌〉三大類，又是什麼意思？在文學史上的重要性如何？
2. 《搜神記》號稱干寶所作，干寶何許人？《搜神記》又是怎樣的作品？在文學史上地位如何？

3. 詩歌史上有「元、白」並稱者，指何而言？何以有此並稱？作品之主要共同特色為何？對後世影響如何？

4.《儒林外史》是誰的作品？是怎樣的一部作品？在小說史上的地位如何？

九十三年度

1. 試說明南朝「宮體」豔詩與中晚唐李賀、李商隱、溫庭筠等人的豔詩有何異同。

2.「惟陳言之務去」（案：語出韓愈〈答李翊書〉）是韓愈重要的文學主張之一，在古文創作上，韓愈如何實踐此一主張？試申述之。

3. 試列舉五部神魔小說（含作者、出版年代等資料），並於其中任選兩部，說明神魔小說的特徵。

4. 請分辨以下各組戲曲名詞意義之異同：

(1)「家門大意」、「楔子」

(2)「北雜劇」、「南雜劇」

國立中興大學

八十二年度

1. 試寫出下列作者：
(1)搜神記
(2)長江集
(3)酉陽雜俎
(4)夢窗詞集
(5)倩女離魂

2. 自詩經而楚辭而漢賦，以文學之演進言，不論寫作技巧、材料運用、以及思想領域之開拓，皆有階段性之躍昇。試分述之。

3. 漢魏以下，文尚浮華，蔚以成俗，至齊梁已有持異議者，歷經北魏、隋，而初唐盛唐，其間帝王儲君、文人才士，或詆而非之，或出而遏之，或倡復古以革之，皆不能救其弊。及韓文公出，談笑而麾之，卒使古文成為主流者垂千年，何以故？試詳述之。

4.元之雜劇與明之傳奇，其不同者何在？試條陳之。

八十三年度

1.魏晉南北朝，所以出現玄理詩、遊仙詩、招隱詩、田園詩、山水詩，以及宮體詩。其學術、宗教、政治、社會之背景為如何？試分析介紹申述之。

2.宋代詞人，如晏殊、柳永、周邦彥、李清照、辛棄疾，其作品（詞）頗能分別反映人生、社會之不同層面諸景象。試分別分析申述之。

3.元之雜劇與明之傳奇，其體制有何不同，試比較之。

4.晉陸平原才高詞贍，其於我國文學曾有不凡之建樹，試詳陳之。

八十四年度

1.試解釋下列諸名詞：

(1)元和體

(2)江西詩派

(3)章回小說

(4)踏搖娘

(5)帶過曲

2.漢賦為後人所疵議者約有幾端？所言是否公允？試陳所見。

3. 鍾嶸之詩品，劉勰之文心雕龍，二者文學理論，有何差異？試比較之。
4. 有明一代，傳統之古文詩詞，成就平庸，而戲曲小說與小品文，卻斐然可稱，何以故？

八十五年度

1. 荀卿賦篇對後世賦體的影響。
2. 由詩蛻化為詞，有何因素介乎其中。
3. 江西詩派到南京後有何可喜的轉變。
4. 袁枚的性靈說，其文學理論為何？

八十六年度

1. 唐傳奇勃興之原因為何？請條列說明之。
2. 近體詩如何形成？試說明之。
3. 曹孟德多才多藝，其於詩歌創作上有何特殊表現？
4. 詞曲之相異點何在？試說明之。

八十九年度

1. 解釋下列各名詞：

(1)成相詞
(2)永嘉四靈
(3)題目正名
(4)茶陵詩派
(5)前後七子

2.請從史傳文學的角度評論《史記》與《漢書》之高下異同。

3.宋代道學家有何文學主張？其影響為何？

4.試述王士禎、翁方綱之詩學理論。

九十年度

1.何謂建安風骨？試申述之。

2.近人論詞每分豪放、婉約兩派，並謂東坡為豪放派領袖；所說當否？試論述之。

3.明代短劇之性質如何？重要作家與代表作品有那些？試就所知暢論之。

4.試比較嚴羽「興趣說」、王士禎「神韻說」、王國維「境界說」三者之異同。

九十二年度

1.鍾嶸《詩品》稱曹植為「建安之傑」，其故安在？試就其生活與詩作說明之。

2.何謂「初唐四傑」？試說明四傑詩之特色及詩史上之貢獻。

3. 試論李贄在晚明文學史上的地位及其文學主張。
4. 試分析晚清「小說革命」的主張及其對中國小說發展之影響。

九十三年度

1. 漢代歷史散文，除《史記》、《漢書》之外，尚有許多雜史、雜傳；有些博採民間傳說，虛構現象極為明顯，性質接近小說。試在漢代的雜史、雜傳作品中，任舉三部文學價值較高者，說明其內容，並加以評論。
2. 溫庭筠、韋莊既是晚唐五代重要詞家，也以詩歌創作著稱。試以具體詩例，說明溫、韋各體詩歌之特色與創作成就。
3. 試論宋詩的特色為何？並簡論對清代詩壇的影響。
4. 試論桐城派的文學主張及其在清代文學史上的地位。

靜宜大學

八十五年度

1. 何謂樂府詩？試述由漢樂府到唐白居易新樂府詩的轉變。
2. 元朝志怪與唐傳奇之間的異同。
3. 試述柳永與蘇軾在詞的風格之異同及其詞體發展及貢獻。
4. 元雜劇興起的內因與外緣。

八十六年度

1. 試述《詩經》與《楚辭》之比較。
2. 試說明曹植與建安詩人。
3. 試述宋詞興起之原因。
4. 試說明清代文學的特質。

八十九年度

1. 陶淵明、謝靈運是常常被相提並論的六朝詩人。試從家世背景、性格作風、觀物態度、作品意境、題材內容與對後世影響等方面比較兩人之異同。
2. 試述中國古代對「小說」之概念，並說明由六朝到唐代小說藝術發展之進境。
3. 詩在北宋的發展，屢有變遷，試分期說明其特色，並舉出各期代表作家及其藝術風格。
4. 元雜劇是一種體制非常嚴謹的劇種，試從結構形式、腳色、曲辭、賓白及科泛，說明其特色。

九十年度

1. 說明兩漢樂府的內容、精神及其藝術特色。
2. 詩自三百篇以來，曾經歷了《楚辭》、漢樂府民歌等重要發展階段，其內容、形式都有很大變化，但漢朝辭賦盛行後，文人崇賦而輕詩，文人詩作者不多，直至建安始忽然改觀，詩壇湧現大量作家，其中曹魏父子領袖群倫，試分別說明他們詩歌的特色。
3. 唐代文學發展過程中，曾先後於詩、文兩個領域發生復古運動。試就其源由、理論內涵與實踐情形加以闡述。
4. 明、清文壇上，主張「獨抒性靈」的作家各有哪些？而其創作理論與作品表現又有哪些特點？

九十一年度

1. 請說明漢代政論文的發展。
2. 《詩經》是北方文學的代表，《楚辭》是南方文學的代表，請加以比較說明。
3. 請指出下列作家在中國戲曲發展史上各有何貢獻？
(1)關漢卿
(2)高明
(3)梁辰魚
(4)徐渭
(5)李漁
4. 宋代詠物詞之淵源及其發展情形如何？

九十二年度

1. 儒家之孔子、孟子與道家之老子、莊子，此四人之散文各有何特色？請申述之。又四人之散文成就，在中國散文史上有何重要貢獻？
2. 何謂「樂府詩」？何謂「新樂府詩」？此二種文體在題目、內容、形式與音樂方面，有何因襲、變革？試申論之。
3. 論述張可久、馮惟敏二人在中國文學史上的成就及其地位。

4.自唐至清，「傳奇」一詞，曾代稱過那些不同的文體？試指出並略論其體裁之不同。

九十三年度

1.何謂〈九歌〉？共有幾篇文章？文章中之每位神祇，其職掌為何？試申論之。

2.何謂「建安風骨」？其代表人物為「三祖一陳思」，四人之作品有何特色？試申論之。

3.從所列唐人傳奇中選出兩種，先略述其內容，其次敘述其對後代戲曲的影響。

(1)南柯太守傳

(2)長恨歌傳

(3)霍小玉傳

(4)李娃傳

4.據《侯鯖錄》：「蘇軾云：人皆言柳耆卿詞俗，然如『霜風淒緊，關河冷落，殘照當樓』，唐人佳處不過如此。」對柳永詞為何有「俗」及「唐人佳處」的兩極評價？試舉其詞為例，加以說明。

東海大學

八十年度

1.「古詩十九首」究產生於何時？其主要內容與藝術特色為何？試詳述之。
2.鍾嶸用何方法評詩？其文學思想為何？其詩品對於後代之文學批評有何影響？一一詳答之。
3.試詳述話本體制，並舉例以說明之。
4.試詳述雜劇與南戲在形式、語言以及音樂諸方面有何不同之處。

八十一年度

1.學者每將「比」與「興」二字合為一詞（「比興」），視之為一種文學技巧或作風。按：在毛詩中，有「興」之詩，皆曾註明，而有「比」之詩則否。「興」究作何解？「比」又作何解？二者之分別安在？試詳述己見。
2.試述評劉勰、文心雕龍之文學創作理論。

3.由以下戲劇作家中任選其一，試簡述其生平，並評論其代表作品之一種。
(1)關漢卿
(2)王實甫
(3)湯顯祖
(4)洪昇
4.試詳述明清二代長篇小說興盛之原因。

八十二年度

1.試論晚周兩漢歷史散文的成就與對後世的影響。
2.試論陶淵明詩、韓愈文、溫庭筠詞與關漢卿戲曲在文學史上的地位與影響。
3.試論陶淵明、儒林外史、兒女英雄傳與老殘遊記的主題、結構和語言特色。
4.試論隋唐以迄清末的科舉制度對中國文學產生的影響。

八十五年度

1.鍾嶸詩品的文學理論?其中對兩漢五言詩的評論為何?
2.我國戲曲在元明清的演變及我國傳統戲曲的特色。
3.比較唐韓柳古文運動與民初胡適文學改革的起因，主要成就在文學史上的意義。
4.簡答題

(1)敦煌故事賦，敦煌民間曲的意義。
(2)盛唐詩、元和體的特色。
(3)常州詞派
(4)章回小說和話本的關係（淵源）。

八十六年度

1. 劉勰〈時序篇〉：「文變染乎世情，興廢繫乎時序……。」說明宋明文學遞嬗與時代關係。
2. 為什麼中國真正的戲劇，始自元雜劇？元雜劇的作家為何？及其作品特色如何？
3. 明清末與民初五四運動文學反抗原因，和實際活動現象為何？
4. 說明下列內容及文學史上的地位：
(1)河嶽英靈集
(2)玉茗堂四夢
(3)今古奇觀
(4)白雨齋詞集

逢甲大學

八十年度

1. 司馬相如之賦有何特色？
2. 鍾嶸詩品稱陶淵明為「古今隱逸詩人之宗」，其立論當否？請申論之。
3. 唐代小說與宋代小說各有特色，試舉例以說明之。
4. 試說明江西詩派之形成及其影響。

八十一年度

1. 屈、宋諸作，既名之曰「賦」（如史記、漢書）又名之曰「楚辭」（如王逸楚辭章句），是則楚辭即賦也，一物而二名，二者自不應有別，此說然否？試申所見。
2. 試說明劉勰六觀的批評標準。
3. 略述前七子擬古主義至公安派之文學演進現象，並條列其文學主張。
4. 我國白話小說興起於何時？何以會在此時興起？此類作品有何特色？

八十二年度

1. 試述正始文學的基本風貌。
2. 試述唐代的新樂府運動。
3. 文心雕龍總術篇云：「今之常言，有文有筆。」何謂文？何謂筆？試就文筆之分合，談南北朝時代之文學觀念。
4. 解釋下列名詞：
(1)參軍戲
(2)轉踏
(3)諸宮調
(4)大曲
(5)戲文

八十三年度

1. 陶潛與謝靈運的詩歌，多為詠述山水田園之作，然兩人的風格內涵實有相當的差異性，其故安在？試說明之。
2. 試述唐宋古文運動之異同。
3. 前人批評宋詩的缺點為「多議論」、「言理不言情」、「詩體散文化」等，然此亦是宋詩的長處，其故安在？試說明之。

4. 試述清代學風與詩風之關係。

八十四年度

1. 陶潛與謝靈運皆擅長山水田園之作，然二人詩歌之內容精神卻頗有差異，其情形為何？試說明之。
2. 論語和孟子之思想一脈相承，然其散文風格卻不盡相同，試就所知說明之。
3. 試述明代雜劇之衰與傳奇之興。
4. 試述桐城派之文學理論。

八十五年度

1. 駢文為中國文學的大宗，其發展演進的過程頗為漫長，試從先秦諸子以至漢魏六朝，而後隋唐之時，各舉文學作品為例說明之。
2. 司馬遷不僅為史學家，其散文影響唐宋古文家甚鉅，試舉例說明之。
3. 試述中唐的新樂府運動。
4. 試述明代詩的演變。

八十六年度

1. 試述宋代詩的發展。
2. 試比較吳江派與臨江派的作品特色及理論。
3. 試就所知，敘述漢賦的特色及其演變過程。
4. 《文心雕龍》論文的要點為何？試就所知說明之。

八十七年度

1. 試述清代桐城派、陽湖派、湘鄉派的散文。
2. 試論元代散曲興起與發展。
3. 試就《墨子》、《孟子》、《荀子》、《韓非子》四部典籍，比較它們在議論文上的特色。
4. 陸機不僅為文學創作家，亦是文學理論家，他在此二方面的成就如何？試說明之。

八十八年度

1. 試論唐代新樂府崛起的社會基礎與人文背景。
2. 試論明代前後七子的文學觀點。
3. 魏晉文學大都具有玄虛傾向，故其思想以游仙和隱逸為主。其詳情為何？試舉出幾位代表作家說明之。

4. 春秋戰國時期的歷史散文和哲理散文，不僅具有豐富的思想內容，在文學成就上，也有相當的特色。試從語文表現及其寫作技巧論述之。

八十九年度

1. 試述元詞的繼承與衰微。
2. 試比較明代吳江派和臨川派的戲曲觀點。
3. 試舉出建安文學之特色，並說明其所以形成之原因。
4. 劉勰《文心雕龍》一書基本思想為何？其所抱持之批評態度與批評方法為何？試略述之。

九十年度

1. 試論隋代文學不振的背景。
2. 試論明代詩的演變與文學思潮的關係。
3. 解釋名詞：
   (1)「諸宮調」
   (2)「踏搖娘」
   (3)《太平廣記》
   (4)《樂府詩集》

(5)《醉翁談錄》

4.敦煌俗講文學與明清的寶卷文學有什麼關係?試從兩者的形制、內容、功能的關係申論之。

九十一年度

1.陸機的文學批評觀點為何?試就《文賦》所論說明之。

2.陶潛與謝靈運的詩歌,多為詠述山水田園之作,然兩人的風格內涵,實有相當的差異性在,其故為何?試說明之。

3.南戲與雜劇,其淵源和體制各不相同。試說之。

4.試論桐城派及其流變。

九十二年度

1.春秋戰國時代,諸子騰說,散文勃興。其主要之代表人物與作品風格為何?試就所知舉例說明之。

2.辭賦從漢代經魏晉南北朝,以至唐宋時期,皆盛行未衰,然無論在內容或形式上,歷代迭有變遷。其演進情形為何?試說明之。

3.試述明代散文之流變。

4.試述清代詞壇與詞風之多元嬗變。

國立暨南國際大學

八十四年度

1. 詩經如何編集成書？朱子對六義如何解釋？詩在先秦時代有何功用？漢代何以形成詩教？
2. 司馬遷寫作史記的動機為何？史記何以成為文學傑構？其體製與漢書有何不同？
3. 說明南朝詩歌元嘉體、永明體、宮體的特色；詩家謝靈運、鮑照、謝朓、徐陵作品風格的不同。
4. 概述唐宋古文的發展與演變。
5. 說明律詩、詞、曲不同的特性。

八十五年度

1. 或曰：「唐人以詩為詩，宋人以文為詩」，其說能否概括說明唐宋兩代不同的詩風？試申所見。

2.《文心雕龍．詮賦》謂：「賦也者，受命於詩人，拓宇於楚辭也。」漢賦與古詩、楚辭有何關係？它對後代文學又有何具體影響？試申所見。
3.何謂傳奇？從唐代到明代其指涉有沒有改變？試舉代表作以說明其性質。
4.試簡介下列三書之作者並說明其書之性質：
(1)《古文辭類纂》
(2)《閱微草堂筆記》
(3)《錄鬼簿》

八十六年度

1.說明《孟子》、《莊子》、《荀子》散文的特色及其對後世文學的影響。
2.簡述庾信的生平，比較其前後期創作技法與風格的變化，並說明其詩、賦、駢文的成就。
3.說明明代前後七子的文學主張，並評論其得失。
4.寫出下列各書的時代與作者。
(1)《鏡花緣》
(2)《小倉山房集》
(3)《鶴林玉露》
(4)《詩式》

(5)《白雨齋詞話》

八十七年度

1. 唐人傳奇如何反映當代思想意識與社會生活，試以作品為具體分析對象說明之。
2. 周作人將中國新文學運動溯源於明代，認為胡適、陳獨秀之主張早在公安派理論中出現，其說當否？請申明之。
3. 試從《楚辭》之創作方法、形式與風格，說明其文學藝術之成就及影響。
4. 選答（請就下列兩題，擇一作答）：

(1)韓愈謂：文以載道。柳宗元云：文以明道。試述二者釋「道」之異同，並概述二家之文學主張。

(2)沈德潛《說詩晬語》云：「古詩十九首……或寓言，或顯言，或反覆言。初無奇闢之思，驚險之句，而西京古詩皆在其下。」對〈十九首〉推崇備至，試舉詩二首分析以證。

八十八年度

1. 《詩經》和《楚辭》並稱中國文學的兩大源頭，然而對漢魏六朝文學來說，《楚辭》的影響更為直接而明顯。請試就所知，說明屈原及其文學在下列幾個方面對漢魏六朝文學的影響：

(1)作家的地位與身分（如個人特徵、群體影響等）。
(2)文學體裁及語言風格（如文體、句法、修辭等）。
(3)創作動機和表現內容（如文學觀、思維特質、主題內涵等）。

2.選答（以下二小題，擇一作答）：

(1)魯迅說魏晉是一個「文學的自覺時代」，在這個長時段的歷史中，文學確實日趨獨立與純粹。請試就所知，就文學觀念的獨立、文學語言的講求、寫作題材的變化等方面，扼要論述魏晉南北朝文學日趨純粹化的過程。

(2)中唐迄五代是文化史的一個變革時期，史學家甚至有「唐宋變革期」之說。請問中唐時期發生了哪些重要的文學運動？請扼要敘述其發展經過，並闡述其在整個中國文學史上的意義。

3.必答題：明代短篇小說有那些主要的刻本，內容與藝術成就如何，試就個人所知作一介紹。

4.選答題（請就下列A、B兩題任選一題作答）：

A.蘇東坡論詩說：「欲令詩語妙，無厭空且靜。靜故了群動，空故納萬境」。這是一種怎樣的思想與文學境界？試以蘇東坡自己的創作為例，加以說明。

B.請簡括扼要解釋下列幾個名詞：

(1)西崑體。
(2)江西詩派。

(3)同光體。

八十九年度

1.《詩經》是中國最古老的文學典籍，歷經長時間的演變過程，包含風、雅、頌等不同體裁。請扼要說明，《詩經》和上古宗教、神話的關係，並闡述這些宗教因素對《詩經》演變過程的影響。

2.請簡要說明下列詩人的文學風格，列舉主要作品，指出其在中國文學史上的意義：

(1)曹植

(2)阮籍

(3)陶淵明

(4)鮑照

3.試述柳永、蘇軾、周邦彥三家詞作的特色，並比較其在宋詞發展上的意義與地位。

4.解釋名詞：

(1)臨川四夢

(2)新樂府運動

(3)江西詩派

(4)桐城派

九十年度

1. 兩漢樂府是中國詩歌發展過程的一個重要階段，請扼要就漢樂府的起源和發展、性質、內容、文學風格等問題加以評述，析論漢樂府詩在文學史上的地位與意義。

2. 山水詩和宮體詩是南朝文學令人矚目的新興課題，不論就文學史，甚至美學史、文化史的角度來看，都留下許多值得思考的問題。請試就所知，首先就這兩個新興課題主要的文學特徵，列舉主要詩人，扼要加以敘述說明；其次請就這些現象，從文學史、或者美學史、文化史上等宏觀的角度加以析論，說明其深一層的歷史意義。

3. 何謂南戲？其戲劇體制與雜劇、傳奇有何不同？請詳論之。

4. 請解釋下列詞語：

(1)常州詞派

(2)三吏、三別

(3)永嘉四靈

(4)《片玉詞》

(5)三言二拍

九十一年度

1. 請就下列詩人，列舉其代表作品或名句，並扼要說明其文學的特徵、闡述他們在中國文學史上的意義：

(1)司馬相如

(2)阮籍

(3)謝靈運

(4)李白

(5)李煜

2.文學史除了宏觀的研究之外，也要注意作品微觀的解讀。下面是陶淵明最有名的一首詩：「結廬在人境，而無車馬喧。問君何能爾，心遠地自偏。採菊東籬下，悠然見南山。山氣日夕佳，飛鳥相與還。此中有真意，欲辨已忘言。」(《飲酒．其五》)所謂一粒沙中見世界，請你扣緊這首詩的本文，因小見大，從各個層面析論陶淵明在文學史上的地位與意義。

3.兩宋時期民間曲藝繁盛，請列舉曲藝種類，並說明各種類的特色。

4.清代通俗文學的評點現象很普遍，請舉出具有代表性的小說評點家二人，並闡述其評點旨趣。

九十二年度

1.中國文學以抒情文學為主流，學界素來有「抒情傳統」的說法；但相對的：中國的敘述性文學也有久遠的傳統，如神話、史詩、敘事詩等，請試就所知，說明從先秦到南北朝敘事性詩歌的發展，並析論其文學形態，闡述其文學史的意義。

2. 請扼要說明近體詩從興起、發展到形成的大致過程，並扼要析論這種文學體裁在文學史上的意義。

3. 王國維《人間詞話》：「長調自以周、柳、蘇、辛為最工。」請以此四位詞家的作品為例，說明小令至長調的詞風轉變，並藉此敘述四位詞家在詞史上的貢獻與重要性。

4. 請分別闡述唐傳奇、宋話本的語言、形式、內容等特色，並以具體實例說明二者對明、清戲曲、小說的影響。

九十三年度

1. 請解釋下列名詞的基本含意。其次，如果站在整個中國文學史的宏觀角度，這些文學現象的出現具有什麼樣的歷史意義？

(1)神話
(2)詠懷詩
(3)鼓角橫吹曲
(4)花間集
(5)江湖詩派

2. 何謂臨川派、吳江派？其代表人物、作品風格特色與理論主張各為何？請申述之。

3. 清．納蘭性德〈原詩〉曰：「十年前之詩人，皆唐之詩人，必嗤點夫宋；近年來之詩人，皆宋之詩人也，必嗤點夫唐。」請就王士禎、查慎行、厲鶚、沈德潛等人的論詩作詩，闡釋清詩這種或祧唐或祖宋的特質。

國立彰化師範大學

八十五年度

1.王充為我國古代傑出之思想家，其《論衡》一書所述及之文學論點，對後世文學批評亦有深遠影響，試歸納闡述其重要之文學觀。

2.建安時期政治雖極其紊亂，而文學卻頗有成就，首開我國古代文學史上文人詩創作之高潮，試分析該時期詩歌蓬勃發展之因素及其特色。

3.唐詩有初、盛、中、晚之分，詩到晚唐，可謂「夕陽無限好，只是近黃昏」，試述晚唐詩壇之主要趨向，並列舉兩位代表作家。

4.簡答下列各題：

(1)王國維《人間詞話》云：「『畫屏金鷓鴣』，飛卿語也，其詞品似之。」試藉此說明溫庭筠詞之特色？

(2)元代散曲以成宗大德年間為界，約可分為前、後兩期，試比較兩者有何不同？

3.明代對小說的觀念為之一變，有那些人提出新見解？並簡述其要旨。

4. 龔自珍對清代古文正宗的桐城派，並不表贊同，龔氏有何主張和貢獻？簡述其要。

八十六年度

1. 試論柳永、蘇軾在詞體發展史上之貢獻。
2. 晚明之散文有何特色？試舉兩位作家並說明其作品之特點。
3. 試述賦自漢以降唐宋，在形式、內容方面之演進情形。
4. 「變文」為韻散結合之講唱文學，此一特殊表現形式，對後代文學有何影響，試申論之。

八十八年度

1. 東漢中葉之後，宦官外戚爭權，國勢日衰，加上帝王貴族奢侈成習，橫徵暴斂，民不聊生，在此情形下，漢賦產生怎樣之變化？並舉兩位代表作家。
2. 正始、太康、永嘉分別為魏廢帝、晉武帝、晉懷帝之年號，試述此三時期詩歌之特色。
3. 何謂唐「傳奇」？何謂宋「話本」？宋話本承自唐傳奇，有何因襲進步處？試申論之。
4. 何謂「江湖詩派」？其代表人物有哪些？詩學主張為何？試申論之。

八十九年度

1. 請論述下列元代散曲家作品的風格特色：關漢卿、白樸、喬吉、徐再思。

2. 所謂清初四大詩派是指哪四派？各由何人所倡導？其詩學理論為何？試申論之。
3. 南北朝時，專力於批評事業，成一家之言者，首推劉勰之《文心雕龍》及鍾嶸之《詩品》，試闡述鍾嶸評詩之目的及其文學主張。
4. 試述唐代邊塞詩派之產生原因及其特色。

九十年度

1. 蘇軾與周邦彥是北宋詞中最具代表性的大家，試比較兩人詞風有何不同？
2. 試述明代小說發達的原因。
3. 請從創作、體製、題材、藝術構思、語言表達等方面，論述魏晉南北朝小說與唐傳奇的不同處。
4. 魏晉南北朝山水詩與隱逸詩有何特色，其代表人物為何人？又其人對該詩派有何貢獻？

九十一年度

1. 孟子的文章在文理表達方面，有何特色，願聞其要。
2. 山水詩為何興盛於南北朝之際？當時有那些重要詩人（最好依時代先後），試列其名。
3. 張籍最敬佩的詩人為誰？在其影響下，張籍的詩作有那些特色，試陳述之。
4. 明代有五大傳奇，所指為那些劇本，並擇其中一本簡述其劇情。

九十三年度

1. 劉大杰《中國文學發展史》一書以為「建安七子與竹林七賢，前後遙相對照，是一件值得注意的事。」
⑴請列出「建安七子」與「竹林七賢」的姓名。
⑵請就中國文學發展與影響的角度，略述其中「值得注意的事」。
2. 唐代詩風的轉變與宋代詞風的轉變，陳子昂和蘇軾可說是其中極具關鍵意義的人物，能否就此略作論述？
3. 請說明歐陽修在唐宋古文運動發展過程中的樞紐地位及其對宋代文壇所產生的重大影響。
4. 請以吳敬梓的《儒林外史》與曹雪芹的《紅樓夢》為例，說明十八世紀中國小說不同於以往作品的個別作家之獨創精神。

國立中正大學

八十年度

1. 試述古人對「小說」之觀念及舊小說之發展。
2. 試比較唐宋詩之異同，並舉例說明之。
3. 試述明清之際擬古運動及反擬古運動之文學思潮。
4. 解釋名詞：
(1)建安七子
(2)關鄭馬白
(3)酸甜樂府
(4)八股文
(5)詞話叢編

八十一年度

1. 試述詩經在中國文學史上之地位。
2. 試以西王母及王昭君為例，說明文學作品中人物形象之演變。
3. 比較下列並稱名家之風格異同：
(1)陶淵明與謝靈運
(2)李白與杜甫
(3)韓愈與柳宗元
(4)蘇軾與辛棄疾
(5)王士禎與朱彝尊
4. 試述下列書籍之編（著）者及內容大要：
(1)楚辭補注
(2)樂府詩集
(3)太平廣記
(4)臨川四夢
(5)紅樓夢

八十二年度

1. 或云一切文學之發皇，皆來自民間，其說當否？試評述之。
2. 試述漢魏六朝志怪小說之時代背景。
3. 唐宋古文八大家之文學主張是否一致，試就所知說明之。
4. 明清之際，如李漁、劉體仁、沈謙等人，論詞皆主上不似詩、下不類曲，其說如何？試加評論。

八十三年度

1. 魏晉南北朝文學理論及文學批評之著述十分發達，究其原因，除了受到當時臧否人物等風氣之感染外，主要還是受到文筆說及聲律說之影響。何謂文筆說？何謂聲律說？試詳為說明之。
2. 試詳述佛教對我國文學所產生之影響。
3. 元代雜劇的組織要素為何？試詳細說明。
4. 何謂浙西詞派？其代表作家及主張為何？試加評介。

八十四年度

1. 試論《莊子》的美學觀、文藝觀及其對中國文學的影響。

2. 陶淵明被鍾嶸詩品評為中品，是否公平？試加評析。
3. 試比較蘇辛詞之特色。
4. 試述南戲、雜劇、傳奇的淵源及異同。

八十五年度

1. 「樂府」在中國文學史上自漢至元有何不同指稱？又魏晉南北朝樂府有何異同？其影響又如何？
2. 試述敦煌《雲謠集》的文學價值及其在中國文學史上的意義。
3. 李夢陽、何景明在文學上的具體主張為何？功過為何？對當時及後世有何影響？
4. 試說明蒲松齡與吳敬梓在小說上的成就。

八十六年度

1. 試以文學技巧之角度比較《尚書》、《左傳》、《史記》三者之異同。
2. 賦體文學受屈原與荀卿之影響如何？試分析之。
3. 試比較姜夔與張炎詞作之特色，並說明二人在南宋詞壇上之地位。
4. 馮夢龍在通俗文學上有何貢獻？試詳為說明。

八十七年度

1. 賦者古詩之流。屈原出，文章遂有賦體。其後代有作者，述其流別，可分四類。試說明之。
2. 經學與文學關係密切，唐代古文學家論述尤多，請略述韓愈、柳宗元的看法。
3. 關漢卿被稱為元代雜劇的代表作家，其代表作品為何？成就為何？
4. 試介紹《西遊記》的作者、故事來源，並評述其文學特色。

八十八年度

1. 自漢至宋，賦的演變如何？請分別就內容與形式撮要介紹。
2. 試說明鍾嶸《詩品》與司空圖《詩品》內容之特色，並評比二者之優劣。
3. 請就文體、取材、技巧等角度，比較魏晉志怪、唐傳奇、宋話本之異同。
4. 試說明晚清「詩界革命」產生之背景及其重要詩人的主張與作品特色。

九十年度

1. 南朝文學有何特色？試論述之。
2. 試析論明代小說所以興盛之因。
3. 試述「古詩十九首」的時代、內容、藝術成就及其在中國文學史上的地位。

4.清代「桐城派」、「陽湖派」與古文運動發展有何淵源？其文學主張又如何？請論述之。

九十一年度

1.《楚辭》與古代詩歌有何關係？《楚辭》與漢賦在寫作特色上有何異同？

2.明代戲曲名作之湯顯祖〈牡丹亭〉，其中主要故事內容與人物為何？又具有那些創作特色？

3.韓、柳、歐、蘇諸賢之所致力，其終極關懷，果在「古文」歟？請抒己見。

4.有清文製，選體桐城，爭為雄長，其後又何以皆讓席於語體？試析述之。

國立成功大學

八十年度

1. 春秋戰國散文對後代文學有何影響？試申述之。
2. 唐代王孟自然詩派之興起，其因何在？詩作之特色又如何？試申述之。
3. 試比較南北朝民歌在語言、內容、音律、情感等項之差異，並探討其所以形成南北不同特色之原因所在。
4. 明代文學思潮之主流為何？中期出現所謂前後七子，其文學主張、及其目標、與失敗因素又為何？

八十一年度

1. 試述司馬遷之史傳散文的特色。
2. 關漢卿在雜劇創作上有何重要貢獻？其代表作品為何？試舉其中二種說明之。
3. 魏晉南北朝時代，有關文學理論之撰述，其卓然有成者有那些？試就所知稱述之。

4.試評論陶淵明、陳子昂、黃庭堅等三位詩人作家，作品之特色，及其在文學史上之地位。

八十二年度

1.試述中國古代神話資料之所以流失、變質的原因，並說明這些神話對中國文學有何影響。

2.南北朝時代山水文學所以興盛之原因為何?有何重要之詩人作家?其作品之風格特色又為何?

3.唐詩或謂一變於陳子昂，再變於李白，三變於杜甫，四變於韓愈，是否有其道理?試加論證。

4.試列舉晚清重要小說家四人及其代表作書名，並說明晚清小說興盛的原因及作品的關懷層面。

八十三年度

1.詩經與楚辭同被稱為中國文學詩詞曲之祖，試就其形式體製、思想意識、感情表露、藝術手法等四項加以比較。

2.何謂「賦」?漢賦之特質為何?魏晉賦在題材、形式及情志各方面與漢賦有何差異?

3.試舉例說明王維「詩中有畫」之特色。

4.北宋詞體之發展，屢有變遷，約可分為幾期？各期之特色為何？並舉出各期主要作家、詞集名稱及其藝術風格。

八十四年度

1.先秦散文，蓬勃興盛，成就斐然，在中國文學史上是件大事，試就其藝術風格之綜合表現，加以稱述之。

2.樂府一詞之由來為何？樂府詩之形式、命題、特質為何？其在中國文學史上之地位又如何？

3.變文的形式與內容有何特色？其影響中國文學發展者又何在？試述之。

4.試述晚清小說大盛的原因，並舉代表作品三種說明其特色。

八十五年度

1.試述元雜劇產生的時代背景、幾齣重要作品、及其所反應的元代社會。

2.何謂「變文」？和後來的「寶卷」、「諸宮調」、「彈詞」、「鼓詞」、「話本」等等文體有何關係？試述之。

3.南朝偏安江左，宋、齊、梁、陳雖一再革易，然卻為文學極佳之發展環境，形式主義文學因而興起，試就其所以產生之歷史環境，加以稱述之。

4.晚明小品文之發展如何？有何特色？其代表之作家及作品風格為何？試稱述之。

八十六年度

1.漢賦在中國文學史上之成就及影響如何?一般文學史著作中,對漢賦經常出現負面的評價,諸如:「歌功頌德」、「欲諷反勸」、「誇張失實」、「鋪陳堆砌」等等,這些批評是否確當?諸君試就所知以對。
2.南北朝時代山水詩所以興盛之原因為何?其有何特質?並至少舉出當代之代表人物二位,及其代表作品與風格特色,加以稱述。
3.試述洪昇《長生殿》與孔尚任《桃花扇》之主題及藝術表現技巧。
4.試述清代桐城派古文運動產生之背景、代表人物及其文學主張。

八十七年度

1.《詩經》、《楚辭》,其作品同具憂患意識與鄉土情懷,試就所知,加以論證之。
2.簡述白居易的文學主張及其詩歌成就。
3.詞與曲在形式及表現方法上有何差異?並說明蘇軾之詞風特色及馬致遠在曲壇上之價值地位。
4.試以「悲劇英雄」此一觀念,自兩部中國古典長篇小說各擇一個小說人物予以論述之。

八十八年度

1. 略述漢代樂府民歌的藝術成就及其影響。
2. 唐初古文革新運動，發展之情況為何？失敗之原因為何？後韓柳繼起，始獲有成，其成功之原因又為何？
3. 「臨川四夢」的作者是誰？包括那四部劇作？其內容如何？四夢之中又以何者的成就最高？
4. 筆記、傳奇、變文、話本、章回小說之發展沿革如何？試述之。

八十九年度

1. 先秦散文發展之路線為何？並舉出不同類別之典籍四種，加以評論其散文特色。
2. 試述韓愈、孟郊的詩歌特色。
3. 試比較「詞中二李」作品之風格特色及其在中國文學史上的成就。
4. 明代小說在小說發展史上，有何重要意義與地位？試加評述之。

九十年度

1. 劉勰撰述《文心雕龍》之動機與目的何在？劉氏以為批評家之態度與批評之標準又當如何？試加詳說。

2. 試論述唐傳奇對中國文學的影響。
3. 試論述辛稼軒詞的藝術特色。
4. 何謂「三言」、「二拍」？性質為何？內容為何？有何優劣得失之處？

九十一年度

1. 神話對中國詩歌、小說、戲劇、寓言之影響各為何？試論述之。
2. 試論述魏晉志怪小說繁榮的原因，並說明其類型及代表作。
3. 三蘇之散文，各自名家，亦各具特色。試就所知，列舉三蘇之散文名作，並詳加評述。
4. 常州詞派的詞學理論主張為何？其代表作家及藝術風格各如何？試論述之。

九十二年度

1. 建安文學在體制、題材、風格上各有何特色？其所以興盛之原因為何？
2. 蘇軾說陶潛詩「質而實綺，臞而實腴」，其所指為何？試舉例說明之。
3. 明代文論家曾提「童心說」、「性靈說」，其內容主張為何？對當時的文學發展產生什麼樣的影響？
4. 何謂「桐城三祖」？其文學主張為何？影響如何？

九十三年度

1.兩漢散文可區分為幾類？並舉出每一類別之名家作品，加以評述其風格特色。

2.中國山水詩之特質為何？南北朝時代山水詩所以興盛之原因又為何？

3.試述明代中期「唐宋派」的主要成員及其文學主張。

4.試論《桃花扇》的主題及其運用曲辭賓白的藝術技巧。又元代何以出現像《漢宮秋》、《梧桐雨》、《趙氏孤兒》等大批歷史劇？

國立中山大學

八十年度

1. 試就形式與內容二端較論騷賦、漢賦、俳賦、文賦之異同。
2. 晚唐文苑，李商隱之詩，溫庭筠之詞，均擅一代高名，成就各有獨到，試分別舉例核實評論之。
3. 扼要詮釋下列各名詞。
   (1) 玉臺體
   (2) 徐庾體
   (3) 元嘉體
   (4) 宮體
   (5) 元康體
4. 簡答題：
   (1) 江西詩派

(2)話本結構

(3)王實甫西廂記雜劇的主題淵源。

(4)公安派

(5)從敘述技巧說明水滸傳的成就。

5.王國維人間詞話說：「詞至李後主，眼界始大，感慨遂深，遂變伶工之詞為士大夫之詞。」靜安從詞史點出後主詞的價值。試問：

(1)「眼界始大，感慨遂深」為什麼能成為後主詞的價值所在？請說明理由。

(2)試將王國維論後主詞的觀點移用於紅樓夢，以此數語，評論紅樓夢在小說史上的價值所在。

八十一年度

1.戰國末葉，屈原振藻於荊楚，所作騷賦，足以抗衡詩經，平分先秦南北文學之秋色，其產生之因素，論者不一其辭，試就所知，條舉以對。

2.四庫提要稱庾信文章「集六朝之大成，導四傑之先路，自古至今，屹然為四六宗匠。」其言是否有當，試評論之。

3.試述晚清小說繁榮的原因與現實意義。

4.較論唐代邊塞詩派與自然詩派。

5.簡答題：

(1)講史
(2)茶陵派
(3)臺閣體
(4)京劇
(5)龍川詞
(6)樵歌
(7)錄鬼簿
(8)酸甜樂府
(9)四聲猿
(10)董西廂

八十二年度

1. 試就音樂、宗教、地理環境、文體蛻變、南人性格五端探究楚辭產生於楚境之原因。
2. 六朝詩文名作，率皆內容形式並重，乃唯美文學之極品，而世多非之，是否有當？試就對仗、聲律、用典、敷藻四端據實評述之。
3. 談西廂記的源與流。
4. 比較唐代與宋朝的古文運動。
5. 簡釋：

(1)一捧雪
(2)兩當軒集
(3)三楊
(4)吳中四士
(5)伍子胥變文
(6)六一詞
(7)後七子
(8)上官儀八對
(9)王九思
(10)杜十娘怒沈百寶箱。

八十三年度

1.神話傳說對文學有何影響?請舉例說明之。

2.劉勰有「物色」之論;鍾嶸云:「氣之動物,物之感人。」二說如何?請述評之。

3.唐代小說每為後世戲曲所取材,然往往略變其主題(Theme)。試舉四種小說為例,說明改編為雜劇、傳奇等戲曲時主題變易之情況。

4.方回有「一祖三宗」之說。試論其所謂「祖」「宗」對清代詩壇的影響。

八十四年度

1.六朝時代，文運大昌，有關文學理論之名篇鉅著甚多；試列舉五種暢加評介之。

2.王維、李白、杜甫並稱吾國三大詩人，其傳承各有不同，其創作亦各有獨造，其影響後世尤為深遠；試較論之。

3.唐、宋詞發展史上有些詞人對詞之發展具有關鍵性地位，試述之。

4.自清末林傳甲以來，有關中國文學史的論著，不知凡幾，皆各有其依循的文學理論；試就所知，以一家論著為例，舉例說明所依據的文學理論，並評論其得失。

八十五年度

1.駢體文為中國唯美文學之極品，在文學史上之地位與價值，論者不一其辭；就所知暢加論述。

2.晚唐、五代詞家，以溫庭筠、韋莊、李煜最稱雄傑；試較論三家詞風之異同。

3.試述明代文學理論之沿革。

4.試述「戲文」、「雜劇」之形成。

八十六年度

1.簡要論述先秦諸子散文的風格與影響。

2. 魏晉南北朝志怪小說與唐代傳奇有何不同？

3. 試就「音樂流變」以及「歌詞與樂曲配合的形式」兩項，討論「詞」文類的形成。

4. 試述桐城派的文學理論。

八十七年度

1. 自西晉以迄北宋，文學體制紛然雜出，其犖犖較著者有下列六種，試說明其產生之時代，代表作家，及其文體特色：

(1)元康體

(2)永明體

(3)宮體

(4)徐庾體

(5)三十六體

(6)西崑體

2. 南朝謝靈運、陶潛，唐代王維、孟浩然，四人均有大量閒適之詩問世；惟其創作動機，表達技巧，以至風格面貌，有相同者，亦有相異者。試就所知扼要而論述之。

3. 湯顯祖傳奇之題材皆本於前人小說。試述其情節大要，並比較其傳奇與小說情節之異同。

4. 王士禎之詩學理論是否與嚴羽之論有關？請論述。

八十八年度

1. 比較鍾嶸與劉勰的文學思想。
2. 評劉基詩文。
3. 詮釋下列各文體：
(1)俳賦
(2)永明體
(3)四六文
(4)長慶體
(5)西崑體
4. 簡述下列各書之編、著者及其作品風格：
(1)《玉臺新詠》
(2)《玉谿生詩集》
(3)《花間集》
(4)《漱玉詞》
(5)《小山樂府》

八十九年度

1. 評三祖、陳王和建安七子。
2. 較論韓愈與柳宗元。
3. 宋、金雜劇對元雜劇之形成，有何影響？試述之。
4. 李贄、袁宏道、袁枚的文學理論有何相似之處？請論述。

九十年度

1. 何謂變文？試言其內容分類及影響。
2. 劉勰謂「嵇志清峻，阮旨遙深」（《文心雕龍．明詩》）。試比較嵇康與阮籍詩之內容與風格。
3. 試述歐陽修的⑴文學理論，⑵對宋代文學發展的影響。
4. 試述清代的戲劇發展概況。

九十一年度

1. 試述宋人話本〈碾玉觀音〉和〈錯斬崔寧〉的主題、情節與影響。
2. 試述蔣士銓與楊潮觀的戲劇代表作。
3. 詳釋下列各文（詩）體：

(1)建安體
(2)太康體
(3)永明體
(4)宮體
(5)徐庾體

4.說明下列各書之撰者、時代及其作品風格：
(1)《玉谿生詩集》
(2)《白氏長慶集》
(3)《西崑酬唱集》
(4)《淮海居士長短句》
(5)《漱玉詞》

九十二年度

1.舉例論先秦儒、道、法三家散文的特色。
2.談《水滸傳》、《紅樓夢》。
3.試論東坡詞的特色及其文學史上的意義。
4.宋詩特色為何？其有別於唐詩者何在？

九十三年度

1. 試論謝靈運的山水詩之成就。
2. 唐興而有近體絕句，絕句又稱截句，何以故？你認為此名稱適當否？又近體絕句和古絕句有何區別，試以詩例說明之。
3. 南戲的起源若何？它和北雜劇有何分別？寫出南戲重要戲目四種。
4. 六十年代台灣現代主義盛行，何以故？何謂現代主義？試舉出五位現代主義小說家及其代表作。

國立高雄師範大學

國文研究所

八十年度

1. 試就兩司馬作品分析漢賦與傳記文學之內容、特色與對後世之影響。
2. 詳述陸機文賦對文學發展之影響。
3. 北宋初、中期之間，各類文學普遍皆興起改革風潮，試問其主要背景因素何在？改革之成果又如何？
4. 沈璟、湯顯祖二家之戲曲主張有無不同？試舉出其代表性作品各一種，並評述之。

八十一年度

1. 劉勰文心雕龍之論晉宋間文學有云：「老莊告退而山水方滋。」試問此言所意味之時代思潮背景如何？又於文學發展上有何明顯異變？
2. 晚唐詩風有無較顯著之流派特色？其於詩文改革前之宋初詩壇影響又如何？

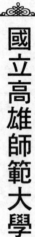

3. 試評述元散曲家馬致遠散曲的風格。
4. 試析論《三國演義》的特色及其影響。

八十二年度

1. 詞話興起之背景如何？試舉出宋人較重要之詞話專著三種，並列述其理論主張。
2. 晚明文學思潮發展之大勢如何？有何重要之散文作家？風格特色又如何？
3. 宋代的古文運動，其成就如何？試論述之。
4. 關漢卿在雜劇方面的成就如何？試詳為論述。

八十三年度

1. 詩經與楚辭為先秦韻文之兩大傑作，試詳述二者之特色及其異同。
2. 南北朝因政治之對立，在文學上亦顯現很大的差異，試就北朝之文學詳述之。
3. 試分析黃庭堅及江西詩派的詩風，及其成就與影響。
4. 試比較關漢卿與馬致遠雜劇的風格，並論述其成就。

八十四年度

1. 試述楚辭之文學價值。
2. 試述南朝文學之特色。

3.關漢卿與馬致遠在散曲方面的成就如何?其散曲風格如何?試比較論述之。

4.清桐城派古文家方、劉、姚對散文的主張為何?試論述之。

八十五年度

1.漢賦的風格特色,並以賈長沙、司馬長卿、張平子來論析。

2.三蘇的文學風格及對後人的影響。

3.論者謂小說只體至傳奇而始,何以如此?唐傳奇對後世文學有何影響?

4.明湯顯祖在戲曲上有何成就?試論述之。

八十六年度

1.我國四言詩自春秋中葉以後沈寂多時,至建安年間而有復興現象,迄乎東晉,則由迴光反照,詳細如何,請舉例說明之。

2.試論韓愈復古之意義及對後世文學所造成之影響。

3.寓言故事的層出迭見於戰國,對當時散文風格的形成有何影響?對往後中國文學的發展有無作用?請舉例說明之。

4.李清照主張分別詩詞場域,提出詞「別是一家」之說,請分別說明其詞作品及詞學理論的特點。

八十八年度

1. 試述《詩經》的題材內容及其藝術特色。
2. 沈德潛《古詩源》中評陶淵明與謝靈運詩之「自然」，謂：「陶詩合下自然，不可及處，在真在厚。謝詩追琢二返於自然，不可及處，在新在俊。」請舉以釋之。
3. 有說昌黎作詩如作文，東坡作詞如作詩。何故？請分別說明之；並分別論述其詩史、詞史上之特殊地位。
4. 試說明以下諸人在文學史上的成就與影響。
(1)張惠言
(2)馮夢龍
(3)袁宏道
(4)馬致遠
(5)紀昀

八十九年度

1. 何謂《詩．小序》？作者何人？立論重點及訛謬為何？對後世詩詞創作與批評有何影響？
2. 何謂「建安風骨」？對後世詩歌創作有何重要影響？試析述之。

3. 韓愈之所以能集六朝以來文學改革之大成，除外在種種有利於他的因素外，更重要的，應是他個人獨特的才具。請從這兩方面，詳細說明其成事之緣由。

4. 何謂公安派？竟陵派？試略述其主張及文學成就。

九十年度

1. 戰亂為人們帶來了災禍，但卻也往往豐富了某些詩人的文學生命。請以李唐「安史之亂之於老杜」為例以證實之。

2. 《四庫題要》云：「詞自晚唐五代以來，以清切婉麗為宗。至柳永而一變，如詩家之有白居易；至蘇軾而又一變，如詩家之有韓愈，遂開南宋辛棄疾等一派。……故今日尚與花間一派，並行而不能偏廢。」請據此論述唐宋主要詞派之發展，及其風格特色。

3. 南戲如何轉化為傳奇？北雜劇如何轉化為短劇？並說明其差異何在？

4. 試略述晚明文學中公安、竟陵二派的代表人、思想主張、文學成就及其與時代思潮之關係。

九十一年度

1. 曹丕《典論．論文》與陸機〈文賦〉有何精到見解？對後世文學創作與批評有何重要影響？願聞其詳。

2. 試就思想、體裁、風格技巧三方面，比較韓柳文章之異同。

3.王國維《人間詞話》曰：「古今成大事業大學問者，必經過三種境界：『昨夜西風凋碧樹，獨上高樓，望盡天涯路。』此第一境也。『衣帶漸寬終不悔，為伊消得人憔悴。』此第二境也。『眾裡尋他千百度，驀然迴首，那人卻在燈火闌珊處。』此第三境也。」請問這三組句子是誰的作品？其原意如何？王氏的引申義又如何？

4.笑話在中國的發展源遠流長，試論明清時期笑話的特色與價值，在中國笑話的發展史上所佔的地位如何？

九十二年度

1.孔子刪詩之說，始於何時？是否有當？試舉證詳予析論。

2.請問唐代古文運動與宋代古文運動有何不同？

3.何謂常州詞派？在文學史上的地位與影響為何？

4.解釋下列名詞：

(1)永明體

(2)徐庾體

(3)玄言詩

(4)吳聲

九十三年度

1. 請分別從內容與形式說明義山詩的藝術特色。
2. 何謂南戲？南戲有哪些重要聲腔？如何演化為傳奇？請敘述之。
3. 試述《詩經》、〈離騷〉、《山海經》等作品之主要內容及其對後世文學之影響？
4. 南朝晉宋間山水詩興盛的原因為何？又謝靈運、謝朓同以山水詩見長，人稱大小謝，兩人詩作的題材、風格有無不同？試說明之。

華語文教學研究所

九十二年度

1. 《詩經》在語言及章法方面有何特色？對後世文學創作有何重要影響？試條述之。
2. 魏晉南北朝為中國文學自覺的時代，其「自覺性」的實際表現如何？
3. 韓愈於唐憲宗元和十三年撰成〈平淮西碑〉。晚唐詩人李商隱〈韓碑詩〉有句云：「文成破體書在紙」，「破體」二字如何解釋？韓愈如何借「破體」以「立體」，創造獨特的散文風格？
4. 試評述《紅樓夢》的藝術成就。

九十三年度

1. 請敘述中國詩文學自先秦迄今的演變，並請舉出各階段的代表作品與作家。
2. 請至少舉三則寓言故事為例，敘述中國寓言文學的發展與主要內容。
3. 《三國演義》是我國流傳最廣、也是影響最大的一部小說，請說明這部小說在文學史上的價值和意義。
4. 試論司馬遷《史記》的文學特色及其對後世散文創作的影響。

經學研究所

九十二年度

1. 在中國詩史上，《詩經》何以被推尊為最高典範？諸君沈浸多年，諒必深有所會，願聞其詳。
2. 魏晉以下游仙詩、山水詩、田園詩的產生與清談玄風有無關係？其代表作家作品的特色為何？
3. 中國小說發展至唐代傳奇始具規模，中唐德宗時作者雲興，佳作霞蔚，頗稱極盛時期，奠定了傳奇與唐詩並稱為「一代之奇」的崇高地位。不知諸君涉獵深淺如何？請列舉五種唐人所著傳奇，簡介其內容。所舉作品如能說明其特色或影響者尤佳。

4.何謂公安派？在文學史的成就與影響為何？

九十三年度

1.明代文學思潮之變化如何？

2.漢樂府民歌的特色如何？請舉其詩明白之。

3.詞自盛唐發展至北宋末年，有何重要作家？請列舉之。並說明其在詞史上的成就。

4.《學記》：「不學博依，不能安詩。」其理安在？試舉《詩經》與《楚辭》的實例以證明之。

國立花蓮師範大學

八十七年度

1. 試述漢魏六朝唐宋賦體之因革，並舉例以說明賦體之寫作體制。
2. 試述宋元話本之體制，並分析下列話本小說之內容：〈錯斬崔寧〉、〈碾玉觀音〉、〈杜十娘怒沈百寶箱〉、〈白娘子永鎮雷峰塔〉。
3. 文體演變有其自然之勢，但有人認為《楚辭》並不源於《詩經》，試申論之。
4. 試述白居易新樂府之內容及其寫作之動機。

八十八年度

1. 白居易「新樂府」的創作意圖為何？請舉其代表篇章申說之。
2. 試論晚清譴責小說之特點及其形成原因。
3. 南戲、雜劇、傳奇為古代各具特色的戲曲，試說明其體製有何區別。
4. 道教對中國文學創作有何影響？試說明之。

八十九年度

1. 唐代〈竹枝詞〉源於民歌，其風格特色為何？試舉例說明之。
2. 吳歌與西曲同為東晉以降之樂府民歌，其形式與內容有何不同？試說明之。
3. 明人臧晉叔編選《元曲選》，為何被稱為「功魁禍首」？試由劇本之關目、曲文、賓白等方面述之。
4. 《太平廣記》的編纂，在筆記小說的研究上有何重大意義。

九十年度

1. 「傳奇」一詞名義，與時遷變，試說明之。
2. 敦煌變文對後世文學有何影響？請條舉言之。
3. 魏晉南北朝時期志怪小說興起的原因為何？其影響為何？試說明之。
4. 元代散曲大致可分為前後兩期。由蒙古滅金至元世祖為前期；世祖至元末為後期。試說明前後期作品有何不同特色。

九十一年度

1. 申論題

(1)《文心雕龍》、《詩品》、《二十四詩品》、《滄浪詩話》與《唐賢三昧集》為文學史上五部重要作品，作者為誰？成立於何時？其評詩、論詩或選詩的內容大要為何？
(2)何謂諸宮調？請由音樂結構與演唱形式分析其於元雜劇之影響。
(3)「小說與群治之關係」係何人所倡？其主要思想及主張為何？請述之。
2.解釋名詞
(1)楔子
(2)永嘉四靈
(3)陸海潘江
(4)桐城派
(5)五大聲腔

九十二年度

1.申論題
(1)試論述明代戲曲批評論中「當行」、「本色」的內容。
(2)建安、正始、太康的詩風流變如何？試舉代表作家與作品敘述。
(3)六朝時期著名的文學批評理論著作，試舉四種略述其要旨。
2.解釋名詞
(1)三言二拍
(2)董西廂

(3) 誠齋體
(4) 兒郎偉
(5) 夢窗詞

九十三年度

1. 試述「古詩十九首」的語言藝術特色及思想性。
2. 魏晉南北朝小說在形式與題材上有何特色，試述之。
3. 試述元雜劇「一本四折」劇本體製的淵源與形成。
4. 何謂「詩界革命」？其代表人及重要理論為何？

東華大學

九十二年度

1. 魯迅《漢文學史綱要》曾以「史家之絕唱，無韻之《離騷》」來讚譽《史記》。屈原《離騷》為詩歌，司馬遷《史記》則為史傳散文，二者的文學體式並不相同；魯迅聯繫二書，自然是著眼於文學作品的精神內涵。請你進一步就思想意旨與藝術風格的相通處，闡釋《史記》可以被稱為「無韻之《離騷》」的理由。
2. 文學史稱多數魏晉南北朝之小說為「志怪」，但「志怪」之精神、題材實不限於一時一代，請以縱貫文學史的角度說明中國「志怪」文學的發展。
3. 嚴羽《滄浪詩話》論宋詩「永嘉四靈」一派云：「近世趙紫芝、翁靈舒輩，獨喜賈島、姚合之詩，稍稍復就清苦之風，江湖詩人多效其體，一時自謂之唐宗；不知止入聲聞、辟支之果，豈盛唐諸公大乘正法眼者哉！」請根據嚴羽這段話，具體分析賈島、姚合的詩作風格與詩人心態，並解釋此一詩風在南宋重新興起的原因。
4. 請評述明清兩代古文之發展，並說明唐宋古文對明清古文之影響。

九十三年度

1. 阮籍、嵇康的詩時代感十分強烈，試據當日的歷史背景詳加申論，並指出兩家詩的評價及其在文學史上的地位。
2. 韓愈在文學上的整體成就如何？並從發展史的角度，論述韓愈詩文的得失。
3. 請說明喬夢符於元曲之創作成就，並說明在曲的發展過程中有何價值。
4. 清代短篇文言小說成就斐然，試說明之，並就中國古典小說的發展角度加以評論。

嘉義大學

九十年度

1. 元雜劇作家，可以略分為「劇人作家」及「詩人作家」兩種類型，試各舉二人，列出其代表作品加以說明。
2. 試分別就內容主題和寫作特色兩方面，說明《金瓶梅》一書在中國小說史上之重要價值與特殊意義。
3. 略述「賦」的起源、流派與發展概況。
4. 唐代文學何以在詩歌、散文、小說、變文等方面均有新發展、新局面，試就文學發展的內因、外緣論述之。

九十一年度

1. 《漢書·藝文志》將漢賦分成四派，試依此四派敘述漢賦發展之趨勢。
2. 試述桐城派文學主張及代表作家、作品。

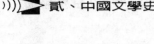

3.何謂「樂府」、「擬樂府」、「新樂府」？並說明其發展概況。

4.試說明元雜劇興盛的原因，並略述其代表作家與代表作品。

九十二年度

1.屈原作品可分為前後兩期，試舉出其後期作品五種，說明其內容與價值。

2.杜甫詩〈江上值水如海勢聊短述〉有句謂：「焉得思如陶、謝手，令渠述作與同遊。」詩中的「陶、謝」指的是哪兩位詩人？試比較此二位詩人之詩風。

3.試寫出嚴羽之文學主張？

4.試述清代亂彈的種類及其發展？

5.王國維主張「二重疏證法」強調地下出土資料之重要性。最近大陸於西元2001年公布上海博物館所收藏之楚竹書，尤其在「孔子詩論」方面，其對文學史上影響頗大，試略述其內容？

九十三年度

1.鍾嶸《詩品》說：「夫四言文約意廣，取效風騷，便可多得。然每苦文繁而意少，故世罕習焉。」何故？並舉《詩經》之後以四言為體之名家二人，說明其風格與成就。

2.何謂「騷賦」、「辭賦」、「俳賦」、「律賦」、「文賦」與「俗賦」？請略述其特徵及其主要作品。

3. 試敘述周敦頤、程頤、朱熹之文學觀。
4. 略述中國小說的起源及文言小說與白話小說的發展概況。

南華大學

八十六年度

1. 楚辭、漢賦在文學史上各領風騷，試述二者之風格特質，並析論其是否存有傳承關係。
2. 人與自然關係之察照是中國文學的重要主題之一，請就所知，敘述此一主題在魏晉南北朝文學史上的發展情形。
3. 杜甫身逢國難，目擊成詩，三吏三別之作，沈鬱獨絕，請析論諸詩寫作手法特色及其時代意義。
4. 從宋元話本、明代小說到清代小說的發展，你認為與時代社會情境有關否？請作解說。

八十七年度

1. 請說明〈古詩十九首〉所呈現的生命意識，及其在中國文學史上的意義。
2. 試論詞體的起源，並評述唐五代至南宋詞體之流變。
3. 晚清小說以譴責小說為大宗，請舉三例，說明其主題內容及時代意義。

4.李白與杜甫都是中國文學史上的重要作家，自唐時已有比較優劣之論，請就所知，說明二人的詩歌成就，並評述李杜優劣論之諸家論點。

八十八年度

1.詩與詞為傳統文人言志抒情的重要體裁，請問二者之藝術特質有何異同？並請舉例說明。

2.你認為文學創作與社會思潮、政經局勢之間關係如何？請以晚明為例，說明當時的文人心態、文學創作、文學詮釋、文學傳播等等問題。

3.請說明左列作品的時代背景、關懷主題、形式特色及其在文學史上的意義。

(1)九歌

(2)唐傳奇

(3)宮體詩

(4)洛陽伽藍記

八十九年度

1.試述古詩十九首產生的時代背景、所採用的形式及其表述的內容。

2.明末袁宏道於〈小修集序〉中嘗言：「弟足跡所至，幾半天下，而詩文亦因之以日進。大都抒性靈，非從自己胸臆流出，不肯下筆。有時情與境會，頃刻千言，如水東注，令人奪魂。」試申述其意，並論袁氏之師承及文學主張。

3.何謂五四新文學運動？並述其對當代文學的影響及其與中國現代化之間的交互關係。

4.五四以後至抗日戰爭這一個階段，中國的小說家及劇作家多半都嚮往西方的「寫實主義」，在創作上他們有沒有實現寫實主義的美學要求？請舉例以明之。

九十年度

1.中國「文學」觀念，至近代有極大的轉變，因此當我們回眸二十世紀出版之《中國文學史》，似乎均十分強調民間文學、白話文學的地位；依此，過去位居正統之「雅文學」（如：駢文……）則或遭到曲解、或遭敵視，往往扭曲了該類文學於當時歷史情境的影響與地位。今以劉大杰《中國文學發展史》為探討對象，試舉一例析論其史觀及盲點，並簡略陳述你的觀點。

2.杜甫〈戲為六絕句〉為現存最早之論詩絕句，試以此析論杜甫創作觀。

3.解釋名詞

(1)奉旨填詞柳三變

(2)清平山堂話本

(3)錄鬼簿

(4)同光體

(5)京派／海派

九十一年度

1.「文學」一詞所指涉的對象代有不同，「文學觀念」亦自代有變遷，試說明從先秦以迄魏晉「文學觀念」變遷之大勢。
2.試說明何謂「樂府詩」，並論述漢代迄唐「樂府詩」流變的概況。
3.試說明李煜、柳永、蘇軾、周邦彥四人的詞作在中國文學史上的價值。
4.試說出下列著作的時代、作者，並簡述其主要的文學見解或內容大要。
(1)詩藪
(2)錄鬼簿
(3)人間詞話
(4)河岳英靈集
(5)十二樓

九十二年度

1.何謂「楚辭」？試述其主要作家及作品大要。
2.試說明從漢代、魏晉南北朝以迄唐宋「賦體」的流變。
3.試說明唐代詩歌的發展。
4.試簡要論述下列人物在中國文學史上的地位：

(1)三祖陳王
(2)晏幾道
(3)嚴羽
(4)馮夢龍

九十三年度

1. 試比較《詩經》與《楚辭》的藝術特點。
2. 試述賦體在中國文學史上的發展。
3. 試述古文運動在中國文學史上的發展。
4. 試述明代文學群體與文學論爭在中國文學史上的影響。
5. 解釋名詞
(1)樂府
(2)傳奇
(3)《呂氏春秋》
(4)《雲謠集》
(5)三言二拍

雲林科技大學

九十年度

1. 試述《詩經》作品的年代，國別及其價值所在。
2. 請詳述唐詩、宋詩的相異之處。
3. 何以柳永、蘇軾、周邦彥代表北宋詞演進的三階段，試說明之。
4. 唐人傳奇就內容、性質可分幾類，試各類舉出若干作品以述其對後世戲劇之影響。

九十一年度

1. 試比較《詩經》與《楚辭》。
2. 王充《論衡》的文學主張。
3. 陶淵明的性情及其思想。
4. 韓愈諫迎佛骨的背景及其意義為何？
5. 明代小說發達之原因。

九十二年度

1.曹丕《典論．論文》謂：「王粲長於辭賦，徐幹時有齊氣，然粲之匹也；琳瑀之章表書記，今之雋也；應瑒和而不壯；劉楨壯而不密；孔融體氣高妙，有過人者，然不能持論，理不勝詞，以至於雜以嘲戲。」請試舉「建安七子」之詩文，以說明其風格？

2.請試以崔顥〈黃鶴樓〉詩及李白〈登金陵鳳凰臺〉詩，評論其優劣？

3.蘇軾於「潮州韓文公墓碑」碑文中，稱譽韓愈為「文起八代之衰，道濟天下之溺」，請試申其義？

4.請試說明唐代「變文」之起源及其對後世的影響？

5.請試以小說內容之性質分類，說明有清一代小說之種類有那些？並舉例說明之。

九十三年度

1.葉燮說：「韓愈為唐詩之一大變。」其意為何？試說明之。

2.試述《文心雕龍》一書之結構，並綜述全書重要主張。

3.試比較李白、杜甫詩的風格特色。

4.有謂周邦彥集北宋詞之大成，試說明之。

台北市立師範學院

八十七年度

1.《詩經》和《楚辭》在形式上有何異同？
2.李白和杜甫的詩風特色為何？試比較說明之。
3.宋話本的結構特色為何？它的出現可說是中國小說史上的一大變遷，請說明這其中的積極意義。
4.元末明初的南戲如何興起的？有何著名代表作品？請說明之。
5.民國以來之新文學運動，曾經歷「文學革命」與「革命文學」這兩個不同的階段，請就此二者在文學主張上的異同，加以闡釋較論之。

八十八年度

1.試述魏晉六朝文學批評發展之情形。
2.漢賦發展之時背景及其原因為何？請條陳以對之。

3.試論述唐代變文對於後代文學所造成之影響。
4.王國維《人間詞話》言：「詞至李後主而眼界始大，感慨遂深，遂變伶工之詞為士大夫之詞。」試說明其評價是否得當。
5.民國十年台灣的新文學運動與民國六年發生於中國的新文學運動，在理念及主張上具有何種同異關聯？請較論之。

八十九年度

1.神話與中國文學有何關聯？試論述之。
2.試述漢賦四大家之代表作品及其寫作風格。
3.元雜劇各有何代表作家及其作品？請詳述之。
4.何謂宋代說話藝術？共有幾種？現存代表作品之內容與價值如何？
5.清末由梁啟超所倡導之小說界革命，其宗旨與主張為何，請申論之。

九十年度

1.《詩經》代表周代五百多年的文學，試就社會發展的角度，論述其意義與價值。
2.請說明樂府詩的興起及其發展特色。
3.試述唐代邊塞詩興盛的原因，並舉出一首加以說明。
4.試述章回小說的來源及其形式。

5.唐代與明代之古文運動各有何代表人物與理念特點？請申論之。

九十一年度

1.試述《楚辭》的藝術價值，以及它對後世文學的影響。

2.魏晉南北朝時期有「建安文學」與「正始文學」，請比較說明兩者文學特色的異同。

3.中唐「新樂府」的代表詩人及詩歌理論為何？請詳細說明之。

4.北宋詞有那些代表作家？並述其作品特色。

5.何謂桐城派？試述其文學理論。

九十二年度

1.請比較《詩經》與《楚辭》，析論南北文學之不同處。

2.何謂「古體詩」、「近體詩」？二者有何異同，試舉詩作以明之。

3.唐宋兩代皆有古文運動，其文學理論有何異同？試論之。

4.試比較「北雜劇」與「南雜劇」體制規律之異同。

5.請以《聊齋誌異》為例，說明清代文言小說對六朝志怪和唐傳奇的繼承與創新。

九十三年度

1.先秦散文中，孟子、莊子、荀子之散文風格各有何特色？試述之。

2. 樂府詩之含義及其特色為何？其與古詩有何差異？
3. 韋莊的詞被後人稱之為「花間別調」是何理？請申論之。
4. 試述中國小戲之發展脈絡。
5. 自民國六年以迄民國十年的新文學運動中，關於文學改革的主要意見為何？請就語言、文體、內容三方面加以申論。

國立屏東師範學院

九十一年度

1. 簡答：
(1)簡述中國文學之特色。
(2)簡述中國文體之流變及其特點。
(3)分別說明「詩言志」及「文載道」的理論依據，並評述之。
(4)分別說明「他山之石可以攻錯」及「感同身受」之正解及誤解。
(5)詞之為學，意內而言外，可否簡述詞之起源、意義及其類別。
2. 可否簡述高行健「靈山」得諾貝爾文學獎提昇華文小說在世界文學地位之意義。
3. 試就(1)產生時代(2)產生方式(3)內容(4)風格(5)作者及(6)創作態度等比較《詩經》與《楚辭》。
4. 魏晉時期有何重要文學理論作家、作品？其理論如何？

九十二年度

1. 試言中國文學史上菁英文學與民間文學交互影響之情形。
2. 北宋詞的變遷約可分為幾期？試說明各期的詞風及其代表作家作品。
3. 曹丕《典論．論文》有謂：「文以氣為主，氣之清濁有體，不可力強而致。」蘇轍於〈上樞密韓太尉書〉則云：「轍生好為文，思之至深，以為文者氣之所形。然文不可以學而能，氣可以養而致。」試述二者對「氣」有何不同看法？
4. 簡述唐變文的來源及其影響。

世新大學

九十二年度

1. 何謂「楚辭」？《楚辭》一書何時編成？其中有那些是屈原的作品？
2. 揚雄有「詩人之賦麗以則，詞人之賦麗以淫」的說法。試申說其義。
3. 唐初魏徵於《隋書．文學傳序》中說：「江左宮商發越，貴於清綺；河朔詞議貞剛，重乎氣質。氣質則理勝其詞，清綺則文過其意。理深者便於時文，文華者宜於詠歌，此其南北詞人得失之大較也。」試闡說其義。
4. 「變文」的形式、構成及其類別為何？試分別說明之。
5. 下列書籍各為何人所編撰？試說明其內容大要或成書旨趣，及其在文學史上的意義。
   (1) 唐文粹
   (2) 滄浪詩話
   (3) 大宋宣和遺事
   (4) 諸宮調

(5)三言二拍

九十三年度

1. 若將兩漢散文區分為策士文、文士文、史傳文、碑傳文四類，請列出各類中的主要作者及其代表作品，並簡要說明各人的散文特色或成就。

2. 《南齊書．文學傳論》有云：「在乎文章，彌患凡舊。若無新變，不能代雄。」試以宋、齊、梁、陳四朝的五言詩為例，說明期間的「心變」歷程及代表詩人。

3. 宋詩雖導源於唐，仍能別開畦徑，大放異彩。試說明(1)宋詩有何特色？(2)唐詩與宋詩如何區別？

4. 清人朱彝尊說：「世人言詞，必稱北宋。然詞至南宋始極其工，至宋季始極其變。」試據詞體發展之大勢，加以申論。

叁

文字聲韻訓詁學

國立臺灣大學

文字學

八十年度

1. 試對六書中的「形聲」作一論述，其內容應包括：
(1)「形聲」的名義
(2)形聲字的類別
(3)形聲字義符與聲符的方式
(4)形聲字與轉注字的關係
(5)形聲字在國學研究上的價值

2. 試說明下列術語在文學上的涵義：
(1)秦書八體
(2)隸變

(3)三體石經
(4)右文說
(5)異體字

3.試述朱駿聲說文通訓定聲一書的內容，並詳論其得失。

4.解釋：
(1)籀文
(2)繆篆
(3)說文解字義證
(4)亦聲

八十二年度

1.試說明許慎的「亦聲」說，並評論其得失。

2.試運用古文字學的知識，指出說文解字的錯誤，並訂正之。
(1)各，說文解字云：「異詈也。從口夂。夂者，有行而止之不相聽意。」
(2)皆，說文解字云：「俱詈也。從比，從白。」
(3)保，說文解字云：「養也。從人，𤓽省聲。𤓽，古文孚。」

(4) 昜，說文解字云：「蜥蜴、蝘蜓，守宮也。祕書說曰：日月為易，象侌昜也。一曰從勿。」

3. 試就：(1)六書理論，(2)區分部首，(3)文字歸部，(4)分析字形，(5)闡釋字義等五方面，各舉數例說明《說文解字》一書之缺失。

4. 試論「俗字」在文字研究上之價值。

八十三年度

1. 試說明許慎對下列問題之看法，並加評論：

(1)文字的起源

(2)文字的功用

(3)文字的演變

(4)小篆的產生及其特色

(5)隸書之起源、功用與缺點

2. 詳細闡明下列文字學術語：

(1)古文

(2)增體象形

(3)〈滂熹篇〉

(4)形聲

(5)建類一首
(6)重文
(7)大徐、小徐
(8)同形異字
(9)異體字
(10)《說文釋例》

3.說明《周易》經傳對《說文解字．敘》所述文字起源與六書界說等理論的影響。

4.說明漢語的性質及其對漢字形體結構的影響。

八十四年度

1.昔聞洞庭水，今上岳陽樓；
吳楚東南坼，乾坤日月浮；
親朋無一字，老病有孤舟；
戎馬關山北，憑軒涕泗流。

(1)將上列杜甫〈登岳陽樓〉五律共四十字用小篆寫出。
(2)就上列四十字中舉象形、會意、形聲、假借各二字，並指出其本形本義，以能多舉古文字印證者為優。

2.回答下列各問題：

(1)許慎為何撰作《說文解字》？

(2)《說文詁林》、《金文詁林》、《甲骨文字集釋》各何人所纂？

(3)秦書八體中何以無所謂「古文」？

(4)研究漢代以前之古文字，除甲骨文、金文外，尚有何種資料？舉五種以對。

(5)何謂合文？舉甲骨文、金文各二例。

3.文字學知識對於學術研究甚有助益，試就下列範疇分別舉例論述之：

(1)聲韻學

(2)訓詁學

(3)斠讎學

(4)古典文學

(5)古代制度

4.古人造字時，往往採用「省體」之方式。試就會意、形聲、轉注各舉三例說明之。

八十五年度

1.閱讀下文後回答問題：

不知香積寺，數里入雲峯；

古木無人徑，深山何處鐘；

泉聲咽危石，日色冷青松；

薄暮空潭曲，安禪制毒龍。
(1)將上列王維〈過香積寺〉五律共四十字用小篆寫出。
(2)就上列四十字中舉象形、會意、形聲各二字，並指出其本形本義，以能多舉古文字印證者為優。

2.回答下列各問題：
(1)何謂「省聲」？舉二例明之。
(2)何謂「異體字」？舉二例明之。
(3)舉出甲骨學專著五種（含書名與著作人）。
(4)「說文四大家」指何人？各有何代表作？
(5)隸書之起源如何？其形構及筆法與小篆之差別何在？

3.試述有關研究文字學的重要觀念，其內容應包括下列五點：
(1)研究範圍及其相關領域
(2)研究文字學可用的材料
(3)研究文字學的基本方法
(4)研究文字學的實用價值
(5)有關文字學的重要專著

4.試根據《說文解字》一書評論許慎的假借說。

八十六年度

1. 舉出《說文》五百四十部首中被現代字書分部所沿用者五十部，並以小篆體寫出。
2. 簡答下列各題：
(1) 轉注字與形聲字有何不同？
(2)《說文》中的古文與籀文有何不同？
(3)《說文通訓定聲》與諸家《說文》注有何不同？
(4) 初文與本字有何不同？
(5) 異體字與俗字有何不同？
3. 「六書說」對分析古文字的結構是否適用？請舉例說明之。
4. 假借與通假的區別何在？又《說文．敘》舉「令、長」二字為假借之例，是否恰當，亦請評述之。

八十七年度

1.《說文》分析字形字義，偶有不當之處，試詳述之。（例多而正確者為優）
2. 試說明下列術語的意義：（每題以30至50字為宜）
(1) 秦隸書
(2) 壁中書

(3)建類一首
(4)亦聲
(5)重文
(6)新附字
(7)右文說
(8)《字彙》
(9)清代《說文》四大家
(10)部件

3.《說文．敘》中對指事的定義是否合理？指事與象形、會意應如何區別？請舉例說明之。

4.請寫出以下各字之甲骨文或金文，並據以分析其結構及本義：

(1)陟 (2)為 (3)祝 (4)保 (5)乘
(6)既 (7)啟 (8)物 (9)沈 (10)衣

八十八年度

1.試述《說文解字》在文字學上之因承與創新。

2.試以較早期之字形說明下列各字的本義：

(1)射 (2)羅 (3)並 (4)隙 (5)典
(6)祝 (7)得 (8)無 (9)羞 (10)宮

(11)告　(12)縣　(13)侖　(14)老　(15)其

3.請回答下列各小題：

(1)詛楚文。

(2)何謂甲橋刻辭？

(3)請舉例說明甲骨文「一字異形，繁簡並存」的現象。

(4)何謂字樣學？

(5)何謂古今字？請舉例說明。

(6)古文字中義近的形旁往往可以通用，請舉三例說明。

(7)《說文》有那些重文？其對文字學的研究有何功用？

4.請回答下列二組問題：

甲、請寫出下列諸字之甲、金文，並據以分析其結構及本義：

(1)受　(2)對　(3)申　(4)各　(5)若

乙、請將下列諸字隸定，並分析其結構及本義：

(1) 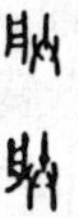　(2) 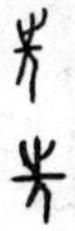　(3) 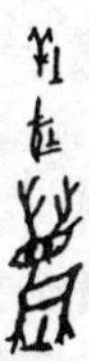　(4) 　(5) 

八十九年度

1.中國的形聲字經由何種途徑發展而成？如何判斷一個字是否屬形聲字？依其構成的過程

約可分三種形式（聲符加形符，形符加聲符，聲符加聲符），舉例說明之。

2. 寫出下列古文字形當今之何字。

(1)  (2)  (3)  (4)  (5) 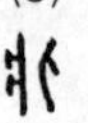

(6)  (7)  (8)  (9)  (10) 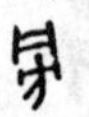

(11)  (12)  (13)  (14)  (15) 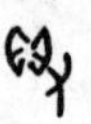

(16)  (17)  (18)  (19)  (20) 

3. 請回答下列各小題：

(1) 戰國文字之形體演變規律如何？並請就其簡化、繁化及異化三種形體變化規律舉例說明之。

(2) 許慎對《說文》古文的看法為何？是否可信？王國維對《說文》古文的看法又為何？請細說之。

(3) 請舉例說明一詞借用多字和一字借表多詞的假借現象。（例多者為優）

4. 請回答下列二組問題：

(1) 請將下列諸字隸定，並分析其結構及本義：

①  前1.40.5　②  乙766　③  父丁簋　④  粹427　⑤  前7.31.3

(2)請寫出下列部首之篆文、古文字各一，並據以分析其結構及本義（若有異說亦可提出說明）：

①夢　②苟　③印　④異　⑤韋

九十年度

1.何謂形聲字？舉例說明如何判定一個字的結構是或不是形聲字。

2.寫出下列古文字當今之何字。

(1) 　(2) 　(3) 　(4) 　(5) 

(6) 　(7) 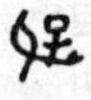　(8) 　(9) 　(10) 

(11) 　(12) 　(13) 　(14) 　(15) 

(16) 　(17) 　(18) 　(19) 　(20) 

3.請回答下列問題：

(1)字形演變中有所謂的「同化」的現象，請問何謂「同化」？請舉例說明之。

(2)請舉五個「古文字」為例，闡釋《說文．敘》中所定義的「指事」造字法則。（上、下二字除外）

(3)何謂古隸？請舉出近代出土文物中屬於古隸者四種並簡述之。

4. 何謂省形、省聲？請舉例說明之。二者是否同於後世的簡體字？亦請論說之。

九十一年度

1. 中國文字學有所謂「右聲說」，指何種現象？對文字創意有些什麼影響？詳細述明之。
2. 對古文字創意的探索，有何步驟及值得注意之點可避免穿鑿附會而得較合理的解釋，舉例述明之。
3. 寫出下列古文字當今之何字。

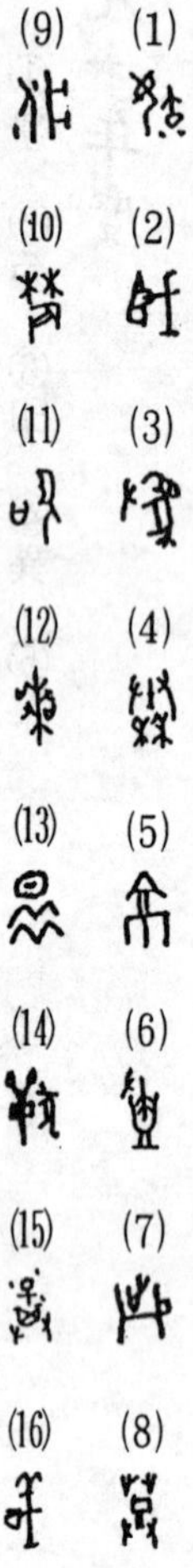

4. 請寫出下列五字之甲骨文或金文，並指出其本義。

(1)興 (2)監 (3)侖 (4) (5)各

5. 秦系文字的正體與俗體有何不同，其特色與區別為何？
6. 假借與引申有何不同，請析論之。
7. 增體（合體）象形和增體（合體）指事區別何在？（舉例說明者為優）；二者是否有混

淆之處？

8.六書的時代意義及其局限何在？

九十二年度

1.中國文字學有所謂「右聲（或右文）說」，指何種現象，有何流弊，詳細說明之。

2.就目前的資料看，中國文字的體系約始於何時？舉證說明之。

3.隸定以下古文字為今日文字。

(1)  (2)  (3)  (4)  (5) 

(6)  (7)  (8)  (9)  (10) 

(11)  (12)  (13)  (14) 

4.形聲字「多聲」的情形是否可能？請舉例說明之。

5.請解釋下列名詞：

(1)何謂籀文？

(2)何謂合文？

(3)何謂析書？

6.分析小篆構字，何以甲骨文、金文、戰國文字具有補苴罅漏的功能？試舉例以證之。

7. 關於會意，蔣伯潛《文字學纂要》云：「『合誼』是會合其義，比合二個以上的已有之文底意義，以表現造字者對於此新字之義之指趣意向，叫做「會意」。「會」是會合之會，並非領會之會。會意是會合所合各體之意義，不是領會合成的新字之意義。」蔣氏之說是否正確，請評論之。

8. 請將下列諸字的釋文和本義寫出：

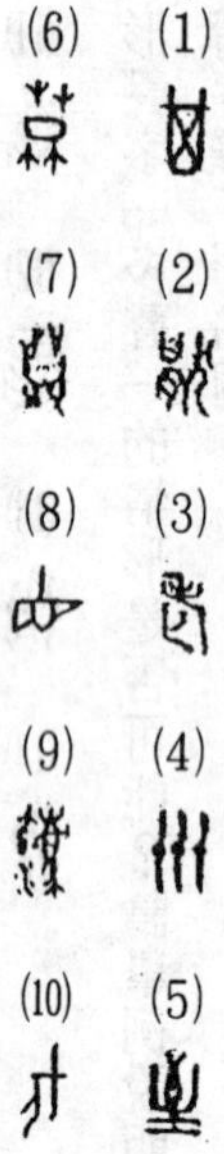

九十三年度

1. 舉證說明，學者常因何種觀點的差異而對一字的類屬有象形或象意字的區別。

2. 簡述《說文解字》編撰的背景、內容，以及清代「說文學」四本名作。

3. 隸定以下古文字為今日之文字。

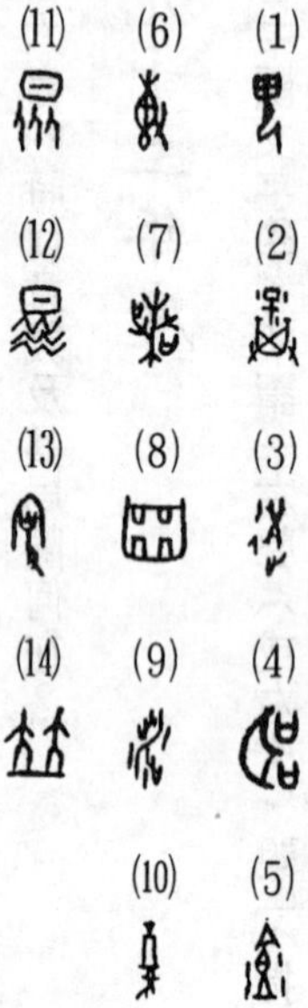

4.形聲字產生的途徑為何？請分析之。
5.何謂古今字、異體字、通假字？在文獻用字上，如何區別三者？請舉例說明。
6.「三書說」有那些說法？請評論之。
7.請寫出下列各字之古文字字形。
(1)尹 (2)冊 (3)甘 (4)弄 (5)寒 (6)行 (7)戍 (8)它 (9)衣 (10)美

聲韻學

八十年度

1.試以聲韻學知識回答下列問題：
(1)你如何分辨國語的「簾子」與「蓮子」，「今兒」與「雞兒」？
(2)王力以為連綿詞多雙聲疊韻，「舒服」一詞必不出現秦，何以故？
(3)齊佩瑢言假借之例，舉「論語鄭注：『純讀為緇』以為說，是否可成立？何以故？
2.試說明「詩國風關關雎鳩在河之洲」諸字之上古韻部。
3.國語讀成ㄐㄧㄢˋ（tɕan˥）的語詞，有可能來自韻的哪些韻當中的哪些聲母？試說明理由。
4.切韻和韻鏡在性質上有何差異？它們對研究中古音各提供哪方面的訊息？

八十一年度

1.平劇分尖團音，如蘇三起解中「將身來在大街前」，「將」「在」「前」讀尖音（ts，ts'，聲母），「街」讀團音（聲母）試從漢語發展史的角度說明這種尖團音對立的原因。

2.下列說明若有錯誤，請予改正。

「中原音韻分十九個韻類，每一個韻類之內都有四個聲調，每一個聲調都有來自古入聲的字。」

八十二年度

1.廣韻脂韻有反切「私，息夷切」，被切字與反切上下字國語分別讀為si˥，ɕi˧˥，i˧˥。請回答下列問題：

(1)為什麼中古同韻的字，今國語會有ɿ、i韻母的不同？

(2)為什麼「息」、「夷」讀陽平調？為什麼「私」讀陰平調？

2.試指出下列各字各在上古何韻部：

(1)覽　(2)宮　(3)盟　(4)蔽　(5)遲

(6)佚　(7)巧　(8)席　(9)讀　(10)馴

3.我們在討論中古音系的時候，需要用到當時人編寫的韻書、韻圖，韻書、韻圖並且要互相配合著使用。韻書、韻圖為什麼要互相配合著使用呢？試說明其原因。

4.我們在擬測中古音系的時候，需要借助現代漢語方言的材料。是什麼原因，使我們在「擬測中古」的時候，要「借助現代」呢？

八十三年度

1.國語不送氣的塞音與塞擦音，在陽聲韻裡都沒有陽平調的字，陰聲韻裡除去由古代入聲變來的字以外，也沒有陽平調的字。試解釋沒有陽平調字的原因。

2.以下為《廣韻》某韻中的反切，試以陳澧系聯法來整理這些反切。然後在答案紙上說明：

(1)這些反切的反切下字可分為幾類？

(2)各類的反切下字是？

逞，丑郢切

靖，疾郢切

眳，亡井切

省，息井切

頃，去穎切

領，良郢切

整，之郢切

井，子逞切

郢，以整切

穎，餘頃切

3.《莊子．德充符》「使日夜無郤而與物為春」，章太炎引《說文》「春，推也」為說。其說當否？試以古音知識評之。

4.試指出「多見闕殆，慎行其餘」諸字之上古韻部。

八十四年度

1.《論語．先進》曾晳言志曰：「莫春者，春服既成，冠者五六人，童子六七人，浴乎沂，風乎舞雩，詠而歸。」您覺得這段文字像不像一首詩？試從語言聲韻的觀點說明理由。

2.報章雜誌上常看到的語助詞有「啊」、「哪」、「呀」、「哇」等等，它們可接在各種詞之後作為語助之用。您認為「天」、「好」、「來」這三個字可以接什麼樣的語助詞？請就上列「啊」等四字作選擇（可複選），並請從語言聲韻的角度說明理由。

3.以下有五個聯綿詞，每個聯綿詞的上下字如果不是常用字，會註明《廣韻》的反切。試從上古音的角度，說明這些聯綿詞是雙聲？疊韻？或者非雙聲也非疊韻？（例如：鸚鵡——非雙聲也非疊韻，蹉跎——疊韻）

(1)湢，彼側切　汃，阻力切

(2)顜，于禁切　齘，胡介切

(3)蝴蝶

(4)倉庚

(5)嗌，伊昔切　喔，於角切

4.以下各一小題敘述從古到今的語音變化，試說明其變化的方式。（例如：精系字聲母在《中原音韻》時期是ts、tsh、s，現代國語於細音前讀為tɕ、tɕh、ɕ。其語音變化的方式即顎化。）

(1)魚部開口一等字主要元音在上古是*a，現代國語是u、現代閩南方言廈門話是？；如「姑」上古*kag、國語ku，廈門話k?。

(2)並、定、羣母在中古音分別為b、d、g，現代四縣客家話讀ph、th、kh。

(3)入聲字的韻尾在中古是p、t、k，現代吳方言只有一個，就是?。

(4)《中原音韻》東鍾韻的唇音字，韻母是uŋ，現代國語讀əŋ；如「蜂」《中原音韻》fuŋ、國語fəŋ。

5.山攝開口三等字中古韻母為æn（不計介音），現代官話方言西安話是ã。

八十五年度

1.國語的tɕin˨˩˦（ㄐㄧㄣˇ）、san˥˩（ㄕㄢˋ）二音可能分別來自中古哪些聲母？哪些聲調？在這些可能性當中，有什麼樣的條件限制？

2.請指出下列引號內各字於古韻二十二部中所屬何部。

「國立臺灣大學考試題目」

3. 請討論漢語入聲字之演變情形：

(1)在代表上古音時期的《詩經》裡，何以會有入聲字與陰聲字一起押韻的現象？

(2)中古音時期的詩歌（如唐詩）裡，入聲字已不再和陰聲字押韻了，何故？

(3)到了元代中原音韻時期，入聲字已經消失，周德清在序言中說：「音韻無入聲，派入平、上、去三聲」，請說明中古入聲字演變至現代國語中，是如何派入平、上、去三聲？其規則如何？

4. 請分析下列國語和現代漢語方言中的語音現象是符合何種音韻演變規律？（如：顎化、同化……）

(1)國語翻譯英語「bus」為巴士，廣東話借入英語「stick」發為〔tɪtɪk〕之語音。

(2)說國語時，「中山北路」之發音變為〔tʂuŋ˥ʂan˥pei˨˩˦lu˥˩〕。

(3)眠、天（廣韻山攝先韻）、敢（咸攝敢韻）三字，在現今閩南語音中發音分別是〔mi〕、〔ti〕、〔kã〕（聲調不論）。

(4)現代福州方言入聲字尾已從早期的-p、-t、-k 演變成-ʔ。

(5)國語裡「崖」字讀音為〔iaiʎ〕，但在一般大多數人的語音裡都是變成〔aiʎ〕的發音。

八十六年度

1. 請為下列這首唐詩每一個字標出它屬平或屬仄：

玉露凋傷楓樹林　巫山巫峽氣蕭森
江間波浪兼天湧　塞上風雲接地陰
叢菊兩開他日淚　孤舟一繫故園心
寒衣處處催刀尺　白帝城高急暮砧

2. 下列敘述可能有誤，請予以改正，並請簡述理由：
「廣韻『如之切』，國語讀為ʐʅ˧˥。『日』字是與『如之切』相承的去聲字，國語讀為ʐʅ˥˩。」

3. 試指出下列這兩段文字押韻之處，並請寫出所押為何部韻：
(1)「古之畜天下者無欲而足無為而萬物化淵靜而百姓定」（《莊子．天地篇》）
(2)「物類之起必有所始榮辱之來必象其德肉腐出蟲魚枯生蠹怠慢亡身禍災乃作強自取柱柔自取束邪穢在身怨之所構」（《荀子．勸學篇》）

4. 國語中「謝謝」一詞，用國際音標來標音是ɕie ɕie（聲調不計）。而在台灣本地通行的「台灣國語」中，「謝謝」常常被說成se se（聲調也不計），從ɕie ɕie到se se，很明顯的不同是少了介音i。不過，何以國語的聲母是ɕ，「台灣國語」的聲母是s？請解釋原因。

5. 「聲韻學」課程教了我們如何由國語的讀音向前追溯，逆推出中古的讀音。另一方面，對於中古音和上古音之間的聯繫，我們也有相當的瞭解。所以，有時候把國語和上古音的知識相結合，更能確定中古的讀音。舉一個實際的例子。從國語讀音推論，「鉗」在中古可能是羣母，也可能是從母。單憑國語，無法判斷。不過，從國語可以判斷「甘」在中古應為見母。這樣一來，從「甘」得聲的「鉗」就只會是羣母。等於說單從國語無法決定的事，一旦加入上古的考慮，也許變得比較明朗。

以下有五個字，「蹉」、「嗟」、「差」（國語讀音tsha陰平）、「嵯」（國語讀音tshuo陽平）、「差」（國語讀音tshai陰平）。（「差」有兩個讀音，姑且算成兩個字，已分別註明其讀音，並且標上阿拉伯數字1、2以示不同。）

試由國語讀音以及你對上古、中古音的瞭解，

⑴推測這五個字在中古時候的聲母，⑵說明這五個字在上古屬於那一個韻部。

注意：為統一名稱起見，答第⑴題的時候，中古聲母只限於選擇使用下列名稱：幫、滂、並、明、非、敷、奉、微、端、透、定、泥、知、徹、澄、娘、見、溪、羣、疑、影、曉、匣、喻三、喻四、精、清、從、心、邪、章、昌、船、書、禪、莊、初、崇、生、來、日。答第⑵題，上古韻部只限於選擇使用下列名稱：之、幽、宵、侯、魚、佳、歌、脂、微、祭、元、文、真、耕、陽、東、中、蒸、侵、談、葉、緝。如果使用其他名稱，將不予計分。

八十七年度

1. 請根據音韻知識欣賞杜甫「直北關山金鼓震，征西車馬羽書馳」（〈秋興〉八首之四）聲韻之美。

2.《說文解字》曰：「逆，迎也。關東曰逆，關西曰迎。」請根據音韻知識分析這個說法。(《廣韻》：「逆，宜戟切（陌韻）」、「迎，語京切（庚韻）」)

3.國語「老子」一詞可以有不同的讀法，(1)請問是哪幾種讀法？請用國際音標和五點制標調法標出讀音。(2)試由構詞、語義兩方面，說明產生這些異讀的原因。

4.以下四個詞彙見於廈門或漳平（也在福建省）地區的閩南語。四個詞彙中的每一個字並且加註了《廣韻》的韻目、反切。

甲、廈門「筆鍩」(「筆鍩」指「毛筆的套子」)：「筆」音pit；「鍩」音that。《廣韻》：「筆」在質韻，鄙密切；「鍩」在合韻，他合切。

乙、廈門「按劍相逢」：「按」音am；「劍」音kiam；「相」音cioŋ；「逢」音hoŋ。《廣韻》：「按」在翰韻，烏旰切；「劍」在梵韻，居欠切；「相」在陽韻，息良切；「逢」在鍾韻，符容切。

丙、漳平「範」(「範」指「榜樣」)：「範」音pan。《廣韻》：「範」在范韻，防錽切。

丁、廈門「木蝨」(「木蝨」指「臭蟲」)：「木」音bat、「蝨」音sat。《廣韻》：「木」在屋韻，莫卜切；「蝨」在櫛韻，所櫛切。

根據每個字的《廣韻》韻目，可以推出此字在中古屬於十六攝裡的那一攝，並進而知道此字在中古時期的韻尾。於是就會發現，這四個詞彙中有些字其現代閩南語的韻尾與中古時期的韻尾不同。(1)列出這些字，以及這些字在中古時期的韻尾。（注意：韻尾必須以國際音標作答，否則不計分。）⑵再請解釋是什麼「語音變化」（phonetic change），使得這些字其中古時期的韵尾與現代閩南語的韵尾不同？

5. 請說明中古從早期《切韵》系統的韵書，到晚期韵圖之間，韵母方面大的演變方向為何？

八十八年度

1. 以下三小題，原文均摘自三國東吳沈瑩《臨海水土異物志》。〔記載當時浙南、閩北——或許還有臺灣——的原住民、特產動植物；全書已失傳，後人有輯佚。〕原文未附標點，請先行句讀。試運用古韻分部的知識，依下列方式回答問題：如果某小題有押韻的句子，請將押韻句子中作為「韻腳」的字寫出，並註明屬於古韻哪一部。如果根據古韻知識，某小題中若干句子需要顛倒排列，使之與上下文的句子一起押韻；也請將需要顛倒的句子寫出，並註明在顛倒後作為「韻腳」的字，與上下文句子的「韻腳」均屬於古韻哪一部。如果某小題句子全不押韻，僅需以「不押韻」作答。〔注意：古韻分部，各部名稱概依董同龢《漢語音韻學》二十二部的名稱；否則不予計分。而同一小題中，是否可能有「若干句子押古韻某一部、另外若干句子押另一部」的情形？請自作判斷。至於所謂「若干句子需要顛倒排列」，僅限某些彼此相鄰的句子；且顛倒後不影響原文意義上的通順。〕

⑴陽遂足此物形狀背青黑腹下正白有五足長短大小皆等不知頭尾所在生時體軟死即乾脆

(2)毛人之洲乃在漲嶼身無衣服鑿地穴處雖云象人不知言語齊長五尺毛如熊豕眾輩相隨逐捕鳥鼠

(3)楊桃似橄欖其味甜常五月十月熟諺曰楊桃無蹙一歲三熟其色青黃核如棗核

2.根據中古音的相關知識，回答下列問題：

(1)中古時「先」、「仙」二字究竟同音或不同音，如何以簡便的方法判斷？

(2)現代國語二字同音，如何解釋？（注意：回答第(2)小題，可能會使用國際音標（IPA），請避免使用注音符號，否則不予計分。）

3.試由下列諧聲關係，說明：(1)各組諧聲字反映的上古聲類現象。(2)各諧聲字之中古聲類歸趨。

(1)宧、洍、姬。

(2)谷、欲、容、俗。

(3)羊、祥、姜。

(4)余、徐、途。

(5)攸、修、條。

(6)龍、寵、龐、龔。

(7)翏、謬、瘳、膠。

(8)吏、使。

(9)命、令。

4.從漢語音韻史的角度來看，國語音系與中古音的音韻差異為何？試舉例說明。
⑽各、客、路。

八十九年度

1.請指出《管子．牧民下》一段文字的韻腳字，其於古韻二十二部所屬何部？
國多財則遠者來地辟舉則民留處倉廩實則知禮節衣食足則知榮辱上服度則六親固四維張則君令行。

2.請分析下列唐詩聲韻的美感：
支離東北風塵際，漂泊西南天地間。三峽樓臺淹日月，五溪衣服共雲山。羯胡事主終無賴，詞客哀時且未還。庾信平生最蕭瑟，暮年詩賦動江關。（杜甫〈詠懷古跡五首〉之一）

3.《莊子．逍遙遊》「故夫知效一官，行比一鄉，德合一君，而徵一國者，其自視也亦若此矣。」郭慶藩謂「成疏讀而為轉語非也，而字當讀為能，能而古聲近通用也。官鄉君國相對，知行德能亦相對，則而字非轉語詞明矣。」試以聲韻學知識評論此說當否。

4.⑴《呂氏春秋．恃君》「豫讓欲殺趙襄子滅鬚去眉自刑以變其容為乞人而往乞於其妻之所其妻曰狀貌無似吾夫者其音何類吾夫之甚也又吞炭以變其音」，《太平御覽》卷八百七十一〈火部四．炭〉引用《呂覽》這段話作「豫讓欲報襄子滅鬚去眉變其形容作乞人往乞於其妻其妻曰然貌無似吾夫者其因何類吾夫之甚讓乃吞炭而變其聲」（《呂覽》原文、《御覽》引文均無標點，請自行標點）。由於《御覽》係引《呂覽》之大意，大部分句子僅求與《呂覽》意思相當，不求與《呂覽》原文每個字都完全一致。不過，《呂覽》原文中有一個字，《御覽》引文本來應該照抄，卻由於從上古到宋代，這個字經歷了語音的演變：宋代編輯《御覽》的時候，寫了當時「語音相同」的另一個字。於是《呂覽》原文中這一個字，和《御覽》引文中另一個字遂形成「異文」。請從《呂覽》原文、《御覽》引文中，找出這兩個字；並請說明何以從上古到宋代，經歷了語音的演變，因為宋代「語音相同」，這兩個字遂彼此形成「異文」？（提示：此處所說「語音的演變」，某些地區唐代就開始，某些地區明代才完成。）

(2)《呂氏春秋．勿躬》「巫咸作筮」，《史記．殷本紀》「帝祖乙立，殷復興，巫賢任職」。或認為《呂覽》「巫咸」即《史記》「巫賢」，試評論這個看法。

回答(1)、(2)的問題，若需要使用聲韻學專有名詞，概以董同龢先生《漢語音韻學》書中記載者為準。否則恕不計分。

5. 美國黑人民權運動領袖Martin Luther King，他的姓「King」，或譯「金恩」、或譯「金」。「恩」字如何，且不論。單以「金」而言，請從國語「金」聲母、主要元音的角度，說明何以用「金」翻譯「King」？

回答這個問題，必須使用國際音標。否則恕不計分。

九十年度

1.請指出《周易》乾卦下列一段文字之韻腳，以及各屬古韻二十二部之何部。

「象曰天行健君子以自彊不息潛龍勿用陽在下也見龍在田德施普也終日乾乾反復道也或躍在淵進無咎也飛龍在天大人造也亢龍有悔盈不可久也用九天德不可為首也」

2.請指出下列括弧中各字在中古時代屬於平上去入哪一種聲調。

搖「落」深知宋「玉」悲，風流「儒」雅「亦」吾師。悵望千秋「一」灑淚，蕭條異代「不」同時。江山「故」「宅」空文藻，雲雨荒臺豈夢思。最是楚宮俱「泯」「滅」，舟人「指」「點」到今疑。

3.平常閱讀內有押韻的古典文學作品（辭賦、詩、詞、曲……），也許會遇到下列問題：

⑴某一篇內有押韻的古典文學作品，或以為是A時代的作品、或以為是B時代的作品、或以為是C時代的作品……，然則此篇作品究竟是那個時代的作品？

⑵某一篇內有押韻的古典文學作品，或以為是A文人的作品、或以為是B文人的作品、或以為是C文人的作品……——A、B、C……文人㈠可能生活於相同或相近的時代，㈡也可能生活於不同的時代，然則此篇作品究竟是誰的作品？

運用「聲韻學」課上學到的知識，有時候可以對⑴、⑵㈠㈡的問題，提供一些解決的線索。請說明如何運用「聲韻學」的知識，有時候可以對⑴、⑵㈠㈡，提供一些解決的線索。

4.(1)《廣雅．釋詁》「氣息也」，王念孫《廣雅疏證》「爾雅氣靜也靜即休息之意邶風谷風篇伊余來塈大雅假樂篇民之攸塈毛傳並云塈息也塈與氣通」。(2)《廣雅．釋器》「桯几也」，王念孫《廣雅疏證》「方言榻前几江沔之間曰桯……說文桯床前几也廣韻云床前長几也桯郭璞音刑桯之言經也橫經其前也牀前長几謂之桯猶牀邊長木謂之桯士喪禮下篇注云輁狀如長床穿桯前後著金而關軸焉是也」。（此處引用古籍或注疏，均未標點，請自行標點。）

(1)、(2)各引用一段王念孫的《廣雅疏證》。這兩段《廣雅疏證》都運用上古音的知識，解釋某些字彼此間的關係。請將(1)、(2)兩段《廣雅疏證》中，所運用的上古音知識、對某些字彼此間關係的解釋找出來；並且以現在學到的上古音知識，判斷王氏之言為是？為非？

5.諧聲字「松」从「公」得聲，今天以國語讀之，兩字韻母仍然相同；「江」从「工」得聲，今天以國語讀之，兩字韻母卻有差別。為什麼？請以國際音標寫出此四字國語的韻母，並請說明原因。

九十一年度

1.王念孫《讀書雜志》於《戰國策》韓策「馳南陽之地」，以為「馳」是「移」的假借。根據上古音知識來看，這個說法是否可能？試說明其故。（按：「馳」在《廣韻》支韻，直離切；「移」在《廣韻》支韻，弋支切。）

2.請根據古今音變例的知識，用國語讀出下列三個《廣韻》反切的讀音。聲母和韻母請利用國際音標標注，聲調請用五度制標調法標注。

(1)而琰切（琰韻）

(2)古閑切（山韻）

(3)遲倨切（御韻）

3.日常生活中，我們可能遇到某些音節因為音同、音近，所以「諧音」的情形；例如：電話號碼「九三（三，《廣韻》談韻開口蘇甘切）零」諧音「救山（山，《廣韻》山韻開口所間切）林」、成語「冷嘲熱諷（諷，《廣韻》送韻三等方鳳切）」諧音商店名稱「冷巢熱奉（奉，《廣韻》腫韻扶隴切）」。請以國際音標寫出「三」與「山」、「諷」與「奉」的國語語音、以「第一、二、三、或四聲」寫出「三」與「山」、「諷」與「奉」的國語聲調；然後說明從中古到現代，何以「三」與「山」、「諷」與「奉」會諧音？

4.為了押韻，古書同一句話中，可能有「倒文協韻」的情形——假設由a至n是同一句話，

a b…n－3 n－2 n－1 n

a是這句話第1個字、b是第2個字、…、n－3是最後數過來第4個字、n－2是最後數過來第3個字、n－1是最後數過來第2個字、n是最後數過來第1個字。（古書固然有一句超過四字者，也有一句四字、三字、二字者；請不必拘泥「由a至n」的假設，以為每句必超過四字。）相鄰的n－3＋n－2＋n－1＋n、或者n－2＋n－1＋n、或者n－1＋n，同屬於這一句話中，語法上的一部分（例如：同屬於一或兩個詞或詞組）。為了押韻，

(A)原先的n－2與原先的n互相對換，或者(B)原先的n－1與原先的n互相對換；新的、經過對換的n成為韻腳，與上或下文的其他句子押韻。下面(1)、(2)、(3)、(4)、(5)、(6)六段話，請判斷是(1)、(2)、(3)、(4)、(5)、或(6)，有(A)或(B)的情形？也請說明押什麼部的韻？韻腳為何？

(1)《荀子．成相》「世之災妒賢能飛廉知政任惡來卑其志意大其園囿高其臺」

(2)《詩．下泉》「冽彼下泉浸彼苞蕭愾我寤嘆念彼京周冽彼下泉浸彼苞著愾我寤嘆念彼京師」

(3)《莊子．達生》「工倕旋而蓋規矩指與物化而不以心稽故其靈臺一而不桎」

(4)《天問》「馮珧利決封豨是射何獻蒸肉之膏而后帝不若」

(5)《淮南子．原道》「無所左而無所右蟠委錯紾與萬物終始」

(6)《尚書．洪範》「歲月日時無易百穀用成又用明俊民用章家用平康」

九十二年度

1. 下列一段文字出於《莊子．在宥》，此段文字韻散夾雜，請指出哪些字彼此押韻，並根據古韻二十二部之分部，指出各韻腳所屬韻部名稱：

「施及三王而天下大駭矣下有桀跖上有曾史而儒墨畢起於是乎喜怒相疑愚知相欺善否相非誕信相譏而天下衰矣大德不同而性命爛漫矣天下好知而百姓求竭矣於是乎釿鋸制焉繩墨殺焉椎鑿決焉天下脊脊大亂罪在攖人心故賢者伏處大山嵁巖之下而萬乘之君憂慄乎廟

堂之上」

2.中古「舅」（有韻，其九切）、「舊」（有韻，巨救切）、「救」（宥韻，居祐切）、「就」（宥韻，疾僦切）讀音不同，演變至今，國語此四字讀音相同。試述其故。

3.清末或民初學者云：

(1)王氏懷祖曰大疋民勞篇無縱詭隨以謹無良詭古讀如果隨古讀若誚毛傳云詭隨詭人之善隨人之惡者按詭隨疊韻字不得分訓詭隨即無良者蓋謂譎詐欺謾之人也案王說甚確詭隨即方言之鬼誚毛傳分訓為二義失之

荀子修身篇云倚魁之行非不難也楊倞注云倚奇也魁大也案倚魁即詭隨之倒文乃疊韻字之表象者也楊注分訓失之。

(2)爾雅釋獸麋牡麔牝麎牡麌牝麜秦風駟驖篇奉時辰牡辰即麎之叚字詩言麎牡猶襄四年左傳言麀牡也蓋以凡獸言之則為牝牡專以麋言則為麎麔專以鹿言則為麀麌乃詩言麎牡傳言麀牡牡者通凡獸而言其大名也曰麎曰麀專以麋鹿言其小名也

請以「聲韻學」課程學到的知識，簡潔扼要闡明上面引文(1)(2)的重點，並且簡潔扼要評論這些重點說得對不對。

九十三年度

1.元朝仇遠《八犯玉交枝——招寶山觀月上》詞「不知是水是山，不知是樹，漫漫知是何處？倩誰問凌波輕步，謾凝睇乘鸞秦女。想庭曲霓裳正舞，莫須長笛吹愁去，怕喚起魚龍，三更噴作前山雨。」以現代國語來唸，畫線的韻腳字（樹、處、步、女……）似乎並不押韻（聲調暫不考慮）。然而在近代漢語的元朝，這些韻腳字仍然可以押韻。

請說明：這些韻腳字為什麼在元朝可以押韻，現代國語卻不押韻。

2.《詩經．邶風．匏有苦葉》「匏有苦葉，濟有深涉，深則厲，淺則揭。……招招舟子，人涉卬否。人涉卬否，卬須我友。」上古漢語中，這裡的「卬」（與「昂」同音，《廣韻》均為唐韻五剛切）與古書習見的「吾」（《廣韻》模韻五乎切），意思都是指「我」。不僅如此，上古漢語中，這裡的「卬」、古書習見的「吾」，由於在聲母、韻母方面都有密切的關係（聲調暫不考慮）；所以「卬」、「吾」兩者係「訓詁學」所稱的「轉語」，《詩經．邶風．匏有苦葉》的作者寫成「卬」、一般古書寫成「吾」。

請說明：上古漢語中，「卬」、「吾」在聲母、韻母方面具有什麼樣密切的關係；所以兩者係「轉語」，古書或寫成「卬」、或寫成「吾」？

3.(1)「瑞」《廣韻》寘韻是偽切，現代國語讀成ʐuei（聲調暫不考慮）。從中古音演變到現代國語，「瑞」合或者不合於演變規律？

(2)如果假設某位操現代國語口音的人翻譯Switzerland、Sweden為「瑞士」、「瑞典」；會讓人覺得以「瑞」ʐuei翻譯Switzerland、Sweden的前半截（也就是畫線的部分），有些奇特。所以讓人懷疑是某位操現代某處漢語方言口音的人，翻譯Switzerland、Sweden為「瑞士」、「瑞典」；他的口中，「瑞」不讀成ʐuei。這位操現代某處漢語方言口音的人，把「瑞」讀成什麼？

4.下列敘述可能有誤，請予以改正，並請簡述理由：

「切韻系韻書反切的製作原則是反切上字與被切字同聲母，反切下字與被切字同韻母、同聲調，因此若按照規律來讀，廣韻巧韻的「薄巧切」今日國語應讀為ㄅㄧˇㄠ。」

5.荀子非相篇說「伊尹之狀，面無須麋」，請根據上古音知識解讀這一段文字。

國立臺灣師範大學

八十年度

1.下列各字，據說文以說明其形構及六書所屬，如以為說文形構有誤，亦可列證改正之。
(1)方 (2)裘 (3)血 (4)爨 (5)毋

2.試舉例說明形聲字形符之功能。

3.陳蘭甫系聯廣韻切語上下字，若遇兩兩互用而不能系聯時，其處理之法若何？其法若窮，有無其他方法可資補救？試就所知，舉例以說明之。

4.試就下列廣韻切語，說明其切語下字屬何韻部？並說明其開合等第。
(1)蓤 子紅切 (2)揮 許歸切 (3)桓 胡官切
(4)琴 巨金切 (5)靜 疾郢切

5.詩大序云：「風，風也。」試說明此同字為訓之特殊作用。

6.說文段注云：「後代譌字，亦得自冒為叚借。」是否譌字皆得自冒為叚借？試為論析，並舉例以明之。

八十一年度

1.下列各字，試據說文釋其形構及六書所屬，如說文有誤，亦可舉證辨正之。

⑴夫 ⑵卂 ⑶晶 ⑷鼎 ⑸予

2.試據說文解字敘，說明會意字之界義，並就許氏所言闡發其義蘊。

3.試就下列諸切語，說明其反切上字屬何聲紐？為清聲抑濁聲？反切下字屬何韻部？屬何等呼？為陰聲、陽聲抑入聲？

⑴集 秦入切 ⑵弋 與職切 ⑶隙 綺戟切

⑷剜 一丸切 ⑸扶 防無切

4.孔廣森詩聲類、陰聲九部、陽聲九部，如此整齊，其著眼點何在？試就所知而闡釋其理。

5.何謂推因？音訓是否即是推因？又推因有何專門用語？

6.方言二：「苦，快也。」郭璞注云：「此訓義之反覆用之是也。」其後爰有反相為訓之說，試論郭注之是非。

八十二年度

1.試就下列各字，據說文說明其形體結構，六書所屬，如認為說文有誤，亦可列證改正之。

(1)我 (2)本 (3)子 (4)鹵 (5)求 (6)葬

2.中國文字之演化，有所謂「類化」與「分化」之現象，試舉例說明之。

3.試就下列詩篇，說明其韻腳，屬古韻何部？

陟彼岵兮，瞻望父兮，父曰嗟予子，行役夙夜無已，上慎旃哉，猶來無止。《詩．魏風．陟岵》

4.何謂對轉？何謂旁轉？何謂旁對轉？試舉一例說明之。

5.試就所知討論相反為訓究竟能否成立。

6.訓詁中之假借每有義亦相近之現象，試問義之相近是否即可認為假借必要條件之一？

八十三年度

1.下列各字，據說文以說明其形義及六書所屬，如以為說文之詮釋有誤，亦可舉證以改正之。

(1)易 (2)萬 (3)十 (4)周 (5)灋

2.試舉例說明轉注字之定義、條件及類別。

3.何謂歸字？何謂檢韻？二者有無區別？試舉例說明之。

4.王念孫與江有誥皆分古韻為二十一部，二者有無區別，試就所知而分析之。

5.何謂「詞序」？試舉例說明詞序與訓詁之關係。

6.「異體」與「異文」有何區別？能否說明此二者與訓詁之關係？

八十四年度

1. 試據說文解字一書以詮釋下列各字之形義，若以為說文之解釋有誤，亦可舉證以正之。
(1)父 (2)釁 (3)車 (4)禮 (5)卒
2. 試舉例說明用字假借與造字假借之差別，並分析二者之關係。
3. 試說明考古派古音學家與審音派古音學家最大之差異何在？
4. 何謂重紐？重紐現象是如何發現的？廣韻的哪些韻具有重紐字？學者如何解釋重紐字在語音上的區別？或者其區別另有其故？試就所知以對。
5. 訓詁術語中有言讀為者，有言讀若者，又有言讀曰者，亦有言讀如者。以上諸名意義有否差異？試加歸類，並舉例以詳釋之。
6. 訓詁之方法除「以形索義」外，尚有「因聲求義」之方，何以會有「因聲求義」之訓詁方法，試舉例說明其原因。

八十五年度

1. 形符與聲符於形聲字中具有那些作用？
2. 試條述說文解字一書之價值。
3. 試就下列切語，說明其反切下字，屬何韻部？屬何等第？為開口抑合口？為陽聲、陰聲抑入聲？

(1)崇　鋤弓切　(2)些　寫邪切　(3)頌　似用切　(4)鈹　敷羈切
(5)羺　奴鈎切　(6)謙　苦兼切　(7)巢　鉏交切　(8)澂　直陵切
(9)毿　蘇含切　(10)殷　於斤切

4.試從聲、韻、調三方面說明從中古音系（以廣韻為代表）到現代官話音系（以北平音系為代表）之間的重要音變現象。

5.「古今字」與「同源字」有何區別？試舉二、三例說明，並指出兩者在訓詁學上的作用。

6.訓詁術語中，有作「猶」、「之言」者，其用法為何？

八十六年度

1.字體結構中之意符，是否皆用其本義？舉例說明之。

2.何謂省形與省聲？各舉二例以說明之。

3.《廣韻》四十一聲紐之中，有正聲與變聲之別，何謂正聲？何謂變聲？四十一聲紐當中，何者為正聲，何者為變聲，又正聲與變聲之關係若何？試就所知，詳加說明。

4.章太炎和黃季剛各有何聲韻學代表作？他們的上古音研究（含古聲和古韻）有何不同？

5.如何求本字？試從字形與字音兩方面舉例說明之。

6.「聲訓」和「右文說」在本質上有何區別？兩者在詞源的研究上的價值是否相同？並說明在訓詁學上如何運用此兩種資料。

九十年度

1.凡形聲字其聲符必兼會意，試舉二例以說明之。其有例外者，原因為何？試逐項舉例以說明之。

2.試從形聲字及漢語方言兩方面舉證說明「古無輕唇音」所以成立之理由。

3.漢字會因為時代的不同，字形的改變，其所屬六書亦隨之而變，王國維曾舉「天」字為例，說明它本來是象形字，後來變為指事字，到《說文》又變成會意字，其說可信否？試說明之。

4.請用國際音標註出以下四字的國語讀音，並分析它們的音韻結構。「妙趣橫生」

5.楊樹達在其《高等國文法．序例》云：「治國學者，必明訓詁，近則益覺此二事相須之重要焉。蓋明訓詁而不通文法，其訓詁之學必不精；通文法而不明訓詁，則其文法之學亦必不至也。」可知訓詁與文法之關係甚為密切，如何利用文法運用到訓詁學上，試舉例說明之。

九十一年度

1.閱讀古書困難點在於古音通假，談通假需具備何種條件？既為通假，如何尋求通假之本字，試舉例說明之。

2.在古韻分部上，戴震有九類二十五部之說，段玉裁分得十七部，戴震為段玉裁的老師，何以學生分部比老師少，試言其故，並說明兩人分部的主要差異，請盡量列出段氏十七部的名稱與次第，以方便比較。

3.請寫出下列古文字的楷字，並解釋其初形本義。

(1)  (2)  (3)  (4)  (5) 

(6)  (7)  (8)  (9)  (10) 

4.試述中國文字之發源及其變遷，並各舉實例以論證之。

九十二年度

1.請判斷以下五個字所屬中古音的音韻地位，指出他們所屬何種聲類、韻類（包括《廣韻》的韻目、攝別、開合、等第）及調類。

樓、五、支、房、團

2.研究中國韻圖有所謂「重紐」現象，試說明重紐及《廣韻》的那些韻具有重紐？學者如何解釋重紐的語音區別？

3.清儒段玉裁〈周禮漢經考〉謂漢儒注經有三例，三例者為何？試說明並舉例證釋之。

4.什麼叫做「聯綿詞」？他有哪些特點？試舉例說明之。

5.試詳述許慎《說文解字．敘》一篇之內涵及價值。

6.請把下面這首詩用小篆寫出來，並且把引號中的字的初形本義寫出來：
「鳥」「去」「天」路「長」，人愁「春」光短。空將澤畔吟，寄爾江南管。

九十三年度

1.凡形聲字多兼會意，其不兼會意者，原因為何？試舉例說明。

2.請寫出下列諸字的小篆字形、及初形本義。

(1)宮 (2)巷 (3)之 (4)桑 (5)無
(6)盡 (7)肥 (8)胃 (9)幾 (10)卑

3.系聯以下反切，繪製等韻圖，將被切字填入圖中適當位置。

恩胡困切　頓都困切　巽蘇困切　困苦悶切　嫩奴困切
揾烏困切　悶莫困切　鐏徂悶切　睔古困切　噴普悶切
鈍徒困切　寸倉困切　坌蒲悶切　顐五困切　論盧困切
奔甫悶切　惛呼悶切　焌子寸切

4.《韻鏡．序例》中有發音部位、清濁、三十六字母及歸納助紐字的對照圖，其中清濁四分為清、次清、濁、清濁，後人改為全清、次清、全濁、次濁，根據現代語音學的原理，作為發音方法之一的「清」、「濁」只能二分，為何《韻鏡》要用四分法？請依四分法列出中古四十一聲類的清濁歸屬，並說明四分法的區別作用及其在音韻史研究上的效用。

5. 詞義引申是訓詁學之重要內容，詞義如何引申？能否舉例說明詞義引申之原則及其最常利用之方法。

國立政治大學

八十年度

1. 試評班固、鄭眾及許慎三家之六書說。
2. 許慎自言說文編次之原則者如何？試析而論之。
3. 略述姜亮夫瀛涯敦煌韻輯一書之內容。
4. 訓詁之方式，大別有三：一曰互譯，二曰定義，三曰推因，試各舉例以說明之。

八十一年度

1. 說文解字以前，有何字書？其作者為誰？試列舉所知以對。
2. 試述班固漢書藝文志、鄭眾周禮注及許慎說文解字敘中之「六書說」，並評論其得失。
3. 試據下列各字之反切，以說明其字之聲類（包括部位、清濁、發送收等）、韻部（包括開合、洪細等別）及音調（包括平上去入）：
(1)高（古勞切） (2)風（方戎切） (3)灑（所蟹切）

⑷穆（莫六切）　⑸如（人諸切）

4.字義有「本義」、「引申義」、及「叚借義」之別，試各舉例以說明之。

八十二年度

1.四庫全書經部小學類分字書、韻書、訓詁三類，說文解字及廣韻所收錄之字，皆標明字義，何以分別歸入字書與韻書？阮元經籍籑詁宜為訓詁書，究竟與前二書之基本差異為何？朱駿聲說文通訓定聲要在三類之中，應如何歸類？何故？

2.韻鏡（或七音略）與經史正音切韻指南（或四聲等子）為兩種不同流派之韻圖，二者於形式、實質、功能在基本上有何不同？試申述之。

3.中國文字之初造，字少言多，行文頗不敷應用，乃有同音通假之習，其後文字漸多，雖有其字，而通假之習不改，近人名此為「本有其字之廣義假借」，試舉例說明廣義假借之分類。

4.為發揮古代經典之大義，歷來注解不絕，試就所注方面之異，說明古書注解內容之項目，及各項目所表達之具體事類。

八十三年度

1.許慎說文解字敘云：「轉注者建類一首同意相受考老是也」請就⑴段玉裁⑵許瀚⑶章太炎三先生之見解，試作比較。

2.清代王氏父子(王念孫、王引之),以其通曉古音,是以深明古義,而成為一代訓詁大家。以下諸文「」中之字辭,均經其訂正而為學者所公認為「當如是」者。請解其「當如是」之義蘊(僅釋「」中之字義)。

(1)「明」聽朕言(《尚書.盤庚》)。

(2)醉而不出,是謂「伐」德(《詩.小雅.賓之初筵》)。

(3)秦「與」天下罷,則令不橫行於周矣(《西周策》)。

(4)「終」風且暴(《詩.邶風.終風》)。

(5)「光」被四表(《尚書.堯典》)。

(6)人倫雖難,「所」以相齒(《莊子.知北遊》)。

(7)「面」稽天若(《尚書.召誥》)。

(8)遲歸有「時」(《易.歸妹》)。

3.陳澧將廣韻反切上字加以系聯,所得之聲類與守溫三十六字母有何差異?其原因為何?其後又有那些人提出不同的系聯結果?試分別說明其所以不同的原因。

4.試分別就文字、聲韻、訓詁三方面,各舉三位清代學者,列述其重要著作及成就。

八十四年度

1.許慎《說文解字.敘》其六書之義界為何?試評述之。並請依其定義解析「青、黃、素、色、齊、眉、飛、香、黑、金」等十字之結構,說明其六書之歸屬。

2.回答下列有關反切之問題：

(1)直弓切、知演切、徒管切，當今國語音讀為何？試以國際音標或注音符號標注其音讀。

(2)何謂類隔？試說明其成因。

3.清初以來，古音漸明，「因聲求義」被廣泛運用在古籍之訓詁，試分別舉例說明「因聲求義」的各種類型。

4.形聲字聲符有表義者，有不表義者，試詳細分類，各舉二例說明。匯聚同聲符之形聲字，對同源詞之研究，是否有用？試舉例說明。

八十五年度

1.「龍、虎、鹽、丘、重、赤、黃、香、不、止」等十字，《說文解字》如何說明其本形本義？許慎之解說是否還有商榷之餘地？試引有關文獻說明之。

2.下列二十個屬於同一韻部的字，試依所附列之切語，運用陳澧之基本條例及分析條例系聯其反切下字，應可系聯為幾類？各類應如何判斷其等別？若依《韻鏡》規格，此二十字應分別安排在第幾等位置？試分別說明之。

獨　徒谷切　　哭　空谷切

蹙　子六切　　菊　居六切

福　方六切　　珿　初六切

族　昨木切　　育　余六切

卜　博谷切　　六　力竹切

竹　張六切　　祿　盧谷切

叔　式竹切　　肅　息福切

縮　所六切　　鏃　作木切

木　莫卜切　　鸍　渠竹切

肉　如六切　　縠　胡木切

3. 如何運用文字、聲韻的知識，幫助我們閱讀古書，推求或更透徹說明古書中字詞意義，試依己見分項舉例說明。

4. 解釋下列劃線的九條訓詁術語，將鄭注全文翻譯：

《周禮．春官宗伯》：「大宗伯之職……以吉禮事邦國之鬼神示……加繅席……祀先王昨席……播之以八音……四曰振動。」

◎鄭注：「故書①吉或②為告，杜子春云：書為告禮者非是，③當為吉禮……繅④讀為藻率之藻……繅席，削蒲蒻展之，編以五采，⑤若今合歡矣……昨⑥讀曰酢，謂祭祀及王受酢之席……播之⑦言被也……讀如后稷播百穀之播……振⑧讀為振鐸之振。」

八十六年度

1.以訓詁學的觀點言，音義的關係，相當密切，請就王引之、章太炎二先生的見解，舉例以證。

2.「臣、民、黑、色、金、革、門、言、父、癸」等十字《說文解字》如何說明其本形本義？許慎之解說是否還有商榷之餘地？試引文獻說明之。

3.試舉例說明下列聲韻學之術語：

(1)十六攝

(2)類隔切

(3)平入混

八十七年度

1.「子、革、帚、冓、黑、金、音、食、臣」等十字，《說文解字》如何說解其本形本義？許慎之解說是否還有商榷之餘地？若有之，請依文獻說明之。

2.試說明下列五個切語之聲類及其清濁，並根據由中古到現代國語音（北方官話）之演變律則，判斷此切語該是那一個字之音切。

例題：古肴切(A)高 (B)交 (C)豪

「古」為見紐，全清；「肴」為平聲，所切之字宜為陰平，屬細音，聲母應顎化，當為「交」。

(1)直弓切(A)中 (B)蟲 (C)忡
(2)徒古切(A)杜 (B)土 (C)堵
(3)尺良切(A)長 (B)章 (C)昌
(4)他郎切(A)糖 (B)當 (C)湯
(5)其謹切(A)近 (B)緊 (C)寢

3.黃侃謂求訓詁之次序有三：其中有求證據、求本字，我們實際從事訓詁工作，應如何求證據？又求本字時，除需證明本字與假借字有音同音近的關係外，尚需舉出何種證據，所求得的本字才較可信，請說明之。

4.
(1)解釋下列名詞：
①四體二用
②讀若
③重文
(2)聲韻學與同源詞研究有何關係？

八十八年度

1.何謂會意？何謂形聲？各有那些類型？試分別舉例說明之。會意與形聲如何區別？亦有所謂形聲兼會意者，試說明有此現象之根由。

2.《韻鏡》與《經史正音切韻指南》兩種韻圖在形式與語音實質上有何差異？試列舉其差異，並說明其不同的原因。

3.何謂反訓？何以有所謂反訓？試舉例詳述之。

4.試簡述《說文解字》、《廣韻》、《中原音韻》、《說文通訓定聲》四本書之體例及性質。

八十九年度

1.試依說文解字解析下列文字之本形本義，說明其六書之歸屬，然其說稽之以古文字之形體，則或有可商者，亦依所知一一指陳。

(1)癸 (2)申 (3)燕 (4)龍 (5)走

(6)干 (7)丈 (8)量 (9)身 (10)西

2.試依陳澧所訂之系聯條例，系聯下列二十字之切語，然後依韻鏡規格，將此二十字依唇、舌、牙、齒、喉、舌齒音之次序，置於圖表中。

祖	則古切	杜	徒古切	羽	王矩切	取	七庚切	五	疑古切
主	之庾切	庾	以短切	簿	裴古切	古	公戶切	乳	而主切
粗	昨戶切	柱	直主切	矩	俱主切	詡	況羽切	豎	常數切
父	扶柱切	拄	知庾切	數	所矩切	聚	慈主切	戶	侯杜切

3.漢字有所謂聲義同源之說，凡字之義必得之於字之聲，或言凡同音皆同義，凡從某聲皆

有某義，其說是否可信？試舉例證之。

4. 試說明顧炎武音學五書，段玉裁說文解字注、朱駿聲說文通訓定聲，分別在聲韻、文字、訓詁方面的貢獻。

九十年度

1. 試舉例說明下列名詞之意義及其區別：

(1)轉注與假借 (2)旁轉與對轉 (3)字根與語根

2. 試依《說文解字》解析下列文字之本形、本義，說明其六書之歸屬，並稽之以古文字形體，其有可商者，亦依所知一一指陳。

(1)黃 (2)香 (3)黑 (4)鼎 (5)丘

(6)齊 (7)民 (8)長 (9)至 (10)出

3. 下列二十字見於《韻鏡》某一圖中，今列其切語，試依陳澧所訂之系聯條例加以系聯後加以研判納入圖中（依脣、舌、牙、齒、喉、舌齒之次序）

(1)僕　蒲沃切 (2)欲　余蜀切 (3)傶　將毒切

(4)玉　魚欲切 (5)曲　丘玉切 (6)局　渠玉切

(7)毒　徒沃切 (8)躅　直足切 (9)蜀　市玉切

(10)篤　冬毒切 (11)足　即玉切 (12)燭　之欲切

(13)促　七玉切 (14)倲　楚玉切 (15)㟅　仕玉切

(16)束　書玉切　(17)酷　苦沃切　(18)鵠　胡沃切

(19)辱　而蜀切　(20)沃　烏酷切

4.試各舉三例說明形訓、音訓、義訓之方式。

九十一年度

1.試述許慎於《說文解字．敘》論及下列二項問題之意見，並就中國近代考古新發現，加以評論。

(1)漢字之起源

(2)隸書之起源、特色、缺點

2.試述下列反切之聲類、清濁、所屬韻部（《廣韻》206韻），並判斷屬於【參考字例】所列何字之音切？

【參考字例】：山沓水匝興來如答誰忍輕狂

天日照知衣衫同叟趣似禪師

(1)所聞切　(2)渠放切　(3)疏夷切　(4)而軫切　(5)徒合切

3.《釋名．釋車》云：「車，古者曰車，聲如居，言行所以居人也。今曰車，聲近舍，車，舍也，行者所處若居舍也。」請就此文，回答下列問題：

【參考反切】：車，尺遮切。居，九魚切。舍，始夜切。（《廣韻》）

(1)《釋名》之作者及本書之特色？

(2)試據文字、聲韻之學，分析《釋名》如何訓解「車」字？
(3)試述《說文解字》如何訓解「車」字，及與《釋名》所釋之異同？

4.請解釋下列名詞：
(1)重文
(2)反訓
(3)類隔切
(4)同源詞
(5)清朝《說文》四大家

九十二年度

1.何謂「合體象形」、「合體指事」、「會意」？試論前二者與會意之異同。

2.試論下列三字與其所从之聲符，何以國語聲母不同。
(1)旁：从方聲
(2)仍：从乃聲
(3)動：从重聲

3.王國維先生主張「戰國時秦用籀文六國用古文」，其說如何？試以漢字發展歷史及近代考古發現申論之。

4.漢字以「聲符」表聲，「形符」表義，但何以有聲符兼義之現象？段玉裁對此有何見解？其說當否？試申論之。

九十三年度

1. 中古音到現代的演化，在介音方面有什麼規律？試舉例分項說明之。
2. 擬測中古音值，可以由哪些方面著手？請舉例分項說明之。
3. 《說文解字．敘》要點為何？試分項說明之。
4. 民國以後，古代文獻持續出土，對古文字研究極具考證價值。試就所知分項說明之。

東吳大學

八十一年度

1. 試述下列各本字之本義及各屬六書中之何類。
(1)齒 (2)吏 (3)寶
2. 試述下列各字之聲紐及其清濁，韻紐及其等呼。
3. 依據孔廣森所分正聲、變聲，判訂下列各字為正聲或變聲，若為變聲試反求其古音。
4. 義訓中之「釋一字之義」及「釋對辭之義」試申論之。
5. 斷句、語譯世說新語雅量篇。

八十二年度

文字學、聲韻學

1. 試寫出下列各字之小篆及其本義、字形結構，並說明屬於六書何類。

(1)齊 (2)印 (3)弦 (4)龍

2. 形聲字有與所從之聲符聲韻畢異者，其故安在？試舉例說明之。

3. 試據下頁所附韻鏡第三十三圖，說明下列切語為音和切或類隔切。

(1)閉，甫盲切。

(2)平，符兵切。

(3)棖，直庚切。

(4)儜（傛），乃庚切。

4. 試據下頁所附韻鏡第四圖，查出下列切語所切之字之音讀。

(1)齸，息移切。

(2)眵，章移切。

5. 黃季剛先生以為廣韻四十一聲紐，有正有變，正為本有之聲，變則由正而生，於是考定正聲（古本聲）為十九紐，其考定之方法如何？試說明之。

訓詁學、古書閱讀能力測驗

1. 試述左列訓詁術語之意義：

(1)某一曰某

(2)某之言某

(3)某讀曰某

(4)某猶某
(5)某當為某

2.左列文字試以新式標點符號斷句，並說解所附各條注釋：

自漢京以後垂二千年儒者沿波學凡六變其初專門授受遞稟師承非惟詁訓相傳莫敢同異即篇章字句亦恪守所聞其學篤實謹嚴及其弊也拘王弼王肅稍持異議流風所扇或信或疑越孔賈啖趙以及北宋孫復劉敞等各自論說不相統攝及其弊也雜洛閩繼起道學大昌擺落漢唐獨研義理（取材自四庫全書總目提要經部總序）

＊注釋

(1)王弼王肅
(2)孔賈啖趙
(3)洛閩繼起道學大昌
(4)擺落漢唐獨研義理

八十三年度

文字學

1.試將下列各字，依據《說文》說明其本義、字形結構以及六書所屬，如以《說文》有誤，亦可舉證加以改正。

(1)受　(2)卂　(3)亦　(4)非　(5)爵

2.試解釋下列名詞：

(1)一曰

(2)比類合誼

(3)同形字

(4)大篆

聲韻學、訓詁學

1.段玉裁注《說文解字》，提出「聲義同源」、「凡同聲多同義」、「凡從某聲多有某義」等見解。劉師培作《正名隅論》亦云：「意由物起，既有此物，即有此意，既有此意，即有此意。……義本於義，聲即是義，聲音訓詁，本出一原。」而齊佩瑢謂：「以某音表某義，並不是先天的，必然的，只是約定俗成的偶然連繫。」然則「聲義同源」之說，是否可信？試略論之，並舉例以證。

2.試就下列各字之切語，說明：

(1)屬何聲紐（以黃季剛廣韻四十一聲紐為準）？

(2)為正聲或變聲，若為變聲，真正聲為何紐（以黃季剛正聲十九紐、變聲二十二紐為準）？

(3)屬何韻？（以廣韻二〇六韻為準）？

(4)為開合或齊、撮？

(5)為正韻或變韻？

例：封府容切、①非紐、②變聲、正聲聲紐、③鍾韻、④撮、⑤變韻。

①殘昨干切

②粥之六切

③勇余隴切

④妮女民切

3.試據陳澧系聯《廣韻》切語下字條例，系聯下列《廣韻》上聲十二蟹韻切語下字，並說明系聯過程，所得韻類及其等呼。

買　莫蟹切

蟹　胡買切

廌　宅買切

𦬣　乖買切（此以脣音開口切牙音合口）

夥　懷芸切

拏　文夥切

扮　花夥切

八十四年度

文字學

1. 試將下列各字，依據《說文》說明其本義、字形結構及六書所屬，如以《說文》有誤，亦可舉證加以改正。
   (1)耑　(2)石　(3)毋　(4)我　(5)絕
2. 文字學家分文字為初文、準初文及合體字三大類，試就初文、準初文二者舉例說明之。
3. 何謂會兼諧聲？其說是否有當？試就所知以對。
4. 胡樸安謂《說文解字》具有探討古音及匯總古義之價值，試分別舉例說明之。

聲韻學

1. 試據韻鏡歸字方法，將下列廣韻反切所切之字，填入韻圖中適當空格。

上平聲一東韻：

東 德紅切
中 陟弓切
終 職融切
戎 如融切
弓 居戎切
融 以戎切
雄 羽弓切
豐 敷隆切
充 昌終切
隆 力中切
公 古紅切
籠 盧紅切
紅 戶公切
叢 徂紅切
蓬 薄紅切
嵩 見弓切
揔 蘇公切

等韻	脣音清	脣音次清	脣音濁	脣音清濁	舌音清	舌音次清	舌音濁	舌音清濁	牙音清	牙音次清	牙音濁	牙音清濁	齒音清	齒音次清	齒音濁	齒音清	齒音濁	喉音清	喉音清	喉音濁	喉音清濁	舌音清濁	齒音清濁
一等																							
二等																							
三等																							
四等																							

2.孔廣森者詩聲類立古韻為十八部，又分為陰聲九部、陽聲九部，並謂此九部者，各以陰陽相配，而可以對轉，其然否？試舉詩經押韻、說文諧聲、通假文字、廣韻又音以證。

訓詁學

何謂「形訓」？此種訓詁方式之優點與缺點如何？

八十五年度

1.試將下列各字，依據《說文》說明其本義、字形結構以及六書所屬，如以《說文》有誤，亦可舉證加以改正。

⑴卜 ⑵矢 ⑶雲 ⑷至 ⑸子

2.何謂「形在義中」？何謂「義在形中」？試分別舉例說明之。

3.文字之演化，有所謂「類化」與「分化」，試分別說明之。

八十六年度

1.試將下列各字，依據《說文》說明其本義、字形結構及六書所屬，如以《說文》有誤，亦可舉證加以改正。

⑴畫 ⑵金 ⑶曲 ⑷步 ⑸寸 ⑹夫

2.《說文》說解文字，有「以為」之例。試舉例說明其類例及作用。

3.解釋下列名詞：

(1)左書

(2)闕形構之旨

九十年度

1.試將下列篆文，寫出其楷體，並依《說文》說明其本義、字形結構以及六書細類所屬，如以《說文》有誤，亦可舉證加以改正。

(1)  (2)  (3)  (4)  (5) 

2.解釋下列詞語：

(1)同形異字

(2)累增字

(3)重文

(4)類化

3.試就義訓的角度說明中國文字的功能。

九十一年度

1.試將下列各字，寫出其楷書，並依據《說文》說明其本義、字形結構以及六書所屬細類，如以《說文》有誤，亦可舉證加以改正：

(1)  (2)  (3)  (4)  (5) 

2.解釋下列詞語：

(1)小徐本

(2)依類象形

(3)唐蘭三書說

(4)始一終亥

3.何謂聲訓？其條例如何？試舉例說明之。

4.形聲字聲不兼義，是為變例。試舉例說明其變例。

九十二年度

1.試將下列各字，寫出其楷書，並依據《說文》說明其本義、字形結構以及六書所屬細類。

(1)  (2)  (3)  (4) 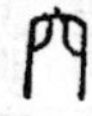

2.解釋下列詞語：

(1)聲化

(2)同形異化

(3)說文解字義證
(4)鳥蟲書
3. 試述《說文解字．敘》對於「轉注」之界義，並略加闡釋？
4. 何謂接枝式表義功能？試舉例說明之。
5. 指出下列各字（附反切）之聲紐與清濁。
(1)東，德紅切
(2)吳，五乎切
(3)中，陟弓切
(4)文，無分切
(5)系，胡計切
6. 就下列所附之材料，批判陳澧系聯《廣韻》切語之條例：
(1)《廣韻》八語韻：「褚，丑呂切，又張呂切」
《廣韻》八語韻：「褚．丁呂切」
請批判其反切上字之補充條例。
(2)《廣韻》上聲旨韻可系聯成二類：
旨一：雉几履姊視矢。
旨二：誄洧水軌癸壘美鄙。
「癸、居誄切」「軌、居洧切」

請批判其反切下字之分析條例。

7. 何謂真二等？假二等？其與韻圖之內外轉有何關係？

8. 試述章太炎先生在音韻學上之貢獻。

9. 試列舉以「非」為聲符之形聲字，說明聲符與字義之關係。

10. 試述劉熙《釋名》一書之內容及其音訓之方式。

九十三年度

1. 試將下列各字，依據《說文》說明其本義、字形結構以及六書所屬細類。如以《說文》有誤，可舉證改正之。

(1)  (2)  (3) 

2. 解釋下列詞語

(1) 類化

(2) 累增字

(3) 形在義中

(4) 古文

3. 試說明章太炎之轉注說，並評論其得失。

4. 解釋下列各名詞：

(1)清濁
(2)輕重
(3)韻類
(4)類隔切
(5)古無輕脣音

5.試述《切韻》一書之性質。

6.試述章太炎氏〈成均圖〉之優點與功用。

7.請將下列各韻字（附反切）填入等韻圖中。

茲、子之切　思、息茲切　茬、士之切　時、市之切
詞、似茲切　慈、疾之切　菑、側持切　之、止之切
詩、書之切　蚩、赤之切

齒音				
清	次清	濁	清	濁

8.古書中每多通假，從事詁訓時，當如何察辨、如何求其正解，試舉例說明之。

9.試釋下列詞語：

(1)推因

(2)讀曰

文化大學

八十年度

1. 說文敘云：「指事者，視而可識，察而見意。」王筠以為視而可識，近於象形，察而見意，近於會意。如何區分之？試舉例說明之。

2. 試依許慎說文，說明下列諸篆之本義、構造，並分辨其於六書中屬於何類。

(1) 非 (2) 祘 (3) 未 (4) 衛 (5) 禎

3. 何謂字根？何謂語根？昔人謂字根相同、語根相同，其義多相近。其說然否？試舉例說明之。

4. 試依下列諸字之切語，說明其反切上字屬於何聲類？並分辨其清、濁，反切下字屬於何韻部？並分辨其陰、陽，若為陽聲韻則註明屬何類韻尾（聲紐以四十一類，韻部以廣韻二百零六韻為準。）

(1) 崇　鋤弓切

(2)脣　食倫切
(3)成　是征切
(4)淹　央炎切
(5)蒸　煮仍切

5.試依廣韻四聲相承之次，列舉與下列諸韻相承之韻目。

(1)支　(2)脂　(3)魚　(4)虞　(5)陽
(6)唐　(7)尤　(8)侯　(9)侵　(10)覃

八十一年度

1.試述陳澧系聯廣韻反切下字之條例，並依下列諸字及反切，指出其韻目，系聯反切下字，分析其韻類，說明其等呼。

情　疾盈切　　輕　去盈切
精　子盈切　　名　武並切
盈　以成切　　跟　呂貞切
營　余傾切　　并　府盈切
嬰　於盈切　　傾　去營切
貞　陟盈切　　餳　徐盈切
檉　丑貞切　　縈　於營切

成 是征切　瓊 渠營切

清 七情切　騂 息營切

征 諸盈切　頸 巨成切

呈 直貞切　眗 大營切

聲 書盈切

2.試依說文，說明「囗」、「石」、「倉」、「舍」諸篆之字義及構造，四篆之中均有「囗」形，是否有關係？試述其故。

3.何謂「聲訓」？試述聲訓之條例，並舉例說明之。

4.解釋名詞：

(1)韻類、韻攝

(2)韻鏡

(3)重文

(4)本義、假借義

(5)爾雅

八十二年度

1.等韻分四等，四等區分之標準，言之不一，試分述其說，究以何說為是？試論之。

2.試述清代古音學盛行之原因，並列舉五位古音學者。

3.試依說文說明下列諸篆之本義、構造及六書類別，若有異說亦敘述之，並論其是非。

(1)  (2)  (3)  (4)  (5) 

4.試述爾雅、說文、方言、釋名四者之性質及價值。

5.聲訓條例中有「凡從某聲多有某意」者，其故安在？並分別說明從「参」、「真」、「兀」得聲之字多有何意？

八十三年度

1.《說文解字》說解假借時，有言以為者，有言古文以為者，又有引經說假借者，請舉例說明其義，並分別其異同。

2.清儒．陳澧《切韻考》一書，刊有反切系聯條例凡六，請逐條論述其內容，並舉例說明之。

3.何謂陽聲韻？何謂陰聲韻？何謂入聲韻？何謂對轉？何謂合韻？

4.何謂同源字？其於訓詁學上有何作用？

八十四年度

1.試述象形與指事之區別，又許慎說文解字有借形為事之例，試舉例說明之。

2.何謂「擦音」、「塞音」、「元音」？試舉例說明之，並將三者依響度之由大而小敘述之。

3. 試從下列諸字之切語系聯出「遇」韻字，並依其等列、聲母，填入下表適當之內。

遇　牛具切　　懼　其遇切
嫗　衣遇切　　芋　王遇切
樹　常句切　　堅　才句切
住　持遇切　　楝　色句切
附　符遇切　　付　方遇切
注　之戍切　　娶　七句切
屨　九遇切　　據　居御切
昫　香句切　　註　中句切
戍　傷遇切　　驅　區遇切
絮　息據切　　芸　芻注切
洳　人恕切　　恕　商署切
裕　羊戍切　　門　丑注切
孺　而遇切　　跟　所去切
赴　芳遇切　　尠　思句切
務　亡遇切　　屢　良遇切

韻目	齒音清濁	舌音清濁	喉音清濁	喉音濁	喉音清	喉音清	齒音濁	齒音清	齒音濁	齒音次清	齒音清	牙音清濁	牙音濁	牙音次清	牙音清	舌音清濁	舌音濁	舌音次清	舌音清	脣音清濁	脣音濁	脣音次清	脣音清

緅　子句切　噓　許御切

（注：句與屨同音）

4.何謂求本字？俞樾嘗就音與形以求本字，試舉例說明之。又試述黃季剛先生之求本字捷術。

八十五年度

1.清儒段玉裁注《說文解字．敘》時拈出假借三變一說，請問其說然否？然，請證成之；否，請駁斥之。

2.上古聲調，眾說紛紜，請問自清初顧炎武以來各有幾家說法？各有何主張？以誰的說法較為可信？

3.清代古音學家對古韻韻部的分合，每每參差，互有異同，試以戴段師徒為例，兩家古韻相去多達八部。請問戴氏分古韻為幾類幾部？段氏分古韻為幾類幾部？他們分類分部相去懸殊的最主要關鍵何在？

4.訓詁的方式凡三：一曰互訓，二曰義界，三曰推因。請問何謂互訓？互訓形成的因素有幾？互訓有幾種類型？互訓有那些典型的例子？

八十六年度

1.清儒段玉裁注說文解字敘言及以假借為轉注之例，何謂以假借為轉注？請舉說文、爾雅、毛傳為例以明之。

2.王國維於《觀堂集林》卷八主張切韻一書之作者陸法言就是陸詞。其說然否?然，請證明之;不然，請駁斥之。

3.明代中葉有蘭茂者作韻略易通一書，其特色為何?請舉例說明之。

4.黃侃嘗謂「訓詁者以語言解釋語言之謂。論其方式有三」;其所謂訓詁方式之內容為何?並舉例論述之。

八十七年度

1.試依《說文》說解說明下列諸篆之意義及構造，並分辨其六書之類別。

(1)  (2)  (3)  (4)  (5) 

2.訓詁聲訓條例中有云:「凡从某聲多有某意」，試說明从下列諸字得聲者多有何意，並各舉二例以證。

(1)牙 (2)戔 (3)悤 (4)農

3.何謂求本字?試舉例說明求本字之方法。

4.試依下列諸字之反切，系聯出與「弗」同韻類之字，分辨其聲類，再將諸字填入等韻圖中，並標出其韻目。

韻紐	反切	聲類	系聯
弗	分勿		
鬱	紆物		
亥	九勿		
屈	區勿		
分	府文		
倔	衢物		

韻紐	反切	聲類	系聯
佛	符弗		
𩗴	許勿		
物	文弗		
䬟	王勿		
拂	敷勿		
崛	魚勿		

韻目	舌齒音		喉音				齒音					牙音				舌音				脣音			
	清濁	清濁	清濁	濁	清	清	濁	清	濁	次清	清	清濁	濁	次清	清	清濁	濁	次清	清	清濁	濁	次清	清

八十八年度

1.形聲字之正例，必兼會意，然形聲字所从之聲符亦有無義可說者，可以假借說之。試分別舉例說明之。

2.何謂「類隔」？試述之。錢大昕有「舌音類隔之說不可信」一文，其說然否？試論之。

3.何謂「推因」？試舉例說明之。

4.試依《說文》說解，說明下列諸篆之意義及構造。若形、義有流變者亦述之。

(1)  (2)  (3)  (4) 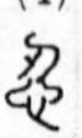 (5) 

八十九年度

1.黃季剛先生以為訓詁之方式有「互訓」、「義界」、「推因」三種，試分別舉例說明之。又三者之先後次第，說者不一，你以為如何？試論之。

2.何謂形聲？形聲字之聲子與聲母，何以有聲韻畢異之現象？試舉例說明之。

3.試依《說文》說解，說明下列諸篆之意義及構造。

(1)  (2) 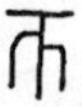 (3)  (4) 

4.試依下列諸字之切語，系聯出與「孔」同韻類之字，分辨其聲類，再將其填入韻圖中，並註明韻目。

聯系	語切	紐韻	類聲
	康董	孔	
	莫孔	蠓	
	多動	董	
	先孔	敵	
	他孔	侗	
	作孔	總	
	胡孔	澒	
	烏孔	蓊	
	奴動	𤢖	
	邊孔	琫	
	力董	曨	
	之隴	腫	
	丑隴	寵	
	呼孔	嗊	
	徒揔	動	
	蒲蠓	菶	
	直隴	重	

韻目	齒	音舌	音			喉	音				齒	音			牙	音			舌	音			脣
	清	清	清							次		清		次		清		次		清		次	
	濁	濁	濁	濁	清	清	濁	清	濁	清	清	濁	濁	清	清	濁	濁	清	清	濁	濁	清	清

九十年度

1. 詞義之演變多途，試依其不同之方式，分別舉例說明之。
2. 顧炎武〈答李子德書〉云：「讀九經必自考文始，考文自知音始。」試述其意，並詳為舉例說明之。
3. 黃季剛先生有〈求本字捷術〉一文，試就所知敘述之。又《說文》：「新，取木也」，今言「新舊」之「新」，本字云何？〈夏小正〉：「黑鳥浴。」傳曰：「浴也者，飛乍高乍下也。」飛乍高乍下謂之「浴」，義不可通，本字云何？試述之，並說明其故。
4. 何謂同源字？試述其定義，並舉例說明之。又同源字之來源亦請說之。

九十一年度

1. 試依《說文》說解，說明下列諸篆之意義與構造，其形、義有流變者亦述之。

(1)  (2)  (3) 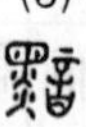 (4) 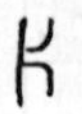 (5) 

2. 六書之中，「轉注」、「假借」與訓詁關係至為密切，試舉例說明之。
3. 解釋名詞
(1)變易、孳乳
(2)本字、分別文

(3) 響度

(4) 義界

(5) 雙脣塞音

4. 試依下列諸字之切語，系聯出與「卯」字同韻類之字，分辨其聲類，再將其填入韻圖中，並標出韻目。

韻紐	切語	聲類	系聯
卯	莫飽		
絞	古巧		
爪	側絞		
拗	於絞		
鮑	薄巧		
齩	五巧		
⿰鬼巢	士絞		
煼	初爪		
⿰豸尞	張絞		
皓	胡老		
老	盧皓		
道	徒皓		
数	山巧		
巧	苦絞		
澩	下巧		
飽	博巧		
獿	奴巧		
討	他皓		

韻目	齒音清濁	舌音清濁	喉音清濁	喉音濁	喉音清	喉音清	齒音濁	齒音清	齒音濁	齒音次清	齒音清	牙音清濁	牙音濁	牙音次清	牙音清	舌音清濁	舌音濁	舌音次清	舌音清	脣音清濁	脣音濁	脣音次清	脣音清

九十二年度

1. 等韻之分四等，人皆知之，然四等區分之標準何在？言之不一。試分述江永、高本漢、羅莘田、黃季剛之看法，並定以己意。

2. 《說文》形聲字中，有聲子與聲母聲韻畢異之現象，試舉例說明之。其原因為何？試論述之。

3. 訓詁之次序，第一步為求證據，試舉例說明之。

4. 試依《說文》說解，說明下列諸篆之本義，並敘述其用義。

(1)  (2)  (3)  (4) 

(5)  (6)  (7) 

5. 試依下列諸字之切語，說明其聲類及韻目（聲類依四十一聲類，韻依二百六韻）

(1)洪　戶公切　(2)唐　徒郎切　(3)劉　力求切

(4)左　臧可切　(5)嘘　許御切　(6)尋　徐林切

九十三年度

1. 試分述訓詁之方式，並詳為舉例說明之。

2. 試依《說文》說解，說明下列諸篆之意義與構造。

(1)  (2)  (3)  (4)  (5) 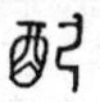

3.《說文·敘》云：「轉注者，建類一首，同意相受，考老是也。」後世詮釋紛紜，試就所知，簡述異說，並定以正解，再說明理由。

4. 試依下列諸字之切語，系聯出與「安」同韻類之字，並分辨其聲類，再將其填入韻圖中，且標明韻目。

韻紐	切語	聲類	系聯
安	烏寒		
難	那干		
餐	亡安		
灘	他干		
珊	蘇干		
壇	徒干		
殘	昨干		
干	古寒		
蘭	落干		
看	苦寒		
頇	許干		
濡	乃官		
桓	胡官		
湍	他端		
寒	胡安		
豻	俄寒		
單	都寒		

脣音				舌音				牙音				齒音					喉音				舌齒音		韻目
清	次清	濁	清濁	清	次清	濁	清濁	清	次清	濁	清濁	清	次清	濁	清	濁	清	清	濁	清濁	清濁	清濁	

淡江大學

八十年度

1. 文字之運用有下列各式者，各舉二例說明之。
(1)引申義
(2)比擬義
(3)變義
(4)相反義

2. 用字之假借，有旁轉者、有對轉者、有字根相同者、有語根相同者。各舉例以證之。

3. 注明下列各字之本義並詳析其結構，於六書屬於何書？
(1)竊 (2)歸 (3)邑 (4)戎 (5)兀

4. 試以「淡輕」二字，作七言「燕領格」嵌字對聯（分嵌上下聯第二字）

5. 解釋下列各詞：
(1)免冠徒跣

(2)魯魚亥豕

(3)封泥

(4)殿本五、變文

6.君對下列各書，了解多少，試就所知以對。

(1)龍龕手鑑

(2)佩文韻府

(3)經典釋文

(4)九經字樣

(5)直齋書錄解題

八十四年度

1.解釋名詞：

(1)通假

(2)引申

(3)清濁

(4)累增字

2.試就下列各書說明其特色：

(1)爾雅

(2)方言
(3)經籍纂詁
(4)經傳釋詞

3.許慎說文解字敘云：「倉頡之初作書，蓋依類象形，故謂之文；其後形聲相益，即謂之字。」何謂依類象形？依類象形何以謂之文？何謂形聲相益？形聲相益何以謂之字？試舉例說明之。

4.試說明現代漢語tc，tc，c係由切韻音系的哪幾個聲紐演化而成？

5.試就研讀古書與探討語言兩方面，說明研習「小學」課程的效用。

八十五年度

1.《漢書．藝文志》載劉向父子《七略》云：六書，造字之本也。後人遂有「四體二用」與「四體六法」之辨，試就其說評論之。

2.陳澧《切韻考》所謂的「系聯條例」為何？其優缺得失如何？試評述之。

3.黃侃嘗謂訓詁的方法有三：一曰互訓，二曰義界，三曰推因。試就三者之特點較論其異同以對。

4.形音義三者為構成文字之要件，故可即形以見義，因聲以求義。訓詁之因聲求義，乃建構在聲義同源之基礎上。請問既然語出同源義即相通，為何還會有假借之現象？試申論之。

5.請利用下列音切資料說明各題內二字通假的關係：

(1)《周禮．地官．師氏》：「掌國中失之事。」

杜子春云：「中當為得，記君得失，若《春秋》是也。」

＊中：陟弓切。古音東部。得：多則切。古音咍部。

(2)《書．牧誓》：「不愆於六步七步。」

《史記．周本紀》「愆」作「過」。

＊愆：去虔切。古音寒桓部。過：古禾切。古意歌戈部。

(3)《易．繫辭上》：「日月運行，一寒一暑。」

《釋文》：「運，姚作違。」

＊運：王問切。古音魂痕部。違：霏切。古音灰部。

(4)《書．堯典》：「庶績成熙。」

《史記．五帝本紀》作「泉功皆興。」

＊熙：許其切，古音咍部。興：虛陵切。古音登部。

八十六年度

1.請將下列韻紐各字填入等韻圖適當位置。

(1)陽　與章切

(2)牆　在良切

(3)房　符方切
(4)霜　色莊切
(5)倀　褚羊切
(6)穰　汝陽切
(7)強　巨良切
(8)詳　似羊切
(9)香　許良切
(10)商　式羊切

2.下列文字的形體結構各於六書屬何類例?如以為《說文》有誤,請列證予以辨正。
(1)布　(2)寒　(3)龍　(4)牟　(5)履

3.清代研究《說文》有「四大家」之稱,所指何人?其代表著作為何?在文字學上的價值如何?請分別論述之。

4.國語中的ㄢ韻有幾個來源?試舉廣韻韻目說明之。

5.《釋名》與《方言》為訓詁學之兩部名著,其特色為何?請舉實際例證說明之。

等韻	脣音 清	脣音 次清	脣音 濁	脣音 清濁	舌音 清	舌音 次清	舌音 濁	舌音 清濁	牙音 清	牙音 次清	牙音 濁	牙音 清濁	齒音 清	齒音 次清	齒音 濁	齒音 清	齒音 濁	喉音 清	喉音 清	喉音 濁	喉音 清濁	舌音 清濁	齒音 清濁
一等																							
二等																							
三等																							
四等																							

八十七年度

1. 請說明古文奇字、重文或體、六朝俗字、累增字在中國文字發展史上的意義。
2. 說文聲訓的類型有幾種？許慎如何處理聲訓諸字的問題？請具體說明。
3. 下列諸字屬何聲紐？其清濁如何？請以四十一聲紐作答。
(1)奘（徂朗切）(2)席（祥易切）(3)亞（衣嫁切）(4)電（堂練切）
(5)御（牛倨切）(6)逸（夷質切）(7)茁（鄒滑切）(8)汎（孚梵切）
(9)縶（抽聚切）(10)賃（乃禁切）
4. 古音學研究中，審音派主張的要點為何？請評述其說是否合理。
5. 訓詁學何以又稱為文獻語言學？請舉實際例證說明。

八十八年度

1. 解釋名詞：
(1)類隔 (2)隸變 (3)讀為 (4)諧聲 (5)推因
2. 何謂分別文？何謂累增字？二者之形構有何異同？試舉例說明之。
3. 四等之區別，為等韻圖分析韻類最精密之處。清江永《音學辨微》為之區別曰：「一等洪大，二等次大，三四皆細，而四尤細。」試以中古蕭、宵、肴、豪四韻擬音為例，詳細說明何謂四等，其別何在？以申江永之說。

4.自郭璞於《爾雅釋詁》「徂、在、存也」條下注曰：「以徂為存，猶以亂為治、以曩為曏、以故為今，此皆詁訓義有反覆旁通，美惡不嫌同名。」後世於訓詁之法中，遂增「反訓」一項，然亦迭有爭議。試舉例說明「反訓」現象之起因，以評論「反訓」一詞是否恰當。

八十九年度

1.試依據語音演變之規則，詳細說明國音韻母〔y〕產生的原因及過程。

2.試就段玉裁在《說文解字注》中，所提出之聲訓相關理論，分析下列諸字在形音義上之關係。

(1)戔 (2)淺 (3)錢 (4)殘 (5)賤 (6)箋

3.試以古文字探討下列各字之本形本義。

(1)為 (2)臣 (3)各 (4)齊 (5)申

(6)昔 (7)朋 (8)解 (9)無 (10)乞

4.解釋名詞：

(1)合文 (2)音素 (3)處事 (4)類化作用 (5)集比為訓

九十年度

1.施尸屎矢雉豸絼

(1)寫出下列各字小篆、本義、構造、六書分類。

(2)施　式支切　尸　式脂切　屎　式視切　矢　式視切

雉　宜几切　豸　池爾切　絼　直引切

請根據《廣韻》所載反切資料，分析各字在古音上的關係。

(3)段玉裁在《說文》「坤」字下注云：「文字之始作也，有義而後有音，有音而後有形，音必先乎形。」；「詞」字下注云：「有義而後有聲，有聲而後有形，造字之本也。形在而聲在焉，形聲在而義在焉，六藝之學也。」本題所列諸字，是否符合段氏所說的這些漢語特質與研究方式？若是，請你具體提出任何適用之漢語理論，綜合析論本題諸字之形音義關係。

2.中國語言研究的模式，是以語文解釋與理論系統的建立為形式，但其實文化詮釋才是其真正的本質與理想，可以說是一種語文與文化互動、具人文精神的研究型態與學科，《爾雅》如此，《說文解字》亦然。在此精神與前提下，請你針對以下兩組詞彙，做任何你認為適當的語文解釋與文化詮釋。

(1)「e世代」

(2)「檳榔西施」

九十一年度

1.許慎《說文解字》全書部首凡有若干？其分部先後如何定其次序？同一部首中收錄之字

如何安排其次第？又《說文》部首之優點、缺點為何？請說明之。

2.《韻鏡》歸字與韻書系統比較，可見《韻鏡》受韻圖格式的限制，以致編排時有些特別的處理。請問《韻鏡》處理的原則為何？分項說明之。

3.先秦名家謂：「犬可以為羊。」（見《莊子．天下篇》）章太炎云：「語言者不憑虛而起，呼馬而馬，呼牛而牛，此必非恣意妄稱也。」（見《語言緣起說》）劉師培云：「名起於言，惟有此物，乃有此稱，惟有此義，乃有此音。」（見《物名溯源》）以上說法各有見地，其說之異同為何？願聞其詳。

4.請利用下列音切說明其通假之關係：

(1)《書．益稷》：「萬邦黎獻，共惟帝臣。」張衡〈東京賦〉「共」作「具」。
共：渠用切。古音東部。具：其遇切。古音侯部。

(2)《左傳》襄公二十六年：「逆於門者。」《說文》「逆」引作「迎」。
逆：宜戟切。古音模部。迎：疑卿切。古音唐部。

(3)《詩．大雅．大明》：「聿懷多福。」《春秋繁露．郊語》「聿」引作「允」。
聿：餘律切。古音曷末部。允：余準切。古音魂痕部。

(4)《詩．大雅．旱麓》：「施於條枚。」《韓詩外傳》「施」作「延」。
施：式支切。古音歌戈部。延：以然切。古音寒桓部。

(5)《史記．賈誼傳》：「品庶馮生。」《漢書》「馮」作「每」。
馮：皮冰切。古音登部。每：武罪切。古音咍部。

九十二年度

1. 請利用下列《說文》聲訓及音切資料，分別說明其音轉關係：

(1)《說文》：「入，內也。」入：人汁切。內：奴對切。

(2)《說文》：「牴，觸也。」牴：都禮切。觸：尺玉切。

(3)《說文》：「在，存也。」在：昨代切。存：徂尊切。

(4)《說文》：「容，盛也。」容：余封切。盛：式征切。

(5)《說文》：「誅，討也。」誅：陟輸切。討：他皓切。

2. 六書中之「轉注」，說法最為紛歧。試就「用字說」與「造字說」兩方面，分別論述其要旨以對。

3. 隋唐人對先秦韻語的觀念如何？清代學者在古音研究方面，超越宋明以來各家的成就，其故安在？試評述之。

4. 訓詁的方式有互訓、義界、推因，試就此三者說明其與形訓、音訓、義訓之關係。

九十三年度

1. 請依《說文》解釋分析下列諸字的形體結構，如以為《說文》有誤，可列證說明指正。

(1)干 (2)金 (3)至 (4)歸

2.《說文解字》將「人、儿」、「大、亣」、「首、百」、「自、白」四組字分別成立部首，請說明其緣故。

3. 敦煌出土《守溫韻學殘卷》載三十字母與五音之配置如下：

脣音　不芳並明

舌音　端透定泥是舌頭音

　　　知徹澄日是舌上音

牙音　見溪群來疑等字是也

齒音　精清從是齒頭音

　　　審穿禪照是正齒音

喉音　心邪曉是喉中音清

　　　匣喻影是喉中音濁

以上所引三十字母，就中古音系而言，其中有些字母的配置是有待商榷的。請挑出有問題的字母並說明其正確的音理。

4. 請利用下列音切說明其通假之關係：

(1)《書．皐陶謨》：「萬邦黎獻。」漢《孔宙碑》、《田君碑》「獻」作「儀」。

獻：許建切。古音寒部。儀：魚羈切。古音歌部。

(2)《春秋》襄公四年：「夫人姒氏薨。」《公羊傳》「姒」作「弋」。

姒：詳里切。古音咍部。弋：與職切。古音德部。

(3)《春秋》宣公元年：「晉趙穿帥師侵崇。」《公羊傳》「崇」作「柳」。

崇：鋤弓切。古音冬部。柳：力久切。古音蕭部。

(4)《禮記・坊記》：「小斂於戶內，大斂於阼。」鄭《注》：「阼或為堂。」

阼：昨誤切。古音鐸部。堂：徒郎切。古音唐部。

5.清儒注經與漢、宋諸儒有何異同？請從訓詁學發展的歷史說明之。

銘傳大學

八十九年度

1. 試寫出下列五字之篆體，釋解其形、音、義，並以六書區分其類別。
(1)烏 (2)夕 (3)幻 (4)卒 (5)筋
2. 詳論象形、指事之異同。
3. 何謂反訓？試舉例論辯之。
4. 黃侃《音略》論古聲紐謂：「喻，此影之變聲；為，此亦影之變聲。」其說然否？試舉證論辯之。

九十年度

1. 試答清朝《說文》四大家，並論列其著述。
2. 試以段玉裁之假借起源說，以論訓詁學之假借與通假。
3. 試答古舌聲定紐之變。

4. 試寫出下列五字之小篆並析解其形音義及演變。
⑴呂 ⑵市 ⑶网 ⑷晶 ⑸先

九十一年度

1. 何以《說文》是訓詁之書?
2. 試比較象形、指事之異同，舉例說明之。
3. 試答顧炎武古音學之成就。
4. 舉例說明「同」、「通」字之別。

輔仁大學

八十四年度

1.解釋下列各詞：
(1)聲母
(2)撮唇鼻音
(3)邊音

2.轉注之說向來眾說紛紜，戴震、段玉裁以為轉注是廣義的互訓，究以何者為是，試以己見論述之。

3.對於韻書的例外押韻現象，朱熹、陳第、段玉裁、王念孫等人的解釋為何？

八十八年度

文字學

1. 甲骨文、金文可以正許慎《說文解字》說解之失，《說文解字》篆形也可推求出隸書形構訛變之跡，試各舉兩例說明之。
2. 「止戈為武」、「人言為信」、「日月為明」、「羊大為美」、「心上田為思」這五句話從研究文字學的角度看是否恰當，試說明之。
3. 許慎說文解字敘云：「假借者，本無其字，依聲託事，令長是也。」戴東原答江慎修先生論小學書申之曰：「一字具數用者，依于義以引申，依于聲而旁寄，假此以施于彼曰假借。」其說是否得當？試以所知論述之並舉例為證。

聲韻學

1. 《廣韻》「江，古雙切」、「沓，即夷切」、「小，私兆切」、「貧，符巾切」，以現代國音拼之，為何切不出正確音讀？試分別說明其理由。
2. 解釋名詞：
(1) 聲母
(2) 元音
(3) 濁音
3. 學者或喻自清代以來有關古韻分部之研析為接力賽跑，其說是否得當？試以己見論述之並舉例為證。

八十九年度

文字學

1. 「一形多音義」是衍生出新漢字的原因之一，試舉三字例說明之。
2. 許慎《說文解字》一書於文字之構造理論有所謂「六書」之說，後世學者或有異辭而仍沿襲六書之名義與體制，然亦有主張「三書」說者。「三書說」者何？試以所知論述之，並舉例為證。
3. 王子韶「右文說」述評。

聲韻學

1. 以學理說明下列各字應屬於三十六字母中的哪一字母。
   (1)頻　(2)誇　(3)含　(4)劬　(5)浮
2. 宋代編修的《大宋重修廣韻》為何能成為研究隋、唐音系的重要資料？試說明其理由。
3. 江永《四聲切韻表》云：「音韻有四等，一等洪大，二等次大，三四皆細，而四尤細，學者未易辨也。」四等之界域究竟如何？試以所知論述之並舉例為證。

九十年度

文字學

1. 漢字在發展和應用過程中，為什麼會有「規範化」或「標準化」的要求？試舉二例說明之。
2. 試由「聞」「聖」「鉤」三字說明現代字典立部首查檢國字的原則。
3. 或謂「形聲」係乃先有聲符偏旁以表意，其後為區分類別之專屬故而增益形符偏旁；亦有以為先有形符偏旁表其共象，其後乃增益音標表示別象。二說不同而皆成理，試以所知論述其中失並舉例為證。

聲韻學

1. 簡答題

(1)《廣韻》「蟹」音「胡買切」，為上聲字；試問是在什麼音變條件下，使得現代國音讀成去聲？

(2)《廣韻》「濫」音「魯甘切」，現代國音當如何讀？請用國際音標標寫出來。

(3)《廣韻》平聲有五十七個韻目，去聲卻有六十個韻目，為什麼數目上會有這種差異？

(4)《廣韻》共五卷，分卷的根據或理由何在？試簡述之。

(5)《廣韻》「頻」音「符真切」，為什麼會有「輕唇」字切「重唇」字的現象？試簡述之。

2.古人依據韻圖「橫推直看」之「歸字」法推求生僻文字之音讀，每有成效，故元邵光祖譽之曰「萬不失一」。韻圖「歸字」是否真能「萬不失一」？試以所知論述之並舉例為證。

九十一年度

文字學

1.對下列的書名與文字學術語詳加介紹或解釋。

(1)古文

(2)異體字

(3)避諱字

(4)說文通訓定聲

(5)說文解字詁林

2.許慎《說文解字》一書對於六書「形聲」、「會意」說解不同，舉例亦異；金壇段氏則以為「會意、形聲兩兼之字致多也，《說文》或偁其會意，略其形聲；或偁其形聲，略其會意；雖則渻文，實欲互見……。」「會意」、「形聲」之界域究竟如何？段氏兩兼之說是否得當？試以所知論述之，並舉例為證。

聲韻學

1. 寫出三十六字母的名稱，並按「五音」「清濁」排比出來。
2. 請用國際音標將下列各字的現代國語音讀標寫出來。
(1)青 (2)雲 (3)有 (4)路 (5)志 (6)為 (7)梯
3. 段玉裁古韻支、脂、之三部之分，乃古音學史上一大發明；然就古韻分部之整體而言，其第十五部脂部實在太疏，是以後世學者多有補正。有關段氏第十五部脂部之後續研究概況如何？試以所知論述之並舉例為證。

九十二年度

1. 簡答題
(1)試舉二例說明古人對「避諱字」的改寫方式。
(2)《說文解字》分五百四十部，《字彙》以來多改併為二百一十四部，其因何在？
(3)試述《說文解字詁林》一書的編排方式及其對研究文字學的功用。
2. 王筠《說文釋例》以為：「不、至二字，借象形以為指事。」其說然否？試以己見論述之。
3. 「海內存知己」五字的現代國音，用國際音標標示出來。

4. 述陳澧考證中古聲母、韻母的方法，及其未能竟其全功的原因。

5. 錢大昕《十駕齋養新錄．古無輕脣音》云：「凡輕脣之音古讀皆為重脣。」並以「匍匐」一語經籍異文或作「扶服」，或作「扶伏」、「蒲伏」、「蒲服」為證，學者多謂其說殆無可疑。然亦有學者以為純就錢氏舉證之古籍通叚字而言，謂古無輕脣音，固無不可；若謂古無重脣音，亦無不可。究竟古無重脣抑或古無輕脣？試以所知論述之，並舉例為證。

九十三年度

1. 假借、引申、轉注與形聲字間之關係若何？試舉例詳加分析說明。

2. 試舉出左列字組中各字之小篆或古籀，說明其形義，並辨析字組中屬字間之關係：

(1)气、氣、乞、餼

(2)自、白、鼻

(3)來、麥

(4)亯、享、亨、饗

3. 漢語古今音變中，聲母的演變多受韻母開合或等第的影響。請以唇音字為例，詳細說明之。

（參考資料：《廣韻》蓬、薄紅切，風、方戎切，皮、符羈切，眉、武悲切，菲、芳非切，彬、府巾切，奔、博昆切。）

4. 解釋名詞：
(1)鼻化元音
(2)次濁音
(3)入派三聲
(4)濁音清化
(5)十六攝

5. 《說文解字》一書對研究漢語上古音有何幫助？請從聲類、韻部兩方面說明之。

國立中央大學

八十年度

1. 段玉裁「六書音韻表」之「古十七部合用類分表」分古韻十七部為六類。段氏分類之依據及其功用為何？試各詳述以對。
2. 訓詁有「於形得義」法，試舉五例闡述以對。
3. 「用字假借」有幾類？試各舉二例以答之。
4. 魯實先先生之轉注說，有「明義訓」一途，試舉例說明之，並予評論之。

八十一年度

1. 段玉裁周禮漢讀考序如何區分讀如、讀若、讀為、讀曰、當為？試評論詳述以對。
2. 大宋重修廣韻分二百六韻之原因為何？試舉例詳述以對。
3. 舉例說明轉注之準則。
4. 說明下列各字之初形本義及其孳孔經過：

(1)橐　(2)鐘　(3)齅　(4)鐕　(5)膂

八十二年度

1. 試評段注「古文以為某字」之說。
2. 試論《說文》部首之功能及其缺失。
3. 許慎《說文解字》可供為研究古音學之資料者有何?試詳列陳述以對。
4. 「於形得義」之訓詁法如何?試舉五例闡述以對。

八十三年度

1. 形聲字聲符有所謂比擬義,試舉例說明之。
2. 試答段玉裁之轉注說,並予評論之。
3. 《大宋重修廣韻》二〇六韻中屬「陽聲」與「入聲」者各可分為幾類?其「陽聲」與「入聲」之支配情形如何?試各詳述以對。
4. 古書傳注中以「某之言某也」、「某猶某也」為訓詁者頗多,試就訓詁學說舉例闡述以對。

八十四年度

1. 舉例說明有據本義造字者,引申義造字者、假借義造字者?

2. 何謂方名繁文與複體？試舉例說明之。
3. 何謂等呼？宋元與明清之等呼有何顯著不同？試各陳述以對。
4. 訓詁方式之「推因」為何？試舉例詳述以對。

八十五年度

1. 試舉例說明比擬義之造字。
2. 試答《說文》會意字分部之疏失。
3. 錢大昕有〈舌音類隔之說不可信〉一文，其說然否？試舉例論辯以對。
4. 何謂「形訓」？試舉例詳述以對。

八十六年度

1. 試答《說文》重文之價值。
2. 試答會意、形聲之辨。
3. 《大宋重修廣韻》二〇六韻屬陽聲韻者可分為幾類？各類之名稱為何？又其與國語注音符號之聲隨韻母有何不同？試各陳述以對。
4. 古籍注釋頗多以「當為」、「當作」為訓詁者，試就訓詁學說舉例闡述以對。

八十七年度

1. 試答段玉裁、章太炎、魯實先之轉注說，並論其異同。
2. 假借是造字之法還是用字之法？試舉例說明。
3. 訓詁方式之「推因」，其意如何？試舉例闡述以對。
4. 章太炎先生「古音娘日歸泥說」是否可信？試舉例論辯以對。

八十八年度

1. 試答許慎文字學之貢獻。
2. 何以形轉不可列入轉注？
3. 以《廣韻》為代表的漢語中古音系，聲類可歸納為三十六字母，再加細分，可進一步分為四十一類。《韻鏡》如何把這三十六字母及四十一聲類或顯或隱地納入一張簡明的圖表？試以圖示之並分析說明。
4. (1)清儒古韻分部至段玉裁十七部已規模大定，但從王念孫增為二十一部後，至黃侃更增為二十八部。這些增加的韻部屬何性質為多？這在古音研究上有何意義？試簡述之。
(2)古音分部理論在清儒的訓詁中有何作用？試舉例說明。

八十九年度

1. 將下列小篆寫出其楷體，並依《說文》說明其本義、形體結構及六書所屬：

(1)  (2)  (3)  (4)  (5) 

2. 解釋名詞術語

(1)分化字

(2)說文釋例

(3)籀文

(4)凡某之屬皆从某

(5)類化

3. 問答題

(1)何謂直觀式表義功能？何謂直覺式表義功能？試分別舉例說明之。

(2)形聲字有省形、省聲之例，試說明其形成之原因？

(3)四體二用之說何人所倡？四體六法之說何人所倡？二者之同異如何？其得失又如何？試分別說明之。

4. 試述漢語歷史音韻學的分期，並於各期列舉重要韻書（或史料）各一部，據以說明各期音系的特色與語音變化。

5.何謂音節？試舉例說明漢語音節的構成方式。

九十年度

1.將下列小篆寫出其楷體，並依《說文》說明其本義、形體結構及六書細類所屬：

(1)  (2)  (3)  (4)  (5) 

2.解釋名詞術語

(1)古今字

(2)象形加聲

(3)重文

(4)比擬義

3.何謂「韻攝」？劉鑑《經史正音切韻指南》共分十六「攝」，試列舉其名目。二〇六韻大體上依據怎樣的原理綜合為十六韻攝，試舉例說明之。

4.訓詁方法上有所謂「音訓」，有些學者認為這種方法主要以聲紐為據，另一些則主張以韻部為主。試以王念孫、王引之的訓詁實踐為據，評論這些說法。

九十一年度

1.清儒段玉裁注解《說文解字》在闡發許書原旨和體例方面，作出了許多貢獻，向來被譽為《說文》四大家之長。請就下列子題，闡述段氏之觀念，並舉例說明之。
(1)古今字
(2)轉注
(3)亦聲

2.下列兩組字群中，根據您對字群的了解，先說明首字之本形本義，再就其餘各字形、音、義的構成，予以說文解字（字序自行安排），編寫一段文字產生的故事。
(1)「羊」、養、祥、美、善
(2)「辰」、脣、震、振、娠

3.試比較《韻鏡》（或《七音略》）與《四聲等子》的同與異。

4.訓詁方法有所謂「形訓」與「音訓」。這兩種方法在應用上有何功能及限制？試分別舉例說明。

九十二年度

1.許慎身處我國經學史上今、古文之爭極為激烈的漢代，試問許氏本身為今文家或古文家？請就《說文解字》一書中尋找線索，予以證明之。

2.對六書「轉注」的詮釋，各家主張極為不同，請以朱駿聲、章炳麟二氏之說為主，予以評論之。

3.何謂「虛詞」？「虛詞」有何表意功能？試舉例說明之。

4.古音分部理論對訓詁有何幫助？試舉例說明之。
5.《韻鏡》與《四聲等子》在結構及內容上有何「同」「異」？

九十三年度

1.何謂「本字為訓」？其理論依據為何？試列舉二例，詳述以對。
2.《說文》全書有「以為」之體例，其義為何？清儒段玉裁如何理解「以為」之例？請就文字聲、義之關聯，歸納許書中「以為」之類型。
3.歷來論說「轉注」名義之學者眾多，試列舉兩家之說，並就其學說之內容，詳予評論其得失。
4.漢語音韻學的內容，可以分由材料、分期、方法、觀念、術語等進行研討，試就所知一一舉例說明。

玄奘大學

八十七年度

1. 試述左列各字之聲紐、韻部、清濁、洪細：
(1)念（奴店切） (2)遊（以周切） (3)下（胡駕切） (4)雲（王分切）
(5)樓（落候切） (6)鐘（職容切） (7)聲（書盈切） (8)風（方戎切）
(9)如（人諸切） (10)肅（息福切）

2. 下列諸字試詳析其結構並說明其於象形、指事、會意、形聲中之類別：
(1)交 (2)毋 (3)耑 (4)宁 (5)刃
(6)羅 (7)閏 (8)甘 (9)尋 (10)赤

3. 案聲訓為訓詁之樞紐，試舉例說明聲訓之作用與類別。又說文中聲訓之字多與本義有距離，許氏採取何種方式補救？

4. 說文中有據本字別加形或加聲者，此等文字驟視之與形聲字無殊，實則迥異，試舉例說明之。

八十八年度

1. 何謂省形？何謂省聲？又省形、省聲字之產生其故何在？試舉例說明之。

2. 左列諸字，試詳析其結構。並言其於六書中之類別。

⑴卒 ⑵盾 ⑶桼 ⑷采 ⑸肙
⑹片 ⑺交 ⑻耑 ⑼羅 ⑽叟

3. 試說明下列各字之聲紐、韻部、陰聲或陽聲、清聲或濁聲。

⑴詩 書之切 ⑵思 息茲切 ⑶疑 語其切 ⑷余 以諸切
⑸士 鉏里切 ⑹蟲 直弓切 ⑺良 呂張切 ⑻殷 於斤切
⑼尼 女戾切 ⑽禹 玉矩切

4. 試述左列訓詁術語之意義，並舉例說明之。

⑴某謂之某
⑵某之謂某
⑶某之言某
⑷某猶某
⑸某讀曰某

八十九年度

1. 試詳析左列諸字之結構
(1)負 (2)老 (3)幸 (4)主 (5)非
(6)髙 (7)呂 (8)盾 (9)專 (10)宁

2. 試釋形聲之義，並舉例說明形聲之類別。

3. 下列切語，試寫出其聲紐、段玉裁十七部之韵部、陰陽，若為陽聲韵，則注明屬何韻尾。
(1)扶 防無切 (2)靜 疾郢切 (3)頸 巨成切 (4)翃 羽弓切
(5)蔆 子紅切 (6)集 秦入切 (7)隙 綺戟切 (8)弋 與職切
(9)桓 胡官切 (10)仁 如鄰切

4. 說文解字敘云：「轉注者，建類一首，同意相受，考老是也。」為示二字「同意」，其方法甚多，試舉例詳加說明。

九十年度

1. 何謂反訓？試解析反訓形成之原故。

2. 段玉裁倡「形聲多兼會意」，其說散見說文解字注中，試就其要點說明之。

3. 左列各字，請詳析其結構；並說明各字在六書中類別。其有許慎所誤，後代文獻訂正者，一併敘述：
(1)龍 (2)為 (3)臣 (4)萬 (5)南
(6)黃 (7)香 (8)素 (9)色 (10)西
4.(1)訓詁術語有「讀如」、「讀為」，二者有何不同？請舉例說明。
(2)試述爾雅之內容、條例。

九十一年度

1.試述左列各字之聲紐、韻部、陰聲或陽聲、清聲或濁聲。
(1)名 武並切 (2)傾 去營切 (3)嬰 於盈切 (4)兮 胡雞切
(5)惟 以追切 (6)作 則落切 (7)漢 呼旰切 (8)崖 五佳切
(9)忠 陟弓切 (10)悄 親小切
2.說文云「老考也」「考老也」，是老考二字互訓而示其義相同。案舍互訓外是否尚有其他方式可示其義相同者？試分別舉例說明。
3.何謂有本字之假借？何謂無本字之假借？試各舉二例以明之。
4.左列諸字試詳為分析其構體及六書之所屬，以明其字義。
(1)主 (2)置 (3)凡 (4)類 (5)肥
(6)爨 (7)印 (8)亦 (9)舍 (10)末

九十二年度

1. 請扼要回答下列三項問題：
(1)合體象形和會意字如何區別？並舉二例說明。
(2)形聲字聲符亦有無義可說者，實情如何？
(3)說明中國文字類化的特性。

2. 請說明下列諸字的本義、構造、六書何屬。
(1)赤 (2)黑 (3)非 (4)春 (5)寒
(6)牢 (7)章 (8)外 (9)素 (10)冬

3. 段玉裁六書音韻表在古音研究方面有何貢獻？有何缺失？

4. 如何運用因聲求義以明通假、求語根？請舉例說明。

國立中興大學

八十二年度

1.下列各字於六書形構中屬何種何類?

(1)龠　說文龠部：「龠，樂之竹管，三孔，以和眾聲也。從品侖；侖，理也。」

(2)盥　說文皿部：「盥，澡手也。從臼水臨皿也。」

(3)率　說文率部：「率，捕鳥畢也。象絲网；上下，其竿柄也。」

(4)子　說文子部：「子，十一月，昜气動，萬物滋。人以為伸。象形。」

(5)亥　說文亥部：「亥，荄也。十月，微昜起，接盛陰。從二（二，古文上字也），從二人（一人男、一人女也），乚象裹子咳咳之形也。」

2.段氏說文解字敘注云：「大氐假借之始，始於本無其字；及其後也，既有其字矣，而多為假借；又其後也，且至後代譌字，亦得自冒於假借。博綜古今，有此三變。」試舉例說明。

3.廣韻變韻之種類有幾？舉例說明之。

4.釋名：「朔，始也。」說明朔與始二字之古音關係。

參考資料：

朔，廣韻所角切疏聲覺韻，黃氏古音□紐屋部。

始，廣韻詩止切審聲止韻，黃氏古音□紐咍部。

5.解釋並舉例：

(1)通假義

(2)四聲別義

八十三年度

1.解釋：

(1)省聲

(2)隸書

(3)重文

(4)變體指事

2.試書「爨」字之篆文，並將其分析至獨體文為止，再辨其何者為指事？何者為象形？

3.簡答下列問題：

(1)禪紐之字，古聲讀成何紐之音？

(2)禪紐之字與從紐之字，是同位或同類？

(3)盍部之字與帖部之字相轉，是屬何種韻轉？

(4)齊部之字與先部之字相轉，是屬何種韻轉？

4.戴東原有陰陽同入之說，舉例說明之。

5.何謂形訓？形訓與訓字形法有何不同？各舉一例說明。

八十四年度

1.龍學泰六書三耦說，何書與何書相耦？

2.試據許慎說文，分別說明「子、西、朋、方、呂」五字之本義。

3.試書「寶」字之篆文，並將其分析至獨體文為止，再辨其何者為指事文？何者為象形文？

4.試書「夏」字之篆文，並說明其構造（從某從某從某），再辨其於六書中屬何書？

5.解釋「順遞會意」並舉例。

6.解釋「反文指事」並舉例。

7.段玉裁嘗云：許慎「惟就字說其本義，知何者為本義，乃知何者為假借，則本義乃假借之權衡也。」試舉例申明之。

8.廣韻「神」聲之字，古聲讀成黃季剛古聲十九紐中何紐之音？

9.廣韻「禪」聲與「徹」聲之字，其古聲是何關係？

10. 黃季剛古韻三十部中，齊部與咍部之字，可作何種韻轉？

11. 戴震有陰陽同入之說，任舉古韻或廣韻韻目一例說明之。

12. 韻鏡第一等位置，可能有「娘」聲之字或「唐」韻之字否？

13. 南方方言、鄰國漢音、佛經譯音，保留甚多中國古音。任舉一例說明之。

14. 錢大昕有古無輕脣之說，任舉一例說明之。

15. 說文：「楚謂之聿，吳謂之不律，燕謂之弗，秦謂之筆。」聿、不律、弗、筆之所以需要訓詁，起於何種因素？

16. 今本老子：「常無欲以觀其妙常有欲以觀其徼」，帛書老子作「恆无欲也以觀其眇恆有欲也以觀其噭」。試說明：

(1)此處「常」與「恆」二字，何者為借字？何者為本字？

(2)「無」與「无」二字，是何關係？

(3)欲字之本義？

17. 釋名：「朔，始也。」試辨其訓詁方法之類別。

參考資料：

朔，所角切。廣韻疏聲覺韻，黃氏古音□紐屋部。

始，詩止切。廣韻審聲止韻，黃氏古音□紐咍部。

八十五年度

1. 六書中指事與象形皆有所謂變體者，試予說明，並舉例以對。
2. 許慎說文解字敘言漢時諸生競逐說字之訛謬情形如何？其故安在？
3. 說明「西、豊、歸、歲、后」五字之本義。
4. 試書「雄、泰、壽、香、春」五字之篆文。
5. 廣韻次濁之字，其於發聲、送氣、收聲中，屬那一種？請舉例。
6. 黃氏廣韻四十一聲紐，較守溫三十六字母，多出那五聲紐？
7. 廣韻神紐之字，在黃氏古聲十九紐之中，讀成何紐之音？
8. 韻鏡第一等位置，可能有德韻之字否？可能有澄紐之字否？
9. 試注「爝」字之周秦古音與現代國音。

(1) 爝字之古音參考資料：

爝，廣韻在爵切，廣韻從聲藥韻（齊），黃氏古音□紐鐸部（開）。

(2) 爝字之國音參考資料：

爝，廣韻在爵切，廣韻從聲藥韻（齊）（入），切韻指南宕攝三等。

若爝字屬開齊、陽聲、精系宕攝三等時，其韻符為ㄧㄤ。

若爝字屬開齊、入聲、精系宕攝三等時，其韻符為ㄩㄝ或ㄧㄠ。

若爛字屬合撮、陽聲、精系宕攝三等時，其韻無韻符。
若爛字屬合撮、入聲、精系宕攝三等時，其韻無韻符。
若爛字屬從聲、平聲韻、國音洪音時，其聲符為ㄘ。
若爛字屬從聲、平聲韻、國音細音時，其聲符為ㄑ。
若爛字屬從聲、仄聲韻、國音洪音時，其聲符為ㄗ。
若爛字屬從聲、仄聲韻、國音細音時，其聲符為ㄐ。
若爛字屬清平時，其聲調無調符；屬濁平時，其調符為ˊ。
若爛字屬全濁上聲時，其調符為ˋ；屬其餘上聲時，其調符為ˇ。
若爛字屬清去或濁去時，其調符為ˋ。
若爛字屬全清或全濁入聲時，其調符多為ˊ；屬其餘入聲時，其調符多為ˋ。

八十六年度

1. 試據說文，書寫下列各字之篆文。
⑴幻 ⑵要 ⑶尋 ⑷春 ⑸籀
2. 試據說文，說明下列各字之本義。
⑴朋 ⑵歸 ⑶某 ⑷霸 ⑸居
3. 解釋：
⑴省聲

(2)順遞會意
(3)字樣學
(4)清代說文四大家

4.黃季剛先生如何區分等韻圖表中四等之別？

5.依據黃先生四等之區分及古韻三十部之說，等韻圖表中第一等位置，可能有侵韻之字否？可能有添韻之字否？

6.何謂入聲韻？可分那幾種？試各舉一例。

7.古無輕脣音及古音娘日歸泥，各為何人所說？試各舉一例證明之。

8.試據下列參考資料，拼注「聖」字之古音。

參考資料：

聖，廣韻式正切審聲清韻，黃氏古音□紐青部。

古聲符：端（ㄉ）、透（ㄊ）、定（ㄉ）、泥（ㄋ）。

古韻符：青（ㄧㄥ）。

古調碼：清平（1）、清入（4）、濁平（5）、濁入（8）。

9.論語：「學而時習之，不亦說乎！」請答：

(1)句中何字為無本字之假借字？
(2)句中何字為有本字之通假字？
(3)說明該通假字之本字。

(4)分別說明該通假字及其本字之本義。

九十三年度

1.下面為清人吳熙載篆刻，任選其中五字寫出楷體及其本義、構造、六書之屬。

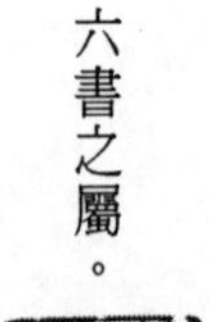

2.何謂象形？試分類各舉兩例以明之。

3.請依據您所學的聲韻學知識，從國語讀音以及您對中古、上古音的瞭解來推論：

(1)找出以下五個被切字的正確反切，並說明您的判斷依據。

(2)說明這五個字在中古時候的聲母。

(3)推測這五個字在上古屬於哪一韻部（請以董同龢22部為據）。

①謝——A.辭夜切　B.慈夜切　C.許下切

②善——A.墜頑切　B.常演切　C.失然切

③差——A.此移切　B.似茲切　C.楚宜切

④逸——A.於悉切　B.于密切　C.夷質切

⑤巢——A.側茅切　B.鉏交切　C.楚勞切

4.現今中國境內的漢語方言可分為哪幾大區？各區顯而易見且具代表性的語音特徵又有哪些？請就您所知加以說明。（注意：請務必說明您所採用的分區根據，是根據語音特點？地理劃分？還是其他因素。）

5.試問同源詞在書寫形式上有幾種類型？請舉例說明之。

6.請舉例說明下列訓詁名詞：
(1)「累增字」
(2)「對文、散文」

靜宜大學

八十六年度

1. 寫出下列各字的古文字和本義：
(1)莫 (2)能 (3)中 (4)朋 (5)帥
(6)東 (7)牛 (8)禍 (9)丁 (10)乍
2. 論述李陽冰和王安石在文字學史上的評價。
3. 請解釋下列「 」中的關鍵字，並解釋句意。
(1)黎民「於」變時雍。
(2)眚災肆赦，怙終「賊」刑。
(3)文王出而「正」天下，桓公去國而霸諸侯。
(4)蔽芾甘棠，勿剪勿「拜」，召伯所說。
(5)泌之洋洋，可以「樂」肌。
4. 請寫出《詩經．關雎》之韻腳及上古韻部。

5.舉例說明小學對研究國學的具體幫助。

八十九年度

1.試舉十例，應用古文字形申述《說文》析字之誤。
2.申述河南二里頭的刻符與文字間的關係。
3.寫出下列反切上字中古所屬的聲類、清濁全清、次清、全濁、次濁；反切下字所屬韻部《廣韻》206韻、等、呼。
(1)詳，似羊切 (2)崽，山皆切 (3)殘，昨干切 (4)繩，食陵切
(5)賢，胡田切 (6)琛，丑林切 (7)卜，博木切 (8)蕺，側吏切
(9)署，常恕切 (10)糅，人又切
4.說明顧炎武在古韻分部研究上的貢獻
5.何謂同源詞？試舉例明之。

九十年度

1.由中國近代的新發現評述文字學的研究方向。
2.評述說文分部的優劣。
3.比較《廣韻》與現代國語的聲母系統，說明二者之間的主要變化為何？
4.舉例解釋下列詞語：

(1)舌音類隔之說不可信
(2)陰陽對轉
(3)重紐
(4)下降複元音

5. 試說明：
(1)何謂「反訓」？
(2)「反訓」現象最早由何人提出？
(3)「反訓」產生的原因。

九十一年度

1. 說明下列諸字的本形本義。
(1)乍 (2)庚 (3)報 (4)卜 (5)王
(6)天 (7)東 (8)無 (9)申 (10)凡

2. 舉例評述說文部首的分部原則。

3. 請回答下列問題：
(1)何謂「呼」？「二呼四等」、「四呼」之分類在語音上各有何不同？兩者關係如何？
(2)中古哪些聲母是三等韻所特有？《韻鏡》如何編排出現在三等韻的字？
(3)說明《廣韻》中「蟲，直弓切」、「幸，胡耿切」二切語，無法直接以國語拼出被切字音讀的原因。

4.何謂「音近義通」？何以音近之詞，義多相通？是否即宋人的「右文說」？試說明之。

九十二年度

1.寫出下列諸字的篆文。

⑴飲 ⑵共 ⑶無 ⑷叟 ⑸棄
⑹東 ⑺其 ⑻申 ⑼行 ⑽交
⑾煙 ⑿虎 ⒀昔 ⒁門 ⒂旁
⒃得 ⒄睹 ⒅甲 ⒆亥 ⒇丕

2.試用古文字的本形本義評論漢人「馬頭人為長，人持十為斗，虫者屈中也」之誤。

3.殷商銅器中出現大量圖形符號，其性質為何？是否屬於文字？試申論之。

4.漢字在發展過程中，如何解決因字義引申或假借所造成的身兼多職的現象？又文字分工與形聲字的聲符兼義與否有沒有關係？試說明之。

5.下列反切可分成幾個韻類？寫出韻目並將被切字填入等韻圖中。

當，都郎切 章，諸良切 羊，與章切 郎，魯當切 亡，武方切
方，府良切 藏，昨郎切 襄，息良切 張，陟良切 莊，側羊切

6.試說明造成中古聲母、聲調語音分化的因素。

7.何謂「合韻」？清代學者在上古韻部系統的研究上，如何利用合韻現象？成果如何？試

舉例說明之。

九十三年度

1.請解釋下列古文字的初形本義，並先寫出其楷書。

(1)  (2)  (3)  (4)  (5) 

(6)  (7)  (8)  (9) 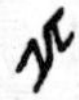 (10) 

2.說明下列各書的時代與作者。

(1)說文解字詁林

(2)說文解字繫傳

(3)六書略

(4)說文釋例

(5)金文詁林

3.試根據〈說文敘〉評論許慎的假借說。

4.請回答下列問題：

(1)說明下列異文的上古音關係：①《戰國策．趙策一》：「三百里通於燕之唐、曲吾。」漢帛書本「吾」作「逆」。（吾，五乎切、逆，宜戟切）②《書．洪範》：「曰皇極之敷言。」《史記．宋微子世家》「皇極」作「王極」（皇，胡光切、王，雨方切）。

(2)說明下列反切無法以國語拼出的原因：長，直良切（陽韻）、盡，慈忍切（軫韻）。

(3)試說明下列語音現象：閩南語「八」音pat、但「八卦山」讀pak kuasuã：「回應」音hue iŋ，但「應喙應舌」音in tshui in tsi？（頂嘴）。

5. 何謂「類隔切」？《廣韻》中的類隔切可分為幾類？反映了上古音的什麼語音現象？又這類反切是否會影響《廣韻》反切的系聯結果？試舉例說明之。

6. 舉例說明下列詞語：

(1)四聲別義

(2)凡會意必以所重為主

東海大學

八十六年度

1. 許慎如何說解六書？四體二用的說法為何？有何說解上的缺失？後人對六書有何另外的說解？何者較為合理？
2. 何謂等韻？等與等韻有何不同？二等與四等為何有真假的分別？與字母問題有無關係？陳澧反切如何歸納？標出四反切國語語音（馮貢切……），再反觀陳澧反切有無問題？
3. 何謂同源詞？傳統上對同源詞有何稱呼？最先具於何人何書？同源詞的條件為何？舉出四個同源詞的例子。

逢甲大學

八十一年度

1. 形聲字與其所取以表聲之字，或雙聲、或疊韻、或同音；然亦有聲韻畢異者（如「需」從「而」聲之類），其故安在？試舉例說明之。
2. 試舉例說明六書「轉注」與「假借」之區別。
3. 試就下列篆文之字形、字義，說明其於六書中屬何類？

(1)  (2)  (3)  (4) 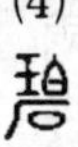 (5) 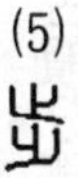

4. 黃侃謂廣韻四十一聲類，有正有變，而以「喻」「為」二紐為「影」紐之變聲。其說然否？試舉例以證。
5. 試以陳澧系聯廣韻切語下字之條例並參照切韻系韻書之切語，系聯廣韻入聲十月韻之韻類，並說明系聯之過程及結果。
6. 試就下列切語，依據韻鏡之韻圖，求出所切字之讀音：

(1)琴，所今切（今金同音）(2)綅，息林切 (3)鈝，巨金切

八十二年度

1. 文字學：

何謂「四體二用」？請詳述之。

2. 聲韻學：

(1)試分別說明段玉裁、章太炎兩位於古韻分部有何差別？並比較其得失。

(2)請注明下列各字所屬之聲紐？清濁？韻類？洪細？

①秦（匠鄰切）②楂（鉏加切）③遄（市緣切）④稅（舒芮切）

⑤洧（榮美切）⑥作（則落切）⑦遵（將倫切）⑧野（承與切）

3. 訓詁學：

試述聯綿字的意義，及其在古籍中的功用。

八十三年度

1. 文字學：

許慎《說文》敘曰：「轉注者，建類一首，同意相受，考老是也。」何謂「建類一首」？試就段玉裁、王筠、章太炎之說闡釋之，並比較三家說之得失。

2. 聲韻學：

試就下列《廣韻》切語，將所切之字依《韻鏡》歸字之法，填入下列韻圖中適當空格，並說明理由。

(1)終（職戎切） (2)崇（鋤弓切） (3)嵩（息弓切） (4)充（昌終切）
(5)叢（徂紅切） (6)怱（倉紅切） (7)葼（子紅切） (8)檧（蘇公切）

齒音				
清	次清	濁	清	濁

3. 訓詁學：
宋．王聖美《字解》有「右文」說，宋．張世南《游宦紀聞》亦有「右文」之主張。試略述其內容及其對後人研究訓詁之啟示。

4. 聲韻學：
試詳述陳澧系聯廣韻切語上字之法，並舉例以證。

5. 訓詁學：
音訓之訓詁方法其作用如何？試闡述之。

八十四年度

1. 文字學：

(1)試依許慎《說文》說明以下諸篆之本義、形構、六書歸屬。

①  ②  ③  ④ 

⑤  ⑥ 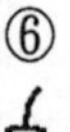 ⑦  ⑧ 

(2)形聲字之聲符具表義、表音之功用，然今所見形聲字，有聲不兼義者，有與所從聲符聲韻異者，其故安在？試舉例說明之。

2.訓詁學：

(1)《說文》云：「臭，禽走臭而知其迹者，犬也。」而《左傳．僖公四年》：「且其繇曰：專之渝，攘公之羭。一薰、一蕕，十年尚猶有臭。」孔穎達疏曰：「臭是氣之總名，元非善惡之稱，但既謂善氣為香，故專以惡氣為臭耳。」其說然否？試依訓詁理論詳釋之。

(2)何謂形訓？其作用如何？形訓在訓詁運用上有何侷限？試闡述之。

3.請注明下列各字所屬之聲紐及其清濁？

(1)崢　士耕切　(2)跧　阻頑切　(3)制　征例切　(4)升　識蒸切

(5)楚　瘡據切　(6)鍾　職容切　(7)漢　呼旰切　(8)由　以周切

(9)雜　徂合切　(10)崖　五佳切

4.試列表說明韻圖歸字與字母之安排。

八十五年度

1. 文字學：

王筠於《說文釋例》提出「分別文」與「累增字」之說：

(1)試就已知詳論之。

(2)試依王筠論述，解析以下諸字組之關係：

①昏、婚、惛　②氣、餼　③臭、齅

④肙、蜎　⑤采、採

2. 訓詁學：

試比較以下訓詁術語之異同：（必須舉例）

(1)「或作」、「當作」。

(2)「讀若」、「讀為」。

(3)「言」、「之言」。

(4)「之謂」、「謂之」。

3. 試據下列各字之反切註明其所屬之聲類及其清濁。

(1)鍾　職容切　(2)臻　側詵切　(3)齊　徂奚切　(4)忠　陟弓切

(5)祈　渠希切　(6)殷　於斤切　(7)諱　許貴切　(8)將　子良切

(9)尼　女夷切　(10)搜　寺絕切　(11)莈　沙瓦切　(12)脥　謙琰切

(13)豻　可顏切　(14)禹　王矩切　(15)線　私箭切　(16)顏　五姦切

(17)淯　榮美切　(18)野　承與切　(19)飆　卑遙切　(20)攄　丑居切

八十六年度

1.文字學：

(1)試依許慎《說文》說明以下諸篆之本義、形構、六書歸屬。

① ② ③ ④ ⑤

⑥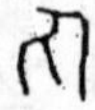 ⑦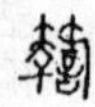 ⑧ ⑨ ⑩

(2)試就已知詳述形聲字產生之途徑。

2.訓詁學：

郭璞注《方言》云：「苦而快者，猶以臭為香，亂為治，徂為存，此訓義之反復用之是也。」注《爾雅》云：「以徂為存，猶以亂為治，以曩為曏，以故為今。此皆訓詁義有反復旁通，美惡不嫌同名。」其說然否。試依訓詁理論詳釋之。

3.聲韻學：

如何分辨開合洪細？舉例並列表說明之。

八十七年度

1. 文字學：

(1)許慎說解以下諸字形義，意或未安，試就已知修正之，並依許慎界說，析其六書歸屬。

①晶精光也。從三日。

②為母猴也。其為禽好爪，下腹為母猴形。

③手之巧也。從又持巾。

④足人之足也。在體下。從口止。

⑤㫃旗之游㫃之。從中曲而垂下，相出入也。

(2)文字於衍化過程中有「聲化」(形聲化)與「類化」之現象，其原因為何？試援例說明之。

2. 訓詁學：

解釋名詞

(1)字根

(2)古今字

(3)互訓

(4)引申義

(5)同源詞

3.請註明下列各字所屬之聲紐及其清濁：

(1)陽 與章切 (2)春 昌脣切 (3)純 常倫切 (4)如 人諸切

(5)稅 舒芮切 (6)制 征例切 (7)楂 鉏加切 (8)跧 阻頑切

(9)楚 瘡據切 (10)漢 呼旰切

八十八年度

1.文字學：

(1)試就《說文》六書界說，說明以下字組中篆文之六書類例，並簡述歸類之理由：

(2)形聲字往往有「省形」、「省聲」之現象，其原因為何？試就已知舉例說明之。

2.訓詁學：

解釋名詞：

(1)互訓 (2)比喻義 (3)語根 (4)轉語 (5)合音詞

3.聲韻學：

廣韻中陽聲收（ng）有幾？收（m）有幾？收（n）有幾？各稱何種鼻音？試將韻目指出。

八十九年度

1.文字學：

(1)試就以下諸字說明「象形」、「指事」之區別。

①大 ②刃 ③卜 ④飛 ⑤予

⑥立 ⑦牟 ⑧曰 ⑨尹 ⑩乃

(2)試就已知比較唐蘭「三書說」與許慎「六書說」之異同。

2.訓詁學：

何謂「反訓」？試就訓詁理論說明「反訓」產生之原因？

3.聲韻學：

(1)如何分辨開合洪細？試說明並列圖以證。

(2)陳澧系聯廣韻切語上字之法，其基本條例為何？試述之。

九十年度

1.文字學：

(1)釋依許慎六書界說說明以下諸篆之六書歸屬，並說明其本義為何。

⑥⑦⑧⑨⑩

(2)試援例說明形聲字聲符兼義與不兼義之情形，並說明聲符不兼義之理由為何？

2.訓詁學：

名詞解釋

(1)增字為訓

(2)互文見義

(3)互訓

(4)轉語

(5)推因

3.聲韻學：

試說明切韻與廣韻韻部數目及韻目次第之異同？

九十一年度

1.文字學：

(1)何謂「會意」？試就《說文》界說詳述之。

(2)試依《說文》體例，舉例說明「正文」與「重文」之界說？又產生重文的原因為何？重文的價值又為何？

2.訓詁學：

名詞解釋：杕反訓杌當作杈引申義杝義界杍同源詞

3.聲韻學：

試述陽聲韻發鼻音者有幾類？其韻目為何？

九十二年度

1.聲訓、右文說、同源詞皆為訓詁學詮釋聲義關係之重要法則，試詳明其學說之特點，並評述其優劣。

2.試就以下諸篆說明「合體象形」、「合體指事」之範疇，並詳論其形成之因素。

(1)  (2)  (3)  (4)  (5) 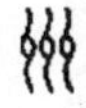

3.簡答題

(1)陰陽對轉 (2)類隔切 (3)同形字

4.道家有所謂無為而無不為、不齊之齊、無用之用、不爭之爭，《老子》又說：「名可名，非常名」，請就語境之營造與思想之內涵申論之。

5.請從思想史的角度簡要說明下列各文句之內涵。（非翻譯題。）

(1)鬼有所歸，乃不為厲。（《左傳．昭公七年》載子產言）

(2)殷人尊神，率民以事神，先鬼而後禮。（《禮記．表記》）

(3)禮，與其奢也，寧儉；喪，與其易也，寧戚。（《論語．八佾》孔子答林放問禮之本）

(4)禮義治人之大法，廉恥立人之大節；蓋不廉則無所不取，不恥則無所不為。（《日知錄．廉恥》）

(5)人心惟危，道心惟微，惟精惟一，允執厥中。（偽《古文尚書．大禹謨》）

(6)飲食者，天理也；要求美味，人欲也。（《朱子語類》）

6.王國維有所謂「二重證據法」，意指學術研究除傳世典籍外，常有賴於新出現之文獻材料，特別是新的考古發現，請就下列三者選擇其一，說明新材料對於該研究課題之影響：

(1)《詩經》（例如上海博物館藏楚簡、阜陽《詩經》漢簡）

(2)《老子》（例如郭店楚墓竹簡、馬王堆漢墓帛書）

(3)唐代詩歌（例如王梵志詩、〈秦婦吟〉）

國立暨南國際大學

八十四年度

1.「簡化」是不是漢字演變必須的趨勢?面對大陸推行多年的「簡化字」，我們應當採取什麼對策?

2.敘述許慎《說文解字》一書的價值，並評論其缺失。

3.《全唐詩》卷三十二載有胡曾〈戲妻族語不正〉詩曰「呼十卻為石，喚針將作真。忽然雲雨至；總道是天因。」這首詩透露了什麼樣的音韻訊息?

4.諸子散文中偶有押韻現象。請指出《管子．內業》「一言得而天下服一言定而天下聽公之謂也不正德不來中不靜心不治」中哪些地方押韻，各押何部韻?

5.《廣韻》反切的製作原則是：反切上字反應被切字聲母，反切下字反應被切字韻母和聲調。《廣韻》東韻載有三個反切如下：「東德紅切」、「同徒紅切」、「蟲直弓切」。請說明：

(1)為什麼用國語切讀的結果，「同」、「紅」同調，而「東」、「紅」不同調，「蟲」、

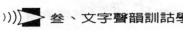

「弓」也不同調？

(2)為什麼用國語切讀的結果，「東」、「德」同聲母，「同」、「徒」同聲母，而「蟲」、「直」聲母不同？

6. 何謂同源字？試舉例說明之。它和假借字有何不同？

7. 何人首倡反訓之說？試舉例說明之，並評述之。

八十五年度

1. 簡答下列各書的時代與作者

(1)干祿字書

(2)說文解字繫傳

(3)宋元以來俗字譜

(4)汗簡

(5)六朝別字記

2. 六書「轉注」之義眾說紛紜，試述段玉裁、龍宇純二家之說，並評論其得失。

3. 請利用上古音的知識，判斷下列假借說何者在聲韻條件上為可能，何者為不可能：

(1)禮記祭義「頃步」，鄭玄注謂「頃」為「跬」之假借。

(2)莊子逍遙遊「而徵一國者」，郭慶藩說「而」字當讀為「能」。

4. 請改正下列敘述的錯誤：

(1)列（良薛切）是臻攝入聲四等字。

(2)昔（思積切）是止攝心母三等字。

八十六年度

1.許慎「說文解字」中的成就及缺點。

2.俗字產生的原因為何？並說明唐代對俗字刊定之工作與成就。

3.說明下列書籍時代及作者：

(1)文字蒙求

(2)說文通訓定聲

(3)六書故

(4)古文四聲韻

(5)代鐘鼎彝器法帖

4.寫出國語二十一輔音及國際音標，並列表說明發音部位與發音辨法。

5.等韻圖與韻書切韻系統不同之理由為何？

6.段玉裁以諧聲偏旁研究上古韻部，貢獻極大，試舉例說明諧聲研究上古音之方法，並說明其推進清儒上古音研究之處。

八十七年度

1. 請就下列兩句唐詩，任擇其中一句作答。答題時，先用小篆寫出全文，再運用古文字資料說明各字的本形本義。

(1)孟浩然〈春曉〉：「夜來風雨聲」。

(2)李白〈靜夜思〉：「床前明月光」。

2. 《說文．敘》所述的「六書」定義及其例字，其中若干內容曾引起歷代學者質疑，請就所知詳述各項質疑的焦點，並說明你對這些問題的看法。

3. 請根據上古音韻知識，賞析下列文字在聲韻上的美感：

肅肅兔罝，椓之丁丁。赳赳武夫，公侯干城。（《詩經．兔罝》）

4. 簡答下列各題：

(1)《廣韻》「乾，渠焉切」屬銜咸仙先中那一韻？你如何判斷得出？

(2)「皓」的聲母屬36字母系統中哪一母？你如何判斷得出？

(3)演變到今天，《廣韻》鹽韻「職廉切」在國語的音讀是什麼？你如何判斷得出？

5. 國語用「嘰哩瓜啦」來生動描繪說話的聲音，例如：「他嘰哩瓜啦說個不停。」請根據音韻知識分析這樣的形容方式。

八十八年度

1.本題末尾附有九個例字，請挑選其中三個，然後運用各種古文字資料，說明這些例字的初形本義及其形義演變歷程。

(1)得 (2)牢 (3)壺 (4)受 (5)萬 (6)斗 (7)鑄 (8)望 (9)何

2.何謂「異體字」？從文字構形的角度考慮，可以將異體字區分為那幾種類型？請各舉數例說明之。

3.《說文解字．敘》云：「諸生競逐說字解經誼稱秦之隸書為倉頡時書云父子相傳何得改易乃猥曰馬頭人為長人持十為斗蟲者屈中也廷尉說律至以字斷法苛人受錢苛之字止句也若此者甚眾皆不合孔氏古文謬於史籀」請先以白話文翻譯這段文字，再就其內容展開評論。

4.以下的例子取自《廣韻》，請根據所註的反切推測它們國語的讀音。

(1)梀 杜奚切 (2)鵃 止遙切 (3)諓 慈演切 (4)豎 古電切 (5)貯 直呂切

5.請就以下幾個字的國語讀音，分析它們的音韻結構。

(1)挑 (2)全 (3)欲 (4)鍋 (5)翠

八十九年度

1.請舉例說明形聲字產生的幾種主要途徑。

2.《切韻》究竟代表那種語音系統，歷來學者爭議未定，請就幾種主要說法展開評論。

3.請舉例說明「右文說」的價值與缺失。

4.解釋名詞：

(1)小徐本

(2)平水韻

九十年度

1.請舉例說明「右文說」的內涵及其侷限。

2.試述「郭店楚簡」的主要內容及其研究概況。

3.許慎《說文》分析小篆形義未必全然可信，請就下列例字選擇其中一個展開評論。

(1)元，始也。從一，兀聲。

(2)各，異詞也。從口、夂。夂者，有行而止之，不相聽意。

(3)丘，土之高也，非人所為也。從北、從一。一，地也。人居在丘南，故從北。中邦之居，在崑崙東南。一曰：四方高、中央下為丘，象形。

4.(1)如果用「從、前、自、疾」四個字聲母的音讀為例，可以觀察到中古「從」母字在國語裡有四種讀音。請問：其中究竟發生了那些變化，而變化條件又是什麼？

(2)「類隔」往往反映了音變時間與反切製作時代間的差距。請問「舌音類隔」（如「罩，都教切」）呈現了上古至中古之間的什麼變化？文獻或方言裡還有些相關的現象。請試就你所見，加以解釋。

5.中古音研究有那些可用的材料？請就其中的一兩種（材料及其研究法）加以評述。

九十一年度

1.史前陶器常見的刻劃符號，是否即為原始漢字，曾經引起學者熱烈討論，迄今仍無定論。請先介紹史前陶器刻劃符號的資料概況，再就論戰雙方所持的理由展開評論，最後具體表明你的立場。

2.古代文獻中的詞，往往已有本字，書寫者卻置之不顧，反而使用假借字，為何如此？每一種情況，請各舉數例說明之。

3.解釋名詞

(1)辨內外轉例

(2)舌音類隔之說不可信

(3)陰聲韻

(4)反切

4.按廣韻可知「東　德紅切」「空　苦紅切」「同　徒紅切」「籠　盧紅切」，請回答下列問題。

(1)「東」「空」「同」「籠」既同用反切下字，何以國語聲調今讀不同？

(2)以「紅」為反切下字者另有一「烘」字。「烘」國語今有一讀為xoŋ55，請問此字中古聲母為何？請說明你據以判斷的線索。

(3)「紅」「東」「空」「同」「籠」「烘」為幾等字？請說明你據以判斷的線索。

5.參考下表各字的讀音。請問這些方言所源出的祖語，其韻尾有幾類，各為何？

	商	剛	山	肝	杉	感
北京	ʂaŋ	kaŋ	ʂan	kan	ʂan	kan
福州	suɔŋ	kuoŋ	saŋ	kaŋ	saŋ	kaŋ
廈門	siɔŋ	kɔŋ/kaŋ	san/sũã	kan/kũã	sam	kam
梅縣	sɔŋ	kɔŋ	san	kɔn	ts^{h}am	kam

九十二年度

1.請寫出下列各字的楷書釋文：

(1)  (2)  (3)  (4)  (5) 

(6)  (7)  (8)  (9)  (10) 

2.試述隸書形成與演變的過程。

3.何謂「古今字」？請舉例說明之。（例字多多益善，但必須逐一詳細論述）

4.在口語裡，我們常可以聽到以下的說法。請試著用一則規律來描述國語裏可能發生的「語流音變」：

(1)趕快　kan21＋kuai51＞kaŋ21kuai51

(2)感動　kan21＋toŋ51＞kan21toŋ51

(3)感冒　kan21＋mau51＞kam21mau51

(4)趕集　kan21＋tɕi24＞kan21tɕi24

(5)敢呀！　kan21＋ia33＞kan21ja33

5.《韻鏡》作者將「脂韻」安置於「內轉第六開」。請你參考各字及其反切，回答問題。

尸　式之　咨　即夷　茨　疾資

師　疏夷　脂　旨夷　鴟　處脂

私　息夷　紕　匹夷　丕　敷悲

(1)若按韻鏡格式，那些字應安置在三等？

(2)請問「師」字實際為幾等字？

(3)按你的判斷，國語「鴟」字讀音為何（請以國際音標標記）？根據什麼線索？

(4)請問「丕」「紕」兩字所牽涉的，是那種現象？

(5)「丕」「紕」兩字，哪一個字應安置在四等？為什麼？

九十三年度

1. 請寫出下列文字的初形與本義：

(1)止　(2)采　(3)棄　(4)走　(5)陟　(6)隻

2. 許慎《說文解字·敘》有一段文字提到小篆的來源，請回答下列問題：

秦始皇帝初兼天下丞相李斯乃奏同之罷其不與秦文合者斯作倉頡篇中車府令趙高作爰歷篇太史令胡毋敬作博學篇皆取史籀大篆或頗省改所謂小篆者也。

(1)請為此段文字加上新式標點符號。

(2)請就實際出土文字現象舉例申論，許慎對於小篆來源的看法是否正確。（請使用董同龢先生《漢語音韻學》的擬音符號或術語）

3. 清儒錢大昕認為上古只有一套唇音聲音。到了三十六字母時代，唇音變成二套，一套是幫滂並明，一套是非敷奉微，請問當時是產生了什麼樣的變化？變化的條件又是什麼？

從三十六字母以後，二套唇音各經歷了哪些變化，變成現在國語的p、ph、m、f？

4. 所附圖影是《韻鏡》外轉第十七開的平聲韻。

齒音部分的字有：

新，息鄰切。辰，植鄰切。神，食鄰切。親，七人切。

申，失人切。津，將鄰切。瞋，昌真切。秦，匠鄰切。

臻，側詵切。莘，所臻切。帘，士臻切。真，職鄰切。

(1) 請問「頻（符真切）」是幾等字？請利用題目所提供的資料，逐條說明判斷的依據。這是韻圖安排上的一個什麼現象？

(2) 請問在三十六字母的系統中，B、C屬於齒音的哪一個字母？

(3) 請問以上所列舉的反切，哪一個在B的位置？依據哪些條件可作判斷？國語的音讀能夠提供什麼幫助？

(4) 齒音當中的「津，將鄰切」，和牙音「巾」的國語音讀相同，請以國際音標標出國語音讀。請說明齒音「津」和牙音「巾」國語音讀一樣的原因？

脣音				舌音				牙音				齒音					喉音				舌音	齒音
清	次清	濁	清濁	清	次清	濁	清濁	清	次清	濁	清濁	清	次清	濁	清	濁	清	清	濁	清濁	清濁	清濁
○	○	○	○	○	吞	○	○	根	○	○	垠	○	○	○	○	○	恩	○	痕	○	○	○
○	○	○	○	○	○	○	○	○	○	○	○	○	○	E	○	○	○	○	○	○	○	○
彬	○	貧	珉	珍	橉	陳	紉	巾	○	[illegible]	銀	○	D	A	G	F	[illegible]	○	○	國	鄰	人
賓	繽	頻	民	○	○	○	○	○	○	○	○	○	C	B	○	○	因	○	礥	夤	○	○

國立彰化師範大學

八十五年度

1. 孳乳是中國文字演進的法則之一，黃季剛先生將孳乳分為三類，其說何如？
2. 下列各字的字形分析，許慎的說解（見每字下所引）未見正確，應如何補正之：
   (1) 止「象艸木出有阯」
   (2) 干「從一從反入」
   (3) 壴「中豆」
   (4) 衣「象覆二人之形」
3. 中國文字的特色，在字義上具有統覺性（又稱類化性），試述其說。
4. 《廣韻》支韻及祭韻（去聲）皆為三等韻：
   (1) 支韻脣、牙、喉音「陂鈹皮縻奇犧」等字，《韻鏡》何以將之置於三等，又何以將「卑跛陴彌祇詑」等字伸入四等？
   (2) 祭韻之「蔽潎弊袂」等字，《韻鏡》在第十三轉三等地位有空，然則此四字何以不排入，卻排於第十五轉之四等？

註：右二子題，請依黃季剛之說，說明之。

5.古韻之分合，歷來諸家各有不同：

(1)顧炎武在變更唐韻入聲之分配時，一改鄭庠之舊例，而將入聲各韻作了怎樣的處置？

(2)支、脂、之三部，段玉裁分別將之置於其十七部裡的第幾部？並請詳述段玉裁作如此安排的理由？

6.請舉例說明所謂「反訓」之謬誤原因所在。

八十六年度

1.「文」與「字」如何區別，試述其要。

2.段玉裁注說文，標舉許書之條例，試問「羅部立文之例」其意為何？

3.試舉例說明形聲字之結構。

4.許慎「比類合誼」應作何解釋？

5.發、送、收之名稱及界說，歷來諸家眾說紛紜——

(1)請依羅常培《音韻學導論》「表列」諸家名異實同的稱謂。

(2)勞乃宣《等韻一得》，對其所提出之稱謂做了怎樣的說明？

(3)羅常培《音韻學導論》就語音學裡現代術語作闡釋，對發、送、收所做的分析是怎樣的？

6.「中」有陟弓、陟仲兩切，「重」有直容、柱用兩切，「藏」有昨郎、徂浪兩切，「縱」有即容、子用兩切，說明「中、重、藏、縱」四字的聲母與聲調，在國語中的演變關係。

7.說明「筆、玉、出、決、讀、策」六個入聲字，在國語讀音中，聲調變化的條件？

8.請說明何謂「字根」？何謂「語根」？以及其訓詁運用上的限制。

9.請說明中國文字由單字成義發展為「複詞」的原因何在？其訓詁價值如何？

八十八年度

1.請從您的理解，說明「象聲」、「諧聲」和「形聲」三者在本質上的異同。

2.辨識下列各字，先書正楷字，再說明六書的類別。

(1)  (2)  (3)  (4)  (5) 

(6)  (7)  (8)  (9)  (10) 

3.唐宋韻書裡：

(1)王仁昫《刊謬補闕切韻》，就陸法言《切韻》多所改易，請就①韻目之改易 ②平聲韻次之改易，例舉說明之。

(2)《廣韻》既為四聲相承，按理平、上、去、入的數目應當一樣，平聲韻為57（陽聲韻35），上、去、入則當分別為57、57、35，然而《廣韻》卻是55、60、34，請說明其緣故。

4.古音學上有「喻四古歸定」「喻三古歸匣」的說法，有何證據？請加以論證之。

5.請說明何謂「語根」、「字根」？及其訓詁運用之限制。

八十九年度

1.指事字在字形結構上可分為那些類別？並各舉三字例說明之。

2.試舉例說明形聲兼意和會意兼聲的差異。

3.廣韻聲類黃季剛將之分類為41，此後之音韻學學者，或精密地再細分，有⑴高本漢、白滌洲的47類，⑵曾運乾、陸志韋的51類，⑶董同龢《漢語音韻》更再析為52類。亦或從寬而重新分合者，有⑴王力的36類，⑵李榮的36類，⑶張瑄的33類。以上諸家在聲類上的分合，請依黃季剛的41類為基點，將各家之分、合，或以表列方式，或以敘述方式，說明之。

4.說明國語ㄐㄑㄒ三個音位是中古那些聲紐演變而來？為什麼這樣變？

5.依下列反切，切出今天國語的聲韻調。

⑴戶庚切 ⑵渠力切 ⑶莫結切 ⑷即容切

6.請說明訓詁學之所謂「語根」、「字根」，及其訓詁之限制。

九十年度

1.文字有孳乳的現象，何謂孳乳？並舉例說明之。

2.許慎說文解字對字形之解釋難免有誤，試分別補正。

(1) 「下基也，象艸木出有阯」

(2) 「犯也，从一从反入」

(3) 「依也……象覆二人之形」

(4) 「小蟲也，从肉口」

(5) 「所㠯書也……從聿一」

3.請說明「塞音」、「擦音」、「塞擦音」三者在發音方法上的過程？又「塞音」、「擦音」、「塞擦音」就發音部位的不同，分別產生了許多的「塞音」、「擦音」、「塞擦音」，請就四十一聲母，指出其中的「塞音」、「擦音」、「塞擦音」是那些？並請分別就各聲母標示其國際音標。

4.正齒音古音之歸屬，自李元、夏燮至黃季剛，分別所作出的發現為何？又喉音字、古音之歸屬，黃季剛及其以後之學者，分別有那些重要的發現？

5.何謂語根？其運用於訓詁的功用與限制如何？

九十一年度

1.試就下列標準字體寫出小篆字，並針對許慎說解分別加以補正。

(1)止「下基也，象艸木出有阯」。

(2)干「犯也，从一从反入」。

(3)午「啎也，五月一气啎三象形」。

(4)萬「蟲也，从厹象形」。

2.鄭樵《通志．六書略》云：「獨體為文，合體為字」，何謂合體為字？在六書中那些屬於合體字？並舉字例說明之。

3.請比較說明「韻鏡」、「經史正音切韻指南」、「切韻指掌圖」三本韻圖在編寫體例上的差異。

4.(1)齒音聲母古音之歸屬，黃季剛、錢玄同之發現。

(2)喉音聲母「喻」、「為」二母古音之歸屬，錢大昕、曾運乾之發現。

5.中國文字常因字義引申，而有一字多義的現象，後世為求辨別，遂有救濟辦法，請簡述之。

九十三年度

1.寫出「落日無餘輝，琴瑟難合鳴」十字的中古聲紐、韻尾及聲調？

2.解釋洒掃「庭除」、嫁作「新婦」、「中晝」起徘迴、性命「交關」、「躊躇」滿志等五個引號中的古詞詞義，並說明各詞上下字間的音義關係？

3.請舉例說明指事字的正例與變例。

4.針對漢字或引申其義或假借其音的一字多用的現象，後世衍生出字形上的辨別救濟辦法，請舉例略述之。

國立中正大學

八十年度

1. 舉例闡述戴震轉語之說。
2. 研究先秦兩漢的音韻現象，有哪幾種性質的材料可以利用？這些材料各有哪些特點和應用上的限度？請舉例說明。
3. 國語讀「ㄕㄢˋ」的音，有可能來自《切韻》（或《廣韻》）的哪些韻、哪些聲母？又有可能來自上古的哪些韻部？哪些聲母？請從聲、韻、調三方面說明你所作推測的理由。
4. 試述南北朝時代文字混亂的情形，並評論唐代學者整理文字的得失。
5. 漢字簡化與拼音化孰為可行？試舉實例說明之。

八十一年度

1. 清代的文字學著作中，舉出你平常接觸較多的兩部，說明在什麼場合使用它？能為你解決什麼問題？

2.漢字結構有所謂「以事為名，取譬相成」，請就下列幾個字說明如何「取譬」：
(1)涼從京聲
(2)悔從每聲
(3)寵從龍聲
(4)埋從里聲

3.入聲字在早期韻圖和宋元韻圖中排列的情況頗不相同，其間是否有語音上的變遷？還是有其它因素？試論述之。

4.訓詁學上，古人曾提出「右文說」，和近人提出的「求語根」，「同源詞」有何關係？這方面的研究在語言學上有何意義與價值？

八十二年度

1.何謂「反訓」？請舉出歷來認為是反訓的例子，加以討論和評述。

2.關於破音字的問題，是否可以建立一套理論，或可資遵循的原則來處理？（例如「忠告」，「女紅」，「褪色」，「乾隆」，「銀行」等）

3.請說明「雙聲」、「疊韻」的分類可否應用於形聲字，通假字，以及音訓的研究上？

4.漢字的主要構成方式是形聲，請說明形聲字的形成、演化與分類。（先有聲符？還是先有形符？）

八十三年度

1.「雙聲疊韻」的觀念起於何時？形聲字與其聲符間的語音關係可否用「雙聲疊韻」進行分類？試舉例說明之。

2.韻書和等韻圖是研究中古音的兩大支柱，它們是否有互相補足之處？試分析之。

3.訓解古籍時，如何辨認通假字及譌字，進而探求本字？請舉例說明。

4.比較下列各名詞之異同：

(1)象形與指事

(2)偏旁與部首

(3)內轉與外轉

(4)讀為與讀如

八十四年度

1.何謂「無聲字」？無聲字何以有多音現象？試說明之。

2.「入聲字」在語音史上是一種很特殊的調類，在《詩經》中它和陰聲字押韻，在《廣韻》中它和陽聲字相配，在詩詞曲中，它的押韻狀況又各不相同，請由這種種現象中論述入聲字的演化過程。

3.何謂「因聲求義」，試舉例申論之。

4.解釋下列各詞：
(1)字樣學
(2)類隔切
(3)旁轉
(4)四聲別義

八十五年度

1.何謂「殊聲別義」？試討論其發生的緣由，和歷史的變遷。並說明它和現代破音字的關係。
2.東漢以後，佛教傳入，對聲韻學的影響很大。試敘述在等韻學的各個層面，受到哪些影響？
3.試列舉清代研究說文四大家之姓名及代表著作，並選取其中一種著作較詳細之評介。
4.何謂「一聲之轉」？其在訓詁上功用如何？

八十六年度

1.請寫出「夫天立正旦」五字的字體結構，指出何者為指事字？何者為會意字？並說明二者間如何區別？
2.試論《韻鏡》、《七音略》等早期等韻圖對研究中古音有何價值？

3. 何謂以形索義？此種訓詁方法如何運用？有何限制？
4. 解釋名詞：
(1) 準初文
(2) 早梅詩
(3) 古無舌上音
(4) 破字
(5) 轉語

八十七年度

1. 文字之通轉與演變是否相同？請說明之，並請歸納文字通轉之規律。
2. 說文如何解釋「訓」、「詁」二字？請依說文所言說明訓詁之方式與目的。
3. 試就所知論述上古音複聲母研究的依據和研究的方法。
4. 試論述近代音研究的意義與價值，並介紹三部近代音研究的材料。

八十八年度

1. 宋代韻圖併轉為攝，又有三處「合攝」現象，試說明所反映的語音變遷。
2. 清代訓詁專著中，研究《爾雅》與《方言》的，有那些代表性著作？試就所知作一介紹與評述。

3. 段玉裁《說文解字注》以為博綜古今，「假借」有三變。其說解假借的產生與發展頗為明確。試就所知舉例說明何謂「假借三變」。

4. 何謂「聲義同源」？與「形聲字必兼會意」有何關係？又也有些形聲字的「聲符」無意可說，其原因又為何？

八十九年度

1. 隸書是一種怎樣的書體？試就其形成之時代、書體的特色與類型、現存之隸書材料、古今在此方面的研究狀況作一討論。

2. 清代學者在訓詁學研究的成果上遠超過前代。試就雅學、說文、釋名、方言等專著，闡述清儒進一步的研究成績。

3. 何謂語根？如何探求語根？

4. 比較下列名詞之異同：

(1)合體象形與會意

(2)本字與初文

(3)對轉與旁轉

(4)清聲與濁聲

(5)叚借與通叚

國立成功大學

八十年度

1.分別指出下列各文字之六書歸屬：

(1)老 (2)只 (3)豆 (4)示 (5)尢

(6)莫 (7)寒 (8)网 (9)面 (10)碧

2.詩三百篇，素為治古音學者所資重，其故安在？並就所知，出列以明求之之法。

3.何為聲訓（音訓）？其得失何在？試舉例說明。

4.轉注、假借之定義，歷來諸說紛陳，試申己見。

八十一年度

1.言文字之繪製，有「形聲」一法，試釋其名義，並就「凡形聲字之正例，聲必兼義」之說文條例，述明其道。

2.自鄭玄箋詩，謂「古者聲寘填塵同也」；劉熙載釋名謂「車」之古今讀異音：是古音之學，於漢代已奠初基，何以至宋始有專著問世，而至明末方得其耑緒？試言其故。

3.語詞之意義有變大、變小、變強、變弱、變好、變壞之現象，試予舉例說明。

4.指明下列各文字之六書歸屬：

(1)  (2)  (3)  (4)  (5) 

(6)  (7)  (8)  (9)  (10) 

八十二年度

1.試就《說文》對「指事」所下之定義及所舉例字，剖析許氏對此類文字之見解。

2.中古聲類，為數四十有一，於上古言之，實止十九。試就所知，臚列前賢考成之目，並簡述其取證之道。

3.文字之初造，一字本具一形一音一義，使用既久，遂有一字兼具相反二義之情，訓詁學家名之謂反訓，試就所知，補舉前賢言故，並抒己見。

4.指出下列各文字之六書歸屬，若許氏說文解字之釋有欠安者，試據甲金古文以訂正之：

(1) ：事也、理也。象角頭三封尾之形也。

(2) ：辨別也，象獸指爪分別也。

(3)碧：石之青美者，從王石白聲。

(4)小：物之微也，從八丨見而分之。

(5)我：施身自謂也，從戈𠂹；𠂹，古文垂也。

(6)盜：厶利物也，從㳄皿，㳄，欲也；欲皿為盜。

(7)匕：變也，從到人。

(8)旦：明也。從日見一上；一，地也。

(9)盾：拔也，所以扞身蔽目，從目，象形。

(10)豈：陳樂立而上見也，從屮從豆。

八十三年度

1. 聲韻之學，發耑於漢季，至六朝，蔚為顯學，試就所知，言其對中國文學之影響。
2. 考文辨義，為訓詁學之重要工作，然古世言文說義者，率多出之以附會，非盡妥適也，試就所知，說明宜用何法，始能求得真是。
3. 舉例說明何為「轉注」。

4.何以語音有「陰陽對轉」之現象？試加說明。

5.指出下列文字之六書歸屬。若許君之析解有欠妥者，可據甲金文以訂正之：

(1)元：始也，從一兀聲。

(2)走：趨也，從夭止；夭者，屈也。

(3)䇂：辠也，從干二。

(4)竹：冬生艸也，象形，下𠂹者，竿箬也。

(5)曰：詞也，從口，乚象口气出也。

(6)𨛜：鄰道也，從邑從𨙵。

(7)爲：母猴也，其為禽好爪，下腹為母猴形。

(8)鬥：网土相對，兵杖在後，象鬥之形。

(9)獲：獵所獲也，從犬蒦聲。

(10)成：就也，從戊丁聲。

八十四年度

1.古音之學，自漢鄭玄、劉熙載首揭古今音異之說，既已奠基於斯，何以韻部之研究，至明末崑山顧氏方始有成？試言其故。

2.言六書之目，有轉注一書，前人詮釋，有分裂形聲之說者，試列舉以對，並論其當否。

3.文字所以寫語言，我國文字運用數千年而歷久常新，應以能與語言密合。試述我國語言（華語或漢語）與文字（漢字）之特色，以明二者是否配合良好。

4.黃氏季剛言訓詁，有「求語根」一說。試說明何謂「語根」，何謂「字根」；「語根」如何探求；所求得者，究為「語根」抑即「字根」？

八十五年度

1.古音學之考定，自顧炎武而後，群賢盡力於斯，卓然各有所成。試就所知，陳述段玉裁、孔廣森二氏之貢獻。

2.形聲文字構成之道，有取聲音符號之假借義以製成者，唯假借義之認定，前賢率多僅以聲音之近同者為依歸，於理似嫌未足，試就所知，佈陳己見。

3.文字所以寫語言，然字書之中，常見一字多義，試予舉例說明何以有此現象。

4.試論「音（聲）訓」之得失為何。

八十六年度

1.漢語語音有古繁今簡之現象，試予說明。且語音簡化之後，同音異意之語詞必多，如何補救？

2.《說文》釋「指事」為「視而可識，察而見意」，其說是否明確周延？試就所知，申述己見。

3. 王引之經義述聞云：「夫詁訓之要，在聲音，不在文字。」故言訓詁之例，聲訓條例實為訓詁之重心，試就所知，述明其內涵。

4. 指出下列文字之六書歸屬：

(1) 暴：晞也，從日從出從廾從米。

(2) 舂：擣粟也，從廾持杵臨臼上。

(3) 步：行也，從止𡳿。

(4) 烏：孝鳥也，象形。

(5) 鳥：長尾禽總名也，象形。

(6) 𣎵：屮木盛𣎵𣎵然，象形，八聲。

(7) 碧：石之青美者，得玉石，白聲。

(8) 考：老也，從老省丂聲。

(9) 面：顏前也。從百，象人面形。

(10) 金：五色金也。生於土，從土，左右注，象金在土中形，今聲。

八十七年度

1.假借亦為造字法則之一，試予舉例說明形聲及會意字中，其聲符與形（意）符原出假借者。

2.蘄春黃侃研治古音，得聲類十九，韻部二十有八，復取廣韻音切互證，以見其確。而後之學者有謂違犯「乞貸論證」者。試就所知，以評斷之。

3.請說明《廣韻》以「入聲」配「陽聲」，然而顧炎武除「侵、覃」九韻外，卻一反成習，配列陰聲？這些配列方式到底那一種才對？能否從語音學理上加以解釋。

4.從許慎《說文解字》與段玉裁《注》中對文字的闡釋，透露出神話傳說的訊息，請從「日」、「星」、「虹」、「龍」、「鳳」諸字加予說明，並分析其字形結構流變。

八十八年度

1.六書「轉注」之說，諸家各有見地，試舉其犖犖大者，並申己見。

2.段玉裁有「會意兼形聲」及「會意形聲兩兼」之說，試論段氏因何有此一說，並論其說當否。

3.試論陸法言切韻一書的內容大要及其體式，並簡述同系韻書的異同情形。

4.應用如何的方法和藉助如何的書籍以確立文字的初形本義？而確立文字的初形本義對通讀經籍與撰文立說有何助益？請具體陳述之。

八十九年度

1. 或謂「六書」皆為「造字之本」，或謂六書宜分「四體二用」，試予分析並舉證說明其得失。
2. 請說明早期等韻圖對聲母的安排與其優缺點。
3. 《釋名》一書對探討同源詞的意義何在？試論述之。
4. 指出下列各文字之六書歸屬：

(1) 大：天大地大人亦大焉，象人形。

(2) 牽：引俞也。从牛，冂象引牛之縻也。玄聲。

(3) 晵：雨而晝姓也，從日啟省聲。

(4) 寶：珍也。从宀从玉从貝、缶聲。

(5) 龍：鱗蟲之長，从肉，象飛之形，童省聲。

(6) 豆：古食肉器也，从口，象形。

(7) 州：水中可居者曰州，周繞其旁，從重川。

(8) ：曲鉤也。从金句，句亦聲。

(9) ：斷也，从斤斷艸，譚長說。

(10) ：考也，七十曰老，从人毛匕，言須髮變白也。

九十年度

1. 漢字演化的規律主要方式有那些？試舉例說明之。

2. 試說明下列各文字的初形本義，及在小篆的六書歸屬：

(1)今 (2)年 (3)表 (4)興 (5)兼

3. 試就下列所舉各字的反切，分析說明從中古《廣韻》到現代國語的語音演變：

(1)針　職深切

(2)別　皮列切

(3)郡　渠運切

(4)而　如之切

(5)犯　防錽切

4. 何謂「反訓」？反訓是否構成訓詁原則？請作個述評。

九十一年度

1. 試說明上古複聲母的類型。
2. 試闡明《說文解字》中收錄的「重文」及其來源若何?
3. 何謂「右文說」?何謂「同源字」?二者之異同為何?試舉例說明之。
4. 試舉例論說元明兩代古韻觀念的特色及其價值。

九十二年度

1. 根據許慎《說文解字・敘》中所言:「秦始皇帝初兼天下,丞相李斯乃奏同之,罷其不與秦文合者。」那麼,我們現今可根據那些論述或收錄戰國文字材料的工具書或專文,來了解有關戰國東方六國「文字異形」的情況?請例舉而申論之。
2. 宋元等韻圖在韻母及聲調的編排上,有何異同?試比較說明之。
3. 章太炎在古音學上諸多創見,其「成均圖」更引起諸多討論。請就「成均圖」在古韻學上的意義及其優缺點,加以評述。
4. 試從文字學史角度簡要評述下列諸人的著作:
(1) 顏元孫
(2) 徐鉉
(3) 鄭樵

(4)戴侗
(5)孫詒讓

九十三年度

1.請說明《汗簡》與《古文四聲韻》的作者、內容與價值何在？
2.段玉裁於《說文解字注》中曾提出所謂「假借三變說」，其說內容如何？是否成立？試以己意評述之。
3.語音的變化中，聲母、韻母、聲調之間往往互相影響，試就中古《廣韻》與現今國語的對應差異現象，舉例分析說明之。
4.何謂「因聲求義」？其原理與功能為何？試舉例分析說明之。

國立中山大學

八十年度

1. 說文說解文字本義，或是或否，試就五百四十部首字中，各舉三例，並加證明或訂正。
2. 解釋下列名詞的意義：
(1) 籀文
(2) 左書
(3) 亦聲
(4) 清代說文四大家
3. 瑞典高本漢（Karlgren B.）擬測中古韻值的觀念與方法為何？其得失如何？試申論之。
4. 試就下列切語寫出所屬中古聲紐、韻部、上古聲段玉裁古韻十七部。
(1) 歸　舉韋切　(2) 蟲　直弓切　(3) 猶　以周切　(4) 悄　親小切　(5) 良　呂張切
5. 訓詁的用途在明瞭語意的變遷，然何謂「語意」？其變遷的方式如何？試說明之。

八十一年度

1. 試寫出下列各書之作者、時代及其存佚情形。

(1)凡將篇
(2)玉篇
(3)說文繫傳
(4)干祿字書
(5)說文通訓定聲

2. 試寫出下列各字之本形、本義。

(1)自 (2)八 (3)工 (4)夫 (5)亦

3. 試舉例說明省形省聲字產生之背景。

4. 於訓詁方式中，有所謂「代語」，其義如何？又其訓釋之類型如何？試舉例說明之。

5. 論古韻之研究，蓋可分為考古與審音兩派，試簡述二者之異同。又試論述清代考古派於古韻分部研究之大勢。

6. 請據下列諸字之切語，寫出其所屬：①中古聲紐②廣韻二〇六韻③十六攝④上古聲紐⑤段玉裁古韻十七部

(1)余　以諸切　(2)松　祥容切　(3)沈　直深切　(4)士　鉏里切

八十二年度

1. 試述史籀篇之作者、時代、性質及存佚之情形。
2. 試述下列各字之本形、本義，及其字形演變之過程。
(1)十　(2)其　(3)罔　(4)生　(5)龍
3. 何謂「重紐」現象？近代學者詮釋此一現象之學說如何？試就所知申論之。
4. 段玉裁云：「凡言物之盛，皆三其文」，又云：「會意合二字為一字，必以所重為主」，試舉例以申論其義。
5. 請寫出下列之詩經韻腳，及其所屬段玉裁之古韻十七部。
(1)彼黍離離，彼稷之苗，行邁靡靡，中心搖搖，知我者謂我心憂，不知我者謂我何求。悠悠蒼天，此何人哉。（黍離）
(2)揚之水，不流束楚，彼其之子，不與我戍甫，懷哉懷哉，曷月予還歸哉。（揚之水）
(3)緇衣之宜兮，敝予又改為兮，適子之館兮，還予授子之粲兮。（緇衣）
(4)南有樛木，葛藟纍之，樂只君子，福履綏之。南有樛木，葛藟荒之，樂只君子，福履將之。南有樛木，葛藟縈之，樂只君子，福履成之。（樛木）

八十三年度

1. 六書一名首見於周官，唯此應與造字之六書無涉，試加說明。
2. 試寫出下列各書之作者、時代及內容。
   (1)干祿字書
   (2)說文繫傳
   (3)說文通訓定聲
   (4)甲骨文字集釋
3. 試述清陳澧切韻考一書分析中古聲類與韻類之方法及其得失。
4. 試寫出下列諸切語所屬之中古聲紐與韻目，及其上古聲紐與段氏古韻十七部。
   (1)仁　如鄰切
   (2)仲　直眾切
   (3)雲　王分切
   (4)扶　防奉切
   (5)霜　色莊切
5. 論字義的分類有本義、引申義、假借義，其三者的區別如何？各具特質如何？試舉例說明之。

八十四年度

1.研究上古音有「古代韻文」與「說文諧聲」兩項材料，能否舉例說明它們相互配合的研究方法。

2.下列各人對文字學研究有何貢獻或特點，請詳述之。

(1)李陽冰 (2)王安石 (3)鄭樵 (4)丁福保

3.名詞解釋：

(1)右文說 (2)猶

4.請將下列之韻的字，依其切語填入等韻圖表中。

(1)之 止而切 (2)飴 與之切 (3)時 市之切
(4)疑 語其切 (5)思 息茲切 (6)輜 楚持切
(7)其 渠之切 (8)詩 書之切 (9)而 如之切
(10)欺 去其切 (11)姬 居之切 (12)詞 似茲切
(13)釐 里之切 (14)菑 側持切 (15)僖 許其切

內轉第八開	脣音				舌音				牙音				齒音					喉音				舌音	齒音	
	清	次清	濁	清濁	清	次清	濁	清濁	清	次清	濁	清濁	清	次清	濁	清	濁	清	清	濁	清濁	清濁	清濁	
																								之

(16)醫　於其切　(17)癡　丑之切　(18)治　直之切

(19)蚩　赤之切　(20)慈　疾之切

5.請寫出下列諸篆之楷書所屬六書，及《說文》所釋的本形、本義，倘《說文》所釋有誤，請一併說明。

(1) 　(2) 　(3) 　(4) 　(5) 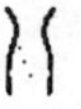

6.在訓詁學互訓的類型裡，有遞訓與類訓兩種，請扼要地比較說明這兩種的差別。

八十五年度

1.何謂「字樣學」？有哪些主要著作？在文字學史上「字樣學運動」有何積極意義？

2.《中原音韻》的聲調有何特點？與《廣韻》和現代國語比較，又各有什麼差異？

3.舉例解釋名詞：

(1)類訓

(2)同源字

4.關於六書中的轉注、假借，自來學者見解分歧，請試就所知析論許慎《說文・敘》：「轉注者，建類一首，同意相受，考老是也。」「假借者，本無其字，依聲託事，令長是也。」這兩句原文的真義。

5.試析述瑞典高本漢（Bemhard Karlgren）對中古韻值擬測的觀念、方法及其得失。

6.試述語根與字根的區別。

八十六年度

1.訓詁方式有「互訓、義界、推因」三種，其產生有無先後順序之別？又此三種訓詁方式，與「形訓、義訓、音訓」有何不同？

2.文字學史上的「字體」標準化（規範化）有幾次重要成績？請就所知敘述之。

3.中古有「平、上、去、入」四個聲調，演化成現代國語哪幾個聲調？條件是什麼？又中古四聲與現代閩南語七個聲調的「對應關係」如何？

4.何謂「求本字」？試簡述求本字的方法。

5.論漢字的演變，有所謂「隸變」，何謂「隸變」？其演變規律如何？有何影響？試申論之。

6.請據下列各子題的切語，寫出其上字所屬的中古聲紐，下字所屬的《廣韻》韻部。

(1)洪，戶公切　(2)支，章移切　(3)微，無非切　(4)余，以諸切

(5)盧，落胡切　(6)恢，苦回切　(7)哀，烏開切　(8)言，語軒切

(9)酸，素官切　(10)驕，舉喬切

八十七年度

1.試舉例解釋下列各段文字之意思：

(1)雙聲相轉，疊韻相迆。

(2)段玉裁謂假借，博綜古今有此三變。

(3)無聲字與有聲字。

(4)後起本字。

2.試舉例說明下列各組音韻演化現象：

(1)支思韻[ï]之產生。

(2)平分陰陽。

(3)全濁音清化。

(4)雙唇鼻音韻尾[-m]演化。

3.何謂「同源詞」？請詳細舉例說明。

4.何謂「隸變」？隸變之規律如何？對漢字之影響如何？試申論之。

5.清江永《音學辨微》解釋四等云：「一等洪大，二等次大，三四皆細，而四尤細。」其說如何？是否可信？對後世之影響如何？試申論之。

6.何謂「引申義」？其特質如何？試簡述之。

八十八年度

1.舉例說明下列各條內容：

(1)何謂「重紐」？

(2)三合元音

(3)何謂「濁上歸去」？
(4)四聲相承
(5)如何判斷雙聲疊韻？
(6)「齊一變至於魯，魯一變至於道」的古音研究方法。
2.何謂「據形以求」與「從音以求」的求本字？兩者先後順序如何？理由是什麼？
3.王國維有「籀文非周宣王太史籀所作」及「秦用籀文，六國用古文」的主張，其說如何？得失如何？試申論之。
4.試舉例說明六書中象形與指事的區別。
5.何謂「韻攝」？十六攝的名稱為何？

八十九年度

1.形聲字的聲母（聲符）是否必然與聲子（形聲字）有聲韻關係？如果有關係有哪些關係？如果沒有關係又如何做解釋？請舉實例說明。
2.請以《廣韻》平聲「一東韻」唇音、舌音、齒音反切為例（韻書），說明它與《韻鏡》第一圖「內轉第一開」（韻圖）的相互關係。
3.清儒對《說文解字》一書評價甚高，請具體舉例說明它對上古音研究有何價值？
4.「同音通假」與六書的「假借」有何本質上的差異？請舉實例說明。

九十年度

1. 請就《廣韻》到現代國語的語音演化，說明下列現象：
(1)舌尖音顎化
(2)塞音韻尾消失
(3)全濁上聲讀去聲
2. 請說明「《說文》諧聲」與「《詩經》押韻」在上古音研究的作用。
3. 漢字研究有「古文字學」、「俗文字學」及「字樣學」等，它們主要的研究內容是什麼？《說文》一書對它們的研究有何啟發作用？
4. 何謂「同源詞」？何以「異體字」與「假借字」都不是同源詞？

九十一年度

1. 在六書探討中，轉注與假借向來最複雜，請就所知說明：
(1)轉注有幾派主張？並加評述之。
(2)段玉裁論假借說「博綜古今有此三變」，三變內容是甚麼？也請評述之。
2. 何謂「聲義同源」？它在訓詁學聲訓條例上有何舉足輕重的地位，請詳述之。
3. 提到上古音的萌芽，朱熹與陳第的主張常被提及，請就所知說明。
4. 韻書的功能除了「押韻」之外，也有「審音」的作用，請以《廣韻》為例說明其書如何用於審音？

九十二年度

1.在形聲字的分類中有「省形」、「省聲」，請問何謂「省形」？何謂「省聲」？《說文解字》中分析為「省形」、「省聲」的字未必全然可信，試舉正確可信與錯誤不可信的例子說明之。

2.「假借」有「無本字的假借」、「本字後造的假借」、「本有本字的假借」，試各舉三例說明之。

3.韻書的齒音有下列三組音：

(1)精系（有一等韻、三等韻、四等韻）

(2)照系（三等韻）

(3)莊系（有二等韻、三等韻）

因為《韻鏡》歸字與韻書系統常有參差現象，請問《韻鏡》如何安排它們在四個等第之中，請就所知加以說明。

4.清儒說：「讀九經必自考文始，考文自知音始。」（顧炎武〈答李子德書〉）「治經莫重於得義，得義莫切於得音。」（段玉裁《廣雅疏證．序》）請從音義關係的角度，論述「同源詞」、「右文說」、「殊聲別義」的內容。

九十三年度

1. 寫出下列各字的小篆字形：

白日依山盡黃河入海流欲窮千里目更上一層樓。

2. 「假借」可分為那些類型？試各舉三例說明之。

3. 簡答題

(1)何謂「陰陽對轉」？

(2)何謂「發、送、收」？

(3)何謂「洪細」？

(4)「開口」和「開口呼」有何不同？

(5)為何注音符號韻母部分的設計在「介音加主要元音」的情況（如：ㄧㄚ），和「主要元音加韻尾」（如：ㄞ）的情況會不一樣，這兩個韻母不都是複元音嗎？

4. 申論題

(1)研究古韻的方法有那些？試舉例說明。

(2)古代注音的方式有那些？優缺點何在？

5. 訓詁的方法中有「形訓」，請舉四例說明之。

國立高雄師範大學

八十年度

1. 試舉例說明《說文解字》每部內之字排列之原則。
2. 試就下列各字分析其字形結構，說解其字義，並指出其所屬六書為何種。
(1)番 (2)彔 (3)正 (4)及 (5)甫
3. 現代國語的舌面音「ㄐ、ㄑ、ㄒ」及舌尖後音「ㄓ、ㄔ、ㄕ、ㄖ」，各從中古什麼聲紐演化而成？請分組舉例說明。
4. (1)劉熙《釋名》，其目的在探尋漢語之語源。結果是否成功？原因何在？
(2)你對於同源字的研究，有何看法？

八十一年度

1. 等韻圖與中古音有何關係？三十六字母在《韻鏡》四等中如何措置？請說明。
2. 清儒王引之對經典有假借字曰：「學者改本字讀之，則怡然理韻；依借字解之，則以文害詞。」試找出下列各段中之借字，改本字讀之，並解釋本字與借字有何聲韻關係？

(1)回也其庶乎，屢空。（《論語．先進》）

(2)以戈擊之，首隊于前。（《左傳．襄．十八》）

(3)教而不稱師謂之倍。（《荀子．大略》）

(4)不龜手之藥。（《莊子．逍遙遊》）

(5)夫離法者罪。（《韓非子．五蠹》）

3. 試分析下列各字之結構，及釋其本義。

(1)或 (2)王 (3)聿 (4)癸 (5)得

4. 請解詞義變遷之原因，及詞義變遷之規律，其重要性何在？試舉例說明之。

八十二年度

1. 說明下列各字之本形、本義及其流變。

(1)止 (2)出 (3)嶽 (4)斷 (5)予

2. 《廣韻》平上去入四聲與現代國語四聲，它們之間的演化有什麼規律？請舉例說明之。

3. 就語言文字學之立場而言，研究同源字有何作用？試詳述之。

4. 何謂「概念改稱」？概念改稱之原因有幾？試一一舉例詳述之。

八十三年度

1. 試釋下列各字之本形、本義及其流變

(1)氣 (2)夏 (3)長 (4)福 (5)曲

2. 清儒王念孫認為訓詁之旨，本於聲音。其說是否可信，試評述之。

3. 下列各組中古音，如何演化成現代國語讀音？請詳加說明。

(1)莊母、照母、知母讀〔tʂ-〕

(2)非母、敷母、奉母讀〔f-〕

(3)見母、群母讀〔tɕ-〕

(4)疑母、微母讀〔ø-〕

(5)通攝讀〔-əŋ〕

(6)止攝讀〔-ï〕

(7)深攝讀〔-ən〕

(8)咸攝讀〔-an〕

4. 試從語言文字學背景，解釋下列各組術語。

(1)複聲母

(2)無聲字多音

(3)古今言殊四方談異

(4)由經學附庸獨立蔚成大國

八十四年度

1.試述〈說文敘〉的要旨。
2.分析小篆構字，何以甲、金、戰國文字具有補苴罅漏的功能？試各舉二例字以證明之。
3.守溫三十字母與宋人三十六字母間的差異，顯示出什麼意義？
4.「鳳」字廣韻馮貢切，今官話讀fung/，鳳山的「鳳」，閩南話讀hong6，鳳梨的「鳳」，閩南話讀ong6，試以此「鳳」字四個不同的讀音，說明聲韻調發展的規律。
5.何謂「反訓」，其發展與成因為何？試舉實例說明之。
6.舉例證以詳訓詁術所謂「某讀如（若）某」與「某讀為（曰）某」之異。
7.《廣雅疏證》之作者為何人？其書之成就特色為何？試詳述之。

八十六年度

1.試探〈說文序〉一文所透露的古文字學梗概，如有罅漏，補苴之。
2.將左列諸字改為篆體，指出六書歸屬，分析其結構：
(1)干 (2)唐 (3)回 (4)孝 (5)舟
(6)在 (7)昌 (8)音 (9)舍 (10)系
3.段玉裁寄戴東原先生書云：「音韻明而六書明，六書明而古經傳無不可通。」試申其義。

4. 廣韻前四卷卷末皆附有「新添類隔今更音和切」，這些附錄透露了什麼訊息？

5. 試分別舉例說明「識字」與「通讀」，對解讀古經籍之重要性。

6. 古書舊籍之流傳難免於謬誤，是以歷來解經家多「即訓即校」，試就所知，舉例古籍謬誤之主要類例若干，並略述一般勘誤之方法。

八十七年度

1. 試述二徐本說文的形成及其優缺點。

2. 解釋左列名詞：

(1) 顎化作用

(2) 濁上歸去

(3) 精莊互用

(4) 陰陽對轉

(5) 重紐現象

3. 試舉例說明校勘與訓詁之關係，並就所知，依序列舉一般校勘之方法。

4. 試論析漢代訓詁學發展之情況及成績。

八十八年度

1.〈說文序〉披露許慎編著《說文》的訊息獨多，試一一詳述之。
2.現代許多漢語方言都是從古代漢語發展來的，所以考訂古音用現代漢語方言作參考，應該是可行的途徑，請舉出一些實際的例證。
3.試比較《爾雅》與《方言》之異趣，並分別說明兩書在訓詁發展史上之地位。

八十九年度

1.試就下列之語音資料析論其中所顯示之語音現象：「茶」廣韻麻韻宅加切，又食遮切，又音徒（同都切模韻）敦煌卷子P2901音徒加反。
2.舉例比較古注中使用「讀為」、「讀曰」與「讀如」、「讀若」之異同。
3.試解釋以下各術語：
(1)俗文字
(2)繁化字
(3)玉篇
(4)重文
(5)鳥蟲書
4.綜述古今假借字的類別與原因，並各舉一例以說明之。

九十年度

1. 解釋下列各詞語：
(1)互訓
(2)古音十九紐
(3)唐蘭三書說
(4)睡虎地秦簡
(5)帛書
2. 《說文》前序所透露之中國文字史略為何？試析述之，並予以增補。
3. 國語聲母有三套塞擦音，ㄐㄑㄒ、ㄓㄔㄕ、ㄗㄘㄙ。試運用聲韻學之觀念，建立一些原則與方法，使具有閩南方言背景之使用者能判斷三者之使用時機，以減少混用之錯誤。
4. 試舉例說明「語根」與「字根」之異同。另就所知列舉所謂「反訓」之類例。

九十二年度

1. 《說文》一書中，出現過幾種不同形式的文字？試一一列舉，並說明之。
2. 六書「轉注」之義說多不同，試就所知列舉各家說法並略論其是非。
3. 《中原音韻》一書之體例安排，異乎切韻系之韻書如《廣韻》者，試比較二者之異同，並析論所以有如斯差異之原因。

4.「反訓」之說是否可信?請解析下列「反訓」形成的原因:
(1)以苦為快
(2)以臭為香
(3)以亂為治
(4)以乞為與

九十三年度

1. 高本漢《中國音韻學研究》對於漢語中古音系的擬構有何重大貢獻?當代音韻學家對於高本漢的方法與論點提出了哪些批評、修正的意見?
2. 清代江蘇高郵王氏父子在訓詁學上有何貢獻?請詳述之。
3. 試述近年研究戰國文字的發展概況。
4. 試就下列五字,從字型、字音、字義加以分析,並指出其本義:
王、閒、士、半、止。

嘉義大學

九十年度

1.分析「六書」的深層內涵，彼此有：「體、用」，「文、字」，「實、虛」，「形、聲」，「繁、省」的區別，試舉例並加以闡論。

2.寫出下列各字的小篆，並依說文解字的解析，說明其本義、字形結構及六書歸屬。

(1)牙 (2)衣 (3)予 (4)西 (5)未 (6)罟 (7)考 (8)牽

(9)而 (10)幻 (11)零 (12)初 (13)暴 (14)罔 (15)龍

3.請指出下列各字之聲類、清濁、發送收及所屬韻目。

(1)莧，侯襉切 (2)迄，許訖切 (3)月，魚厥切 (4)質，之日切 (5)橙，宅耕切

4.試寫出訓詁學與聲韻學、文字學、文法學、語言學之關係。

九十一年度

1.請略述韻圖之作用。

2. 請略述由切韻至廣韻韻目之變化。
3. 「某謂某某」、「某，所以某也」、「某謂之某」三者均前人註釋古書之訓詁學術語，請各舉例說明其用法及相異之處。
4. 沈括《夢溪筆談》說：「王聖美治字學，演其意以為『右文』。凡字，其類在左，其義在右。」試舉例加以批駁。
5. 寫出下列各字的小篆，並說明它們的本義、字形結構及六書歸屬。
(1)泉 (2)而 (3)來 (4)胃 (5)母
(6)幻 (7)未 (8)晝 (9)爨 (10)罟

九十二年度

1. 試就許叔重對「會意」之定義，分辨會意與象形、指事、形聲之不同。
2. 《說文解字注》對研究《說文解字》一書有何貢獻？請詳述之。
3. 試述漢語聲紐之變遷。
4. 請列出下列各字之聲類、清濁、發送收、開合及其韻目。
(1)藝 魚祭切 (2)傖 助庚切 (3)甲 古狎切 (4)很 胡墾切
5. 在戴震《爾雅文字考．序》、劉師培《中國文學教科書》〈周代訓詁學釋例〉，以及近人有關訓詁學專著中，多所述及訓詁的起因，請加以論述，並舉例以明之。

九十三年度

1. 清段玉裁有「假借三變」之說，試就所知述之，並請舉例說明。

2. 請寫出以下二小題之答案

(1)試說明下列諸字之形體構造及本義，並分辨其於六書何屬（六書範圍含括半字【準初文】）。

呂、餽、帀、益、牟

(2)請就下列小篆，依序寫出其相應之楷體。

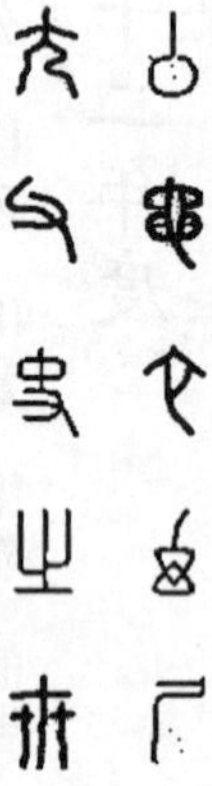

3. 請略述韻鏡齒音三等字之歸字條例。

4. 解釋名詞.

(1)外轉

(2)類隔切

(3)兼承陰陽

(4)假二等

5. 在古書典籍中，對字義的訓釋方式甚多，請就同義互訓、本字為訓、集比為訓、遞相為訓、相反為訓、類訓、以狹義釋廣義、以廣義釋狹義等方式，說明下列諸條例為何種訓釋方式。

(1)《文選．西征賦》：「良無要於後福。」李善注：「福謂水物之利。」

(2)《爾雅．釋器》：「金謂之鏤，木謂之刻，骨謂之切，象謂之磋，玉謂之琢，石謂之磨。」

(3)《易．繫辭》：「象也者，象也。」

(4)《爾雅．釋言》：「流，覃也；覃，延也。」

(5)《說文》：「茅，菅也。」又：「菅，茅也。」

(6)《詩．周南．兔罝》：「公侯干城。」鄭箋：「干也城也，皆以禦難也。」

(7)《爾雅．釋詁》：「徂，在，存也。」

(8)《詩．邶風．終風》：「願言則疐。」鄭箋：「願，思也。」

(9)《爾雅．釋詁》：「遹、遵、率、循、由、從，自也。」

(10)《說文》：「禎，祥也。」又：「祥，福也。」又：「福，備也。」

台北市立師範學院

八十七年度

1. 段玉裁注說文解字，謂假借字有三變，其說如何？試申論之。
2. 試述象形字與指事字之區別。
3. 輔音與元音之性質，應如何分析？請舉例說明之。
4. 解釋名詞：
(1)古無輕脣音
(2)門法
(3)尖團音
(4)異化作用
5. 何謂形聲必兼會意？何種情況下聲不示義？

八十八年度

1.《說文解字》有五百四十部首，試述部首排比之方法及每部中文字排比之原則。
2.歷來釋「轉注」之義者，有廣狹二義，試舉例說明此二說之內容。
3.請說明三十字母、三十六字母、四十聲紐與四十一聲紐之由來，並比較其異同。
4.簡答題：
(1)《廣韻》陽聲韻與入聲韻之韻尾如何搭配？
(2)何謂內外轉？
(3)錢大昕先生在古聲紐研究上有何發明？
(4)考古派之古韻分部有何得失？
(5)何謂送氣、不送氣？於語意上有何作用？
5.訓詁學興起於何時？大盛於何時？其起因為何？

八十九年度

1.象形字有「增體象形」、「省體象形」及「加聲象形」，試各舉二字為例說明之。
2.下列各字，說明其本義及引申假借義。
杜、附、霸、鮮、西
3.試述陳澧系聯條例與《廣韻》切語不能符合之原因。

4. 試述上古、中古、近世三時期，入聲演變之情況。
5. 訓詁之方式，有互訓、推因、義界之不同，請就所知論述之。

九十年度

1. 指事字「指」的方法有幾種？試舉例並說明之。
2. 下列兩組形聲字，其產生途徑有何不同？其特色為何？試一一說明之。
(1) 罔、鼻
(2) 炙、蛇
3. 先解釋輔音、元音、聲母、韻母四名詞，再分別比較輔音與聲母、元音與韻母之異同。
4. 簡答題：
(1) 寫出唐人胡曾〈嘲妻族語音不正〉一詩中「」內各字所收之韻尾：
呼「十」「卻」為「石」，喚「針」將作「真」。
「忽」然「雲」雨至，總道是「天」「因」(「陰」)。
(2) 寫出下列各字所屬之聲紐與清濁：
①宗、作冬切 ②凡、符咸切 ③深、式針切 ④衫、所銜切 ⑤痕、戶恩切
5. 何謂形訓？何謂聲訓？請舉例說明之。

九十一年度

1. 試據《說文解字·敘》說明六書之名稱及內涵，並申論之。
2. 試說明下列各字之本義及引申義：
(1)公 (2)兵 (3)張 (4)世 (5)漢
3. 何謂反訓？何謂遞訓？請舉例說明之。
4. 陳澧系聯《廣韻》切語上下字條例有何缺失？
5. 試述等韻圖之價值。

九十二年度

1. 增體象形與增體指示之文，都是在一個獨體文之外再加上不成文符號，請問這二者之間有何不同？並各舉兩例說明之。
2. 文字之義除了本義之外，又有引申義與假借義，其間有何關係？試舉例說明之。
3. 試述研究中古音及上古音之材料。
4. 《廣韻》一書既然四聲相承，何以四聲之韻目數參差不齊？
5. 何謂字根？何謂語根？請舉例說明求語根的方法。

九十三年度

1. 試舉例說明會異體文字並峙見意與順遞見意有何不同？
2. 解釋名詞
(1)省聲
(2)亦聲
(3)重文
(4)變體指事
(5)說文四大家
3. 古聲有十九紐，如何推知，試就所知以對。
4. 解釋下列各名詞
(1)同化作用
(2)顎化作用
(3)古無舌上音
(4)陰陽對轉
5. 何以說《釋名》一書係「聲訓」的重要典籍，請舉例說之。

國立屏東師範學院

九十一年度

1. 訓詁方式之「推因」、「互訓」、「義界」三者有何不同？試舉例說明之。
2. 試析《爾雅》與《釋名》二書訓詁方式之異，請舉例以明之。
3. 何謂六書？六書到底是造字之本抑用字之法？試就所知論之。
4. 解釋下列名詞：正字、俗字、簡字、錯字、別字。
5. 何謂「押韻」？試舉例以說明之。
6. 陳澧反切系聯條例之基本條例為何？試舉例以說明之。
7. 何謂「入聲」？試舉例以說明之。

九十二年度

1. 何謂「聲母」？何謂「韻母」？聲母、韻母與輔音、元音之關係為何？
2. 清儒錢大昕在古聲母的研究方面有何重要成果？如何證明其正確性？

3.試就藝術角度，談談中國文字之特性。

4.訓詁依「聲訓」、「義訓」、「形訓」等方式，大體可歸納出哪些條例？試就所知詳述之。

5.請就所知，解釋下列古書注解的名稱：傳、注、箋、章句、正義。

世新大學

九十二年度

1. 文字學：

(1)何謂形聲字？用何步驟檢驗一個古文字是否屬形聲字，舉例說明之。

(2)說明《說文解字》撰寫的背景以及其編排的內容。

(3)隸定以下古文字為今日文字。

(1)  (2)  (3)  (4)  (5) 

(6)  (7)  (8)  (9)  (10) 

2. 聲韻學：

(1)下面這段文字出於《管子．牧民》，是一段有韻的文字，並且不止押同一種上古韻部。請指出：①依次有哪些韻字，並請注明這些韻字分屬哪些上古韻部；②經過幾次換韻，並請注明依次換押過哪些上古韻部。

凡有地牧民者務在四時守在倉廩國多財則遠者來地辟舉則民留處倉廩實則知禮節衣食足則知榮辱上服度則六親固四維張則君令行故省刑之要在禁文巧守國之度在飾四維順民之經在明鬼神祗山川敬宗廟恭祖舊不務天時則財不生不務地利則倉廩不盈野蕪曠則民乃荒上無量則民乃妄文巧不禁則民乃淫不障兩原則刑乃繁不明鬼神則陋民不悟不祗山川則威令不聞不敬宗廟則民乃上校不恭祖舊則孝悌不備四維不張國乃滅亡

(2)「病」字，《廣韻》映韻：「皮命切」。這個字國語讀〔ping去聲調〕（ng表舌根鼻音），閩南語讀〔pẽ陽去調〕（～表鼻化），客家語讀〔phiang上聲調〕（ng表舌根鼻音）。請從音韻演變的觀點說明這三種不同讀法的成因。

3. 訓詁學：

(1)解釋下列各詞語之意義，並請各舉一例說明之。

①訓詁學上之古今字

②轉語

③中心義素

④偷換概念

(2)《詩經．陳風．衡門》云：「衡門之下，可以棲遲。泌之洋洋，可以樂飢。」「樂」，《韓詩外傳》、《列女傳》並引作「療」。毛《傳》釋云：「衡門，横木為門，言淺陋也。棲遲，遊息也。泌，泉也。洋洋，廣大也。樂飢，可以樂道忘飢。」鄭《箋》云：「飢者不足於食也；泌水之流洋洋然，飢者見之，可飲以療飢。」《經典釋文》

云：「樂，本又作㿜。毛音洛，鄭力召反。」朱熹《詩集傳》云：「此隱居自樂而無求者之詞。言衡門雖淺陋，然亦可以遊息；泌水雖不可飽，然亦可以玩樂而忘飢也。」毛《傳》、鄭《箋》、朱熹《詩集傳》三家，於「樂飢」一語之解釋不盡相同，其是非得失如何？試運用訓詁學之知識予以評論。

肆

其他科目

國立臺灣大學

中國語文能力測驗

八十年度

1.標點：

(1)詩小雅采芑服其葱命服朱芾斯皇有瑲葱珩傳云朱芾黃朱芾也皇猶煌岶惶也瑲珩聲也葱蒼也三命葱珩言周室之強車服之美也言其強美斯劣矣箋云命服者命為將受王命之服也天子之服韋弁服朱衣裳也釋文芾本又作茀或作紱皆音弗下篇赤茀同創本又作瑲亦作鎗同皆七羊反珩音衡煌音皇又音晃朱裳本或作朱衣纁裳纁衍也

(2)經義述聞芄蘭篇一章雖則佩觿能不我知毛傳曰不自謂無知以驕慢人也箋曰以幼稚之君雖佩觿與其才能實不如我眾臣之所知為也惠公自謂有才能而驕慢所以見刺二章雖則佩韘能不我甲傳曰甲狎也箋曰此君雖佩韘與其才能實不如我眾臣之所狎習引之謹案詩凡言寧不我顧既不我嘉子不我思皆謂不顧我不嘉我不思我也此不我知不我甲亦當謂不知我不狎我非謂不如我所知不如我所狎也能乃語詞之轉亦非才能之能也

2.翻譯：

(1)左丘明受經於仲尼以為經者不刊之書也故傳或先經以始事或後經以終義或依經以辯理或錯經以合異隨義而發（春秋左傳序）

(2)小雅采芑「方叔率止鉦人伐鼓陳師鞠旅」傳云伐擊也鉦以靜之鼓以動之鞠告也箋云鉦也鼓也各有人焉言鉦人伐鼓互言爾……此言將戰之月陳列其師旅誓告之也陳師告旅亦互言之疏云方叔既臨視力率之以行也。（試參考毛、鄭、孔之說，譯「　　」中十二字為語體文）

(3)晉侯問原守於寺人勃鞮對曰昔趙衰以壹飧從徑餒而弗食故使處原（左傳二十五年傳）

(4)帝曰疇咨若時登庸放齊曰胤子朱啟明帝曰吁嚚訟可乎（尚書堯典）

(5)鏤玉雕瓊擬化工而迴巧裁花剪葉奪春艷以爭鮮是以唱雲謠則金母詞渚挹霞醴則穆主心醉（花間集序）

八十一年度

1.翻譯：

(1)時人始而驚中而笑且排先生益堅終而翕然隨以定（李漢韓昌黎集序）

(2)來降燕乃睇室其與之室何也操泥而就家入人內也（大戴禮夏小正傳）

(3)雙聲疊韻之不可為典要而唯變所適也聲隨形命字依聲立屢變其物而不易其名屢易其文而弗離其聲（程瑤田果裸轉語記）

(4)狂狡輅鄭人鄭人入于井倒戟而出之獲狂狡君子曰失禮違命宜其為禽也戎昭果毅以聽之之謂禮殺敵為果致果為毅易之戮也（左傳宣公二年）

2.下列文字，試加新式標點。

(1)夫學譬之猶礪也昆吾之金而銖父之錫使干越之工鑄之以為劍而弗加砥礪則以刺不入以擊不斷磨之以礱礪加以黃砥則其刺也無前其擊也無下自是觀之礪之與弗礪其相去遠矣今之人皆知礪其劍而弗知礪其身夫學身之礪砥也

(2)克之者何殺之也殺之則曷為謂之克大鄭伯之惡也曷為大鄭伯之惡母欲立之己殺之如勿與而已矣段者何鄭伯之弟也何以不稱弟當國也其地何當國也齊人殺無知何以不地在內也在內雖當國不地也不當國雖在外亦不地也

(3)黃魯直跋東坡卜算子缺月掛疎桐一闋云語意高妙似非喫煙火食人語非胸中有萬卷書筆下無一點塵俗氣孰能至此余案詞之大要不外厚而清厚包諸所有清空諸所有也

(4)明理之文大要有二曰闡前人所已發擴前人所未發論事敘事皆以窮盡事理為先事理盡後斯可再講筆法不然雖有物以求有章曾足以適用而不朽乎

3.對聯

可憐閨裡月

八十二年度

1.譯下文為語體：

(1)吳公子札來聘請觀於周樂使工為之歌周南召南曰美哉始基之矣猶未也然勤而不怨矣為之歌邶鄘衛曰美哉淵乎憂而不困者也吾聞衛康叔武公之德如是是其衛風乎（左傳）

(2)文章之體標舉興會發引性靈使人矜伐故忽於持操果於進取今世文士此患彌切一事愜當一句清巧神厲九霄志凌千載自吟自賞不覺更有傍人（顏氏家訓）

2.釋下列「　」中之詞語：

(1)西來青鳥東飛去，願寄一書「謝」麻姑。（李白〈古有所思〉）

(2)遊人「未應」返，為此始思鄉。（王雄〈聽宮鶯〉）

(3)「一向」年光有限身，等閒離別易消魂。（晏殊〈浣溪沙〉）

(4)天色兒又待明也，不知做什麼，書幃裡「兀自」點著燈火。（《董西廂》三）

(5)休恨春遲，桃李梢頭「次第」知。（黃庭堅〈減蘭詞〉）

(6)良辰美景奈何天，賞心樂事「誰家」院。（《牡丹亭．驚夢》）

3.試將下列資料譯為白話文：

(1)亦有躬為史臣手自刊補雖志存該博而才闕倫敘除煩則意有所吝畢載則言有所妨遂乃定榛楛列為子注（劉知幾《史通．補注篇》）

(2)沛公則置車騎脫身獨騎與樊噲夏侯嬰靳彊紀信等四人持劍盾步走從酈山下道芷陽間行（《史記．項羽本紀》）

(3)甲午晦楚晨壓晉軍而陳軍吏患之范匄趨進曰塞井夷竈陳於軍中而疏行首晉楚唯天所授何患焉文子執戈逐之曰國之存亡天也童子何知焉（《左傳．成公十六年》）

(4)自予為僇人居是州恒惴惴其隙也則施施而行漫漫而游日與其徒上高山入深林窮迴溪幽泉怪石亡遠不到（柳宗元〈始得西山宴遊記〉）

八十三年度

1.標點與分段：將下列文字分為三段，並加上新式標點（包括書名號、私名號）。

說文之為書以文字而兼聲音訓詁者也凡許氏形聲讀若皆與古音相準或為古之合音方以類聚物以群分循而考之各有條理不得其遠近分合之故則或執今音以疑古音或執古之正音以疑古之合音而聲音之學晦矣說文之訓首列製字之本義而亦不廢假借凡言一曰及所引經類多有之蓋以廣異聞備多識而不限於一隅也不明乎假借之指或據說文本字以改書傳假借之字或據說文引經假借之字以改經之本字而訓詁之學晦矣吾友段氏若膺於古音之條理察之精剖之密嘗為六書音均表立十七部以綜核之因是為說文注形聲讀若一以十七部之遠近分合求之而聲音之道大明於許氏之說正義借義知其典要觀其會通而引經與今本異者不以本字廢借字不以借字易本字揆諸經義例以本書若合符節而訓詁之道大明訓詁聲音明而小學明小學明而經學明蓋千七百年來無此作矣若夫辨點畫之正俗察篆隸之絲省沾沾自謂得之而於轉注假借之通例茫乎未之有聞是知有文字而不知有聲音訓詁也其視若膺之學淺深相去為何如邪余交若膺久知若膺深而又皆從事於小學故敢舉其犖犖大者以告綴學之士云喜慶戊辰五月高郵王念孫序

2.試將下列翻譯為白話文：

(1)大夫私事使私人擯則曰寡大夫寡君之老大夫有所往必與公士為賓也。(《禮記．玉藻》)

(2)舍人曰雎一名夫不李巡曰今楚鳩也某氏引春秋云祝鳩氏司徒祝鳩即雎其夫不孝故為司徒也。(《爾雅．釋鳥．佳其鳺鴀》)

(3)天反時為災地反物為妖民反德為亂亂則妖災生故文反正為乏。(《左傳．宣公十五年》)

(4)寓言十九藉外論之親父不為其子媒親父譽之不若非其父者也非吾罪也人之罪也與己同則應不與己同則反同於己為是之異於己為非之。(《莊子》)

(5)黥布者六人也英氏秦時為布衣少年有客相之曰當刑而王及壯坐法黥布欣然笑曰人相我當刑而王幾是乎。(《史記．黥布列傳》)

3. 解釋下列「　」中的詞語：

(1)予揭其不予「前寧人」圖功攸終。(《尚書．大誥》)

(2)色惡不食「臭」惡不食。(《論語．鄉黨》)

(3)潯陽「僅」四千始行七十里。(白居易〈初出藍田路作〉)

(4)自穆公以來「稍」蠶食諸侯。(《史記．秦本紀》)

(5)必知亂之所自起「焉」能治水之不知亂之所自起則不能治。(《墨子．兼愛》)

4. 標點：

《經》初獻六羽

《傳》初者何始也六羽者何舞也初獻六羽何以書譏何譏爾始僭諸公也六羽之為僭奈何天子八佾諸公六諸侯四諸公者何諸侯者何天子三公稱公王者之後稱公其餘大國稱侯小國稱

伯子男（《公羊傳．隱公五年》）

八十四年度

1. 解釋下列「　」中之文詞：
(1)有「為」神農之「言」者許行。（《孟子．滕文公》）
(2)羽豈其（舜）苗裔邪？何興之「暴」也！（《史記．項羽本紀》）
(3)《春秋》「大一統」者，天地之常經，古今之通誼也。（董仲舒〈賢良文學對策〉）
(4)今之否隔，「友于」同憂。（曹植〈求通親親表〉）
(5)「可憐」夜半虛前席，不問蒼生問鬼神。（李商隱〈賈生〉）

2. 標點：將下列文字加上新式標點（包括書名號、私名號）
戰國交爭儒術用息秦皇滅學加以坑焚先聖之風埽地盡矣漢興改秦之弊廣收篇籍孝武之後經術大隆然承秦焚書口相傳授一經之學數家競爽章句既異踳駁非一後漢黨人既誅儒者多坐流廢後遂私行金貨定蘭臺漆書經字以合其私文靈帝乃詔諸儒正定五經於石碑之上為古文篆隸三體書法以相參檢樹之學門使天下取則未盈一紀尋復廢焉班固云後世經傳既已乖離傳學者又不思多聞闕疑之義而務碎義逃難便詞巧說安其所習毀所不見終以自弊此學者之大患也誠哉是言（《經典釋文．序錄》）

3. 試將下列文字譯為白話文：
(1)人有三不祥幼而不肯事長賤而不肯事貴不肖而事賢是人之三不祥也人有三必窮為上則

不能愛下為下則好非其上是人之一必窮也鄉則不若偝則謾之是人之二必窮也知行淺薄曲直有以相縣矣然而仁人不能推知士不能明是人之三必窮也（《荀子．非相》）

(2)太史公曰蘇建語余曰吾嘗責大將軍至尊重而天下之賢士大夫毋稱焉願將軍觀古名將所招選擇賢者勉之哉大將軍謝曰自魏其武安之厚賓客天子常切齒彼親附士大夫招賢絀不肖者人主之柄也人臣奉法遵職而何與招士驃騎亦放此意其為將如此（《史記．衛將軍驃騎列傳》）

(3)操行有常賢仕宦無常遇賢不賢才也遇不遇時也才高行潔不可保以必尊貴能薄操濁不可保以必卑賤或高才潔行不遇退在下流薄能濁操遇在眾上世各自有以取士士亦各自得以進（《論衡．逢遇》）

(4)魯人有公孫綽者告人曰我能起死人人問其故對曰我固能治偏枯今吾倍所以為偏枯之藥則可以起死人矣物固有可以為小不可以為大可以為半不可以為全者也（《呂氏春秋．別類》）

(5)余初生時怖夫天之乍明乍暗家人曰晝夜也怪乎人之乍有乍無曰生死也……生以長乍明乍暗乍有乍無者漸不為異間於紛紛混混時自提其神於太虛而俯之覺明暗有無之乍乍者微可悲也。（史震林《西清散記．自序》）

(6)少年哀樂過于人歌泣無端字字真既壯周旋雜癡黠童心來夢中身。（龔自珍《己亥雜詩》）

八十五年度

1.解釋下列「　」內的字、詞：

(1)惟草木之「零落」兮，恐美人之「遲暮」。（《楚辭．離騷》）

(2)遠上寒山石徑斜，白雲生處有人家。停車「坐」愛楓林晚，霜葉紅於二月花。（杜牧〈山行〉）

(3)佇倚「危樓」風細細，望極春愁，黯黯生天際。……衣帶漸寬終不悔，為伊「消得」人憔悴。（柳永〈蝶戀花〉）

2.標點與翻譯：先將下列文字加上新式標點，再將之譯為白話文。

人生十年曰幼學二十曰弱冠三十曰壯有室四十曰強而仕五十曰艾服官政六十曰耆指使七十曰老而傳八十九十曰耄七年曰悼悼與耄雖有罪不加刑焉百年曰期頤（《禮記．曲禮上》）

3.將下列文字譯為白話文：

(1)以道觀之物無貴賤以物觀之自貴而相賤以俗觀之貴賤不在己以差觀之因其所大而大之則萬物莫不大因其所小而小之則萬物莫不小（《莊子．秋水》）

(2)天下君王至于賢人眾矣當時則榮沒則已焉孔子布衣傳十餘世學者宗之自天子王侯中國言六藝者折中於夫子可謂至聖矣（《史記．孔子世家》）

4.標點（試就下面資料加新式標點，凡書名號、私名號及引號皆不可省）

詩關雎窈窕淑女鍾鼓樂之毛傳德盛者宜有鍾鼓之樂箋云琴瑟在堂鍾鼓在庭言共荇菜之時上下之樂皆作盛其禮也正義曰知琴瑟在堂鍾鼓在庭者皋陶謨云琴瑟以詠祖考來格乃云下管鼗鼓明琴瑟在上鼗鼓在下大射禮頌鍾在西階之西笙鍾在東階之東是鍾鼓在庭也此詩美后妃能化淑女共樂其事既得荇菜以祭宗廟上下樂作盛此淑女所共之禮也樂雖主神因共荇菜歸美淑女耳

5. 翻譯（譯下列資料為語體文）：

(1)謝公與人圍棊俄而謝玄淮上信至看書竟默然無言（《世說新語．雅量》）

(2)彗星復見西方十六日夏太后死（《史記．秦始皇本紀》）

(3)凡他官入院未除學士謂之直院學士俱闕他官暫行文書謂之權直（《山堂考索》）

八十六年度

1. 解釋「　」內的字、詞：

(1)大夫七十而「致事」；若不得「謝」，則必賜之几杖。（《禮記．曲禮》）

(2)老子有見於「詘」，無見於「信」。（《荀子．天論》）

(3)廣死明年，李蔡以丞相「坐」侵孝景園壖地，「當」下吏治。蔡亦自殺，不對獄。（《史記．李將軍列傳》）

(4)洞房昨夜停紅燭，待曉堂前拜「舅姑」。妝罷低聲問夫婿，畫眉深淺入時「無」。（朱慶餘〈近試上張水部〉）

(5)「東風」夜放花千樹，更吹落星如雨。……眾裡尋他千百度，驀然回首，那人卻在燈火「闌珊」處。（辛棄疾〈青玉案〉）

2.標點：將下列文字加上新式標點（包括書名號、私名號、引號）

說文之為書以文字而兼聲音訓詁者也凡許氏形聲讀若皆與古音相準或為古之正音或為古之合音方以類聚物以群分循而考之各有條理不得其遠近分合之故則或執今音以疑古音或執古之正音以疑古之合音而聲音之學晦矣說文之訓首列製字之本義而亦不廢假借凡言一曰及所引經類多有之蓋以廣異聞備多識而不限於一隅也不明乎假借之指則或據說文本字以改書傳假借之字或據說文引經假借之字以改經之本字而訓詁之學晦矣吾友段氏若膺於古音之條理察之精剖之密嘗為六書音均表立十七部以綜核之因是為說文注形聲讀若一以十七部之遠近分合求之而聲音之道大明於許氏之說正義借義知其典要觀其會通而引經與今本異者不以本字廢借字不以借字易本字揆諸經義例以本書若合符節而訓詁之道大明

（王念孫〈說文解字注序〉）

3.請就下列例句「　」中的部分回答問題：

(A)「我無爾詐」，爾無我虞。（《左傳・宣公十五年》）

(B)若勝我，「我不若勝」。（《莊子・齊物論》）

(C)近世寇萊公豪侈冠一時，然以功業大，「人莫之非」。（司馬光〈訓儉示康〉）

(D)苟「非吾之所有」，雖一毫而莫取。（蘇軾〈赤壁賦〉）

(E)上笑曰：多多益善，「何為為我禽？」（《史記・淮陰侯列傳》）

(F)且君嘗「為」晉君賜矣。(《左傳・僖公三十年》)

(1)例句(A)(B)(C)「」中的部分皆可歸納為同一種句型結構，請至少舉出三點來說明此種句型之語法特性。

(2)請分析說明例句(D)「非吾之所有」一句是否屬於上述(例句(A)(B)(C))同一類型句型結構。

(3)請解釋例句(E)中兩個「為」字的意義。

(4)例句(F)句中的「為」字與例句(E)句中的哪一個「為」字意義相同?並請說明其相同之語法性質。

4. 試將下列文字譯成白話文

(1)采薇采薇薇亦剛止曰歸曰歸歲亦陽止王事靡盬不遑啟處憂心孔疚我行不來(《詩經・采薇》)

(2)故萬物雖眾有時而欲徧舉之故謂之物物也者大共名也推而共之共則有共至於無共然後止有時而欲徧舉之故謂之鳥獸鳥獸也者大別名也推而別之別則有別至於無別然後止名無固宜約之以命約定俗成謂之宜異於約則謂之不宜(《荀子・正名》)

(3)孔子與門人立拱而尚右二三子亦皆尚右孔子曰二三子之嗜學也我則有姊之喪故也二三子皆尚左(《禮記・檀弓》)

八十七年度

1. 試將下列文字譯成白話文

(1)衛侯占夢嬖人求酒於大叔僖子不得與卜人比而告公曰君有大臣在西南隅弗去懼害乃逐大叔遺遺奔晉（《左傳．哀公十六年》）

(2)太史公曰詩有之高山仰止景行行止雖不能至然心鄉往之余讀孔氏書想見其為人適魯觀仲尼廟堂車服禮器諸生以時習禮其家余祇迴留之不能去云（《史記．孔子世家》）

(3)凡人不能教子女者亦非欲陷其罪惡但重於訶怒傷其顏色不忍楚撻慘其肌膚耳當以疾病為諭安得不用湯藥鍼艾救之哉又宜思勤督訓者可願苛虐於骨肉乎誠不得已也（《顏氏家訓．教子篇》）

2. 標點

毛傳訓詁與爾雅同者如雎鳩王雎也孔疏云釋鳥文水中可居者曰洲孔疏云釋水文孔意以為毛公取爾雅之文以為傳也澧案陸機草木鳥獸蟲魚疏云荀卿授魯國毛亨亨作詁訓傳則毛亨乃周秦閒人張揖上廣雅表云今俗所傳三篇爾雅或言叔孫通所補或言郝郡梁文所考然則爾雅不盡在毛傳之前安知非爾雅取毛傳之文乎（陳澧《東塾讀書記》卷六〈詩〉）

3. 說明下列各例句中「　」中的「將」字之字義和詞性（如：名詞、動詞、形容詞等）

(1)劉永「將」家屬走虞。（《後漢書．劉永傳》）

(2)支道林在白馬寺中「將」馮太常共語。（《世說新語．文學》）

(3)「將」縑來比素、新人不如故。(〈上山採蘼蕪〉)

(4)惟將舊物表深情,鈿合金釵寄「將」去。(白居易〈長恨歌〉)

(5)汝能報殺父之仇,我「將」歸死。(《史記・伍子胥列傳》)

(6)(鳳姐)說著,便嗚嗚咽咽,哭「將」起來。(《紅樓夢》第六十八回)

(7)五花馬,千金裘,呼兒「將」出換美酒。(李白〈將進酒〉)

(8)寧正言不諱以危身乎?「將」從俗富貴以媮生乎?(屈原〈卜居〉)

4.試將下列文字翻譯成白話文

(1)凡學之道嚴師為難師嚴然後道尊道尊然後民知敬學是故君之所不臣於其臣者二當其為尸則弗臣也當其為師則弗臣也大學之禮雖詔於天子無北面所以尊師也(《禮記・學記》)

(2)瞽者無以與乎文章之觀聾者無以與乎鐘鼓之聲豈唯形骸有聾盲哉夫知亦有之是其言也猶時女也之人也之德也將旁礡萬物以為一世蘄乎亂孰弊弊焉以天下為事(《莊子・逍遙遊》)

(3)子貢怪之問孔子曰晏子知禮乎今者晏子來聘魯上堂則趨授玉則跪何也孔子曰其有方矣待其見我我將問焉(《韓詩外傳》卷四)

八十九年度

1.將下列文字加上新式標點。

論語述而子曰甚矣吾衰也久矣吾不復夢見周公釋文不復扶又反注同本或無復字非案集解

載孔注云孔子衰老不復夢見周公據陸氏所見本知經無復字乃後人援注所增以經云久矣吾不夢見明先時曾夢見故注云不復夢見復字正釋久矣字陸氏反以無復字為非不審之至（清．臧琳《經義雜記》）

2.將下列文字翻譯為白話文。

(1)衛孫文子來聘且拜武子之言而尋孫桓子之盟公登亦登叔孫穆子相趨進曰諸侯之會寡君未嘗後衛君今吾子不後寡君寡君未知所過吾子其少安（《左傳．襄公七年》）

(2)韓子曰儒以文亂法而俠以武犯禁二者皆譏而學士多稱於世云至如以術取宰相卿大夫輔翼其世主功名俱著於春秋固無可言者（《史記．游俠列傳》）

(3)夫聖人之制禮也事有其制曲有其防為其可傳為其可繼賢者俯就不肖跂及（《風俗通義．愆禮》）

(4)阮瞻字千里素執無鬼論物莫能難每自謂此理足以辨正幽明（《搜神記》卷十六）

3.解釋「　」內的字、詞

(1)鵬之背，不知其幾千里也；「怒」而飛，其翼若垂天之雲。……適莽蒼者，三飡而反，腹猶「果然」。（《莊子．逍遙遊》）

(2)白髮三千丈，「緣」愁似「箇」長。不知明鏡裡，何處得秋霜？（李白〈秋浦歌〉）

(3)君莫舞，君不見玉環飛燕皆塵土？閒愁最苦。休去倚「危欄」，斜陽正在，煙柳斷腸處。（辛棄疾〈摸魚兒〉）

4.將下列文字加上新式標點（包括書名號、專名號）。

禮記曲禮男女異長男子二十冠而字父前子名君前臣名女子許嫁笄而字鄭玄注各自為伯季也成人矣敬其名對至尊無大小皆相名女子以許嫁為成人釋文冠古亂反笄古兮反疏此一節明男女冠笄名字之法男女異長者按冠禮加字之時伯某甫仲叔季唯其所當又檀弓云幼名冠字五十以伯仲知女子亦各自為叔季者春秋隱公二年伯姬歸于紀隱七年叔姬歸于紀是也君前臣名者成十六年鄢陵之戰公陷于淖欒書欲載晉侯鍼曰書退鍼是書之子對晉侯而稱書是於君前臣名其父也（《禮記正義》）

5. 問答

班固在《漢書．司馬遷傳》「贊」中論及《史記》長短，謂《史記》：「是非頗謬於聖人，論大道則先黃老而後六經，序遊俠則退處士而進姦雄，述貨殖則崇勢利而羞賤貧。」請先闡釋班固之意，再根據你對《史記》的了解，評論班固說法之當否。

九十年度

1. 解釋「　」內的字、詞

(1) 蒹葭「淒淒」，白露未「晞」。所謂伊人，在水之湄。溯洄從之，道阻且「躋」；溯游從之，宛在水中坻。（《詩經．蒹葭》）

(2)《商書》曰：惡之「易」也，如火之燎于原，不可「鄉邇」，其猶可撲滅；周任有言，曰：為國家者，見惡，如農夫之務去草焉，芟夷蘊崇之，絕其本根，勿使能殖，則善者「信」矣。（《左傳．隱公六年》）

(3)弘為人意忌，外寬內深。諸嘗與有「郤」者，雖「詳」與善，陰報其禍。（《史記．平津侯主父列傳》）

(4)不忍登高臨遠，望故鄉渺邈，歸思難收。歎年來蹤跡，何事苦「淹留」？想佳人、妝樓顒望，誤幾回、天際識歸舟。「爭」知我、倚闌干處，正恁凝愁。（柳永〈八聲甘州〉）

2.標點與問答：將下列文字加上新式標點（包括書名號、專名號），然後回答問題。

爾雅疏卷第一釋詁第一疏釋曰釋解也詁古也古今異言解之使人知也釋言則釋詁之別故爾雅敘篇云釋詁釋言通古今之字古與今異言也第次也一數之始也以其作最在先故為第一此篇相承以為周公作但其文有周公後事故先儒共疑焉或曰仲尼子夏所增足也或曰當周公時有之今無者或在散亡之中然則詩書所有非周公所釋乃後人依放故言雅記而為之文故與之同郭氏因即援據以成其義若言胡不承權輿及緇衣之蓆兮此秦康鄭武之詩在周公之後明矣其義猶今為文採摭故事以為辭耳（《十三經注疏》《爾雅疏》）

(1)《十三經注疏》中的《爾雅疏》，作者是誰？屬於那一朝代？

(2)《爾雅》係訓詁之書，試據上引文字，說明「訓詁」的作用與目的。

(3)文中的「郭氏」指什麼人？

3.將下列文字加上新式標點。引文部分須加引號。私名號（——）、書名號（～～）尤其不可忽略。篇名、書名皆須加上書名號。

書流共工於幽洲當從孟子作幽州即釋地所謂燕曰幽州是也說文水中可居者曰州周繞其旁

从重川昔堯遭洪水居水中高土故曰九州詩曰在河之州徐鉉曰今別作洲非是志祖案今毛詩爾雅並改從俗作洲（清・孫志祖《讀書脞錄》卷一）

4.將下列文字翻譯為白話文。

(1)夏五月鄭伯克段于鄢克之者何殺之也殺之則曷為謂之克大鄭伯之惡也曷為大鄭伯之惡母欲立之己殺之如勿與而已矣（隱公元年《春秋》《公羊》《經》、《傳》）

(2)為外刑者金與木也為內刑者動與過也宵人之離外刑者金木訊之離內刑者陰陽食之夫免乎外內之刑者唯真人能之（《莊子・列禦寇》）

(3)古詩佳麗或稱枚叔其孤竹一篇則傅毅之詞比采而推兩漢之作乎（《文心雕龍・明詩》）

(4)才非干寶雅愛搜神情類黃州喜人談鬼聞則命筆遂以成編（蒲松齡〈聊齋自誌〉）

九十一年度

1.解釋「　」內的字：

(1)「寅」賓出日，平秩東作。日中、星鳥，以殷仲春。（《尚書・堯典》）

(2)春秋以木鐸修火禁。凡邦之事「蹕」宮中廟中，則執燭。（《周禮・天官・宮正》）

(3)末大必折，尾大不「掉」。（《左傳・昭公十一年》）

(4)攝提「貞」于孟陬兮，惟庚寅吾以降。（屈原〈離騷〉）

(5)老子有見於詘，無見於「信」。（《荀子・天論》）

(6)為博士官置弟子五十人，「復其身」。（《史記・儒林列傳》）

(7)元康八年，機始以臺郎出「補著作」，遊乎祕閣，而見魏武帝遺令。（《文選》陸機〈弔魏武帝文序〉）

(8)若乃春風春鳥，秋月秋蟬，夏雲暑雨，冬月「祁寒」，斯四候之感諸詩者也。（鍾嶸《詩品．序》）

(9)「粵」以癸卯之歲，承乏上庠，循省舊音，苦其太簡。（陸德明《經典釋文．序錄》）

(10)試問夜如何？夜已三更，「金波」淡，玉繩低轉。（蘇軾〈洞仙歌〉）

2.標點：下列文字錄自《毛詩注疏．周南．漢廣》，試加上新式標點，標點符號，書名號用﹏﹏，私名號用——，引文須加「　」號。

〔經〕南有喬木不可休息漢有游女不可求思漢之廣矣不可泳思江之永矣不可方思

〔傳〕興也南方之木美喬上竦也思辭也漢上游女無求思者

〔箋〕不可者本有可道也木以高其枝葉之故故人不得就而止息也興者喻賢女雖出游流水之上人無欲求犯禮者亦由貞絜使之然

〔釋文〕喬木亦作橋渠驕反徐又紀橋反休息並如字古本皆爾本或作休思此以意改爾竦粟勇反流水本或作漢水

〔疏〕○傳思辭至思者○以泳思方思之等皆不取思為義故為辭也經求思之文在游女之下傳解喬木之下先言思辭然後始言漢上疑經休息之字作休思也何則詩之大體韻在辭上疑休求字為韻二字俱作思但未見如此之本不敢輒改耳內則云女子居內深宮固門此漢上有游女者內則言閽寺守之則貴家之女也庶人之女則執筐行饁不得在室故有出游之事

3.將下列文字譯成白話文：

(1)潭中魚可百許頭皆若空遊無所依日光下澈影布石上佁然不動俶爾遠逝往來翕忽似與遊者相樂（柳宗元〈至小丘西小石潭記〉）

(2)寂然凝慮思接千載悄焉動容視通萬里吟詠之間吐納珠玉之聲眉睫之前卷舒風雲之色其思理之致乎故思理為妙神與物遊（《文心雕龍．神思》）

(3)方今為將軍計莫如案甲休兵鎮趙撫其孤百里之內牛酒日至以饗士大夫醳兵北首燕路而後遣辯士奉咫尺之書暴其所長於燕燕必不敢不聽從（《史記．淮陰侯列傳》）

4.閱讀下列文字，依文意回答問題：

(1)周之衰，好事者各以其說干時君，紛紛藉藉相亂，六經與百家之說錯雜，然老師大儒猶在，火于秦，黃老于漢，其存而醇者，孟軻氏而止耳。（韓愈〈讀荀子〉）

何謂「六經與百家之說錯雜」？何謂「火于秦，黃老于漢」？

(2)在晉中興，玄風獨振，為學窮於柱下，博物止乎七篇，馳騁文辭，義殫乎此。（《宋書．謝靈運傳．論》）

何謂「為學窮於柱下，博物止乎七篇」？

(3)夫商君為孝公平權衡，正度量，調輕重，決裂阡陌，教民耕戰。是以兵動而地廣，兵休而國富，故秦無敵於天下，立威諸侯。功已成，遂以車裂。（《戰國策．秦策三》）

何謂「決裂阡陌」？何謂「車裂」？

九十二年度

1. 解釋「　」內的字、詞或典故

(1)莊子送葬，過惠子之墓，顧謂從者曰：郢人堊「慢」其鼻端若蠅翼，使匠石斲之。匠石運「斤」成風，聽而斲之，盡堊而鼻不傷；郢人立不失容。（《莊子．徐無鬼》）

(2)北方有佳人，「絕世」而獨立，一顧傾人城，再顧傾人國。「寧」不知傾國與傾城，佳人難再得。（《漢書．外戚．李夫人傳》）

(3)自真風告逝，大偽斯興，閭閻懈廉退之節，市朝驅易進之心。懷正志道之士，或潛玉於當年；潔己清操之人，或「沒世」以徒勤。故「夷皓」有安歸之歎，「三閭」發已矣之哀。（陶淵明〈感士不遇賦．序〉）

(4)徑暖草如積，山晴花更繁。縱橫一川水，高下數家村。靜憩雞鳴午，荒尋犬吠昏。歸來向人說，疑是「武陵源」。（王安石〈即事〉）

(5)「甚矣吾衰矣」。悵平生、交遊零落，只今餘幾！「白髮空垂三千丈」，一笑人間萬事。問何物、能令公喜？我見青山多嫵媚，料青山、見我應如是。情與貌，略相似。（辛棄疾〈賀新郎〉）

2. 標點與問答：下列文字錄自僖公十一年《春秋左傳正義》。加上新式標點，然後回答問題。

〔傳〕天王使召武公內史過賜晉侯命受玉惰過歸告王曰晉侯其無後乎王賜之命而惰於受

瑞先自弃也已其何繼之有禮國之幹也敬禮之輿也不敬則禮不行禮不行則上下昏何以長世
〔注〕天王周襄王召武公周卿士內史過周大夫諸侯即位天子賜之命圭為瑞
〔釋文〕過古禾反惰徒臥反長直良反又行丈反
〔疏〕召武公亦名過周語云襄王使召公過及內史過賜晉惠公命晉侯執玉卑拜不稽首內史過歸以告王曰晉不亡其君必無後不敬王命棄其禮也執玉卑替其質也拜不稽首無其王也替質無鎮無王無人晉侯無王人亦將無之欲替其鎮人亦將替之其言多而小異孔晁云左丘明集其典雅令辭與經相發明者以為春秋傳其高論善言別為國語凡左傳國語有事同而辭異者以其詳於左傳而略於國語詳於國語而略於左傳

(1)《春秋左傳正義》的《注》，作者是誰？

(2)上文中的《釋文》，全名為何？作者是誰？

(3)簡述孔晁之意。

3. 下列文字引自《日知錄》，請加上新式標點符號（私名號及書名、篇名號等均不可省略），然後回答問題。

古人席地而坐西漢尚然漢書雋不疑傳登堂坐定不疑據地曰竊伏海濱聞暴公子威名舊矣是也古人之坐皆以兩膝著席有所敬引身而起則為長跪矣史記范睢傳言秦王跽而請秦王復跽而褚先生補梁孝王世家帝與梁王俱侍坐太后前太后謂帝曰吾聞殷道親親周道尊尊其義一也帝跪席舉身曰諾是也禮記坐皆訓跪三國志注引高士傳言管寧嘗坐一木榻積五十餘年未嘗箕股其榻上當膝處皆穿以此。

(1)試依上文所言，描述「坐」與「跽」的姿勢？

(2)何謂「箕股」？

4.將下列文字譯成白話文

(1)吾讀古聖人書，觀古聖人之政禁：數罟不得入洿池，魚尾不盈尺不中取，市不得鬻，人不得食。聖人之仁，養物而不傷也如是。（程頤〈養魚記〉）

(2)夫君也者，將牧民而正其邪者也，若君縱私回而棄民事，民旁有慝無由省之，益邪多矣。若以邪臨民，陷而不振，用善不肯專，則不能使，至於殄滅而莫之恤也，將安用之？桀奔南巢，紂踣于京，厲流于彘，幽滅于戲，皆是術也。（《國語．魯語上》）

九十三年度

1.標點：下列文字錄自清．臧琳《經義雜記》卷七「磌然或作砰然」條，請加上新式標點。

公羊春秋僖十六年霣石于宋五傳曷為先言霣而後言石霣石記聞聞其磌然視之則石釋文磌然之人反又大年反聲響也一音芳君反本或作砰八耕反穀梁疏曰磌字說文玉篇字林等無其字學士多讀為砰據公羊古本並為磌字張揖讀為磌是石聲之類不知出何書也案玉篇石部磌柱下石磌之仁切磌也音響也又大堅切砰披萌切大聲 同上據楊氏所見玉篇無磌字則今本有者蓋孫強等增加

2.將下列文字翻譯為白話文。

(1)周道缺詩人本之衽席關睢作仁義陵遲鹿鳴刺焉（《史記．十二諸侯年表》）
(2)孔子曰吾猶及史之闕文今亡矣夫蓋非其不知而不問（許慎《說文解字敘》）
(3)二子讓國相將海隅天人革命絕景窮居采薇高歌慨想黃虞貞風凌俗爰感懦夫（陶淵明《讀史述九章．夷齊》）
(4)國子監諸生猥雜陽城為司業以道德訓諭有違親三年者勉歸覲（王讜《唐語林》）

3.標點與用韻說明：
(1)將下列文字加上新式標點。
(2)說明用韻情形。
始命芟其蕪行其塗積之邱如蠲之瀏如既焚既釃奇勢迭出清濁辨質美惡異位視其植則清秀敷舒視其蓄則溶漾紆餘怪石森然周於四隅或列或跪或立或仆竅穴逶邃堆阜突怒（柳宗元〈永州韋使君新堂記〉）

4.分析下列駢偶句的句法結構：
(1)高峰入雲，清流見底。（陶宏景〈答謝中書書〉）
(2)靈運之興會標舉，延年之體裁明密。（沈約〈謝靈運傳論〉）
(3)潘岳之文采，始述家風；陸機之辭賦，先陳世德。（庾信〈哀江南賦．序〉）
(4)雖復晏嬰近市，不求朝夕之利；潘岳面城，且適閒居之樂。（庾信〈小園賦〉）
(5)若擇源於涇渭之流，按轡於邪正之路。（《文心雕龍．情采》）
(6)企莊生之逍遙，慕尚子之清曠。（祖鴻勳〈與陽休之書〉）

(7)然飾窮其要，則心聲鋒起；夸過其理，則名實兩乖。（《文心雕龍．夸飾》）

(8)北海雖賒，扶搖可接；東隅已逝，桑榆非晚。（王勃〈滕王閣序〉）

(9)舟凝滯於水濱，車逶遲於山側。（江淹〈別賦〉）

(10)鳶飛戾天者，望峰息心；經綸世務者，窺谷忘返。（吳均〈與宋元思書〉）

5. 說明下列各「」中「是」字的詞義與語法功能：

(1)若士必怒，伏屍二人，流血五步，天下縞素，今日「是」也。（《戰國策．魏策》）

(2)吾不能早用子，今急而求子，「是」寡人之過也。（《左傳》僖公三十年）

(3)取之而燕民悅，則取之。古之人有行之者，武王「是」也。（《孟子．梁惠王下》）

(4)爾何曾比予於「是」！（《孟子．公孫丑上》）

(5)故謀用「是」作，而兵由此起。（《禮記．禮運》）

東吳大學

古籍閱讀能力

八十九年度

1. 下列五段短文，請斷其句讀。

(1)孔子為魯司寇不用從而祭燔肉不至不稅冕而行不知者以為為肉也其知者以為為無禮也（《孟子．告子》）

(2)擊鼓怨州吁也衛州吁用兵暴亂使公孫文仲將而平陳與宋國人怨其勇而無禮也（《詩經》）

(3)法者憲令著於官府賞罰必於民心賞存乎慎法而罰加乎姦令者也此人臣之所師也（《韓非子．定法》）

(4)清河之方平原殆如陳思之匹白馬於其哲昆故稱二陸季倫顏遠並有英篇篤而論之朗陵為最（《鍾嶸．詩品》）

(5)殷陶汝南人也年十二以孝稱遭父憂率情合禮有長蛇帶其門舉家奔走陶以喪柩在焉獨居

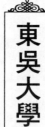

廬不動（陶潛〈庶人孝傳贊〉）

2.下列四段詩文，詞句淆亂，請依原文重組。

(1)(A)則弗能治 (B)焉能治之 (C)必知亂之所自起 (D)不知亂之所自起 (E)不可不察亂之所自起 (F)治亂者何獨不然 (G)聖人以治天下為事者也（《墨子．兼愛》）

(2)(A)天下以為病 (B)昔其未用也 (C)而其既用也 (D)及其釋位而去也 (E)至其請老而歸也 (F)莫不冀其復用 (G)則以為遲 (H)莫不惆悵失望 (I)而猶庶幾於萬一者 (J)幸公之未衰（蘇軾〈祭歐陽文忠公〉）

(3)(A)夫自六國以前 (B)兩漢以後 (C)雖明乎坦途 (D)故能越世高談 (E)去聖未遠 (F)體勢浸弱 (G)自開戶牖 (H)而類多依採 (I)此遠近之漸變也（《文心雕龍．諸子》）

(4)(A)欲去問西家 (B)近種籬邊菊 (C)野徑入桑麻 (D)扣門無犬吠 (E)秋來未著花 (F)報道山中去 (G)移家雖帶郭 (H)歸來每日斜（皎然〈尋陸鴻漸不遇〉）

3.閱讀下列二段短文後，請解釋十處語詞。

(A)長安士方棟，頗有才名，而佻脫不持儀節。每陌上見游女，輒輕薄尾綴之。清明前一日，偶步郊郭，見一小車，朱茀繡幔，青衣數輩，款段以從。內一婢，乘小駟，容色絕美，稍稍近覘之，見車幔洞開，內坐二八女郎，紅妝豔麗，尤生平所未睹，目眩神奪，瞻戀弗舍，或先或後，從馳數里。（《聊齋志異．瞳人語》）

(B)今使涂之人伏術為學，專心一志，思索孰察，加日縣久，積善而不息，則通於神明，參於天地矣。故聖人者，人之所積而致也。（《荀子．性惡》）

(1)佻脫
(2)尾綴
(3)青衣
(4)款段
(5)涂之人
(6)伏術
(7)孰察
(8)縣久
(9)通
(10)參

4.請回答下列各書籍之作者
(1)墨子閒詁
(2)容齋五筆
(3)唐才子傳
(4)洛陽名園記
(5)儀禮正義
(6)詩經原始

國學能力測驗

九十年度

1.請將下面三段文字加上新式標點。
(1)周官一書豈獨運量萬物本末兼貫非聖人不能作哉即按其文辭舍易春秋文武周召以前之

詩書無與之並者矣蓋道不足者其言必有枝葉而是書指事命物未嘗有一辭之溢焉常以一字二字盡事物之理而達其所難顯非學士文人所能措注也（方苞《周官析疑・序》）

(2)何謂天何謂人北海若曰牛馬四足是謂天落馬首穿牛鼻是謂人故曰無以人滅天無以故滅命無以得殉名謹守而勿失是謂反其真（《莊子・秋水》）

(3)秦政不道焚滅經術帝王遺言蕩為灰燼漢興濟南伏生憶所誦習口以傳授而年過九十耄多昏忘伐桀之篇粲然禱旱之誓無聞焉猶幸天不喪道斯文興起若前所稱諸書後先而出雖商史舊冊終復湮微而奇章隻句賴不泯絕（清徐時棟《尚書逸誓考・序》）

2. 漢代《論語》異本有幾本？各本內容異同情形為何？今傳誦之《論語》為何本？

3. 閱讀下列兩段短文，並解釋文後十題語詞。

(A)蜂窟於土或木石，人蹤跡得其處，則夜持烈炬臨之，蜂空群赴焰，盡殪，然後連房剞取。蟹處蒲葦間，一燈水滸，莫不郭索而來悉可俯拾。（姚鼐〈江淮之蜂蟹〉）

(B)士方其佔畢咿唔，則期報於科第祿仕，或少讀古書，窺著作之林，則責報於遐邇之譽，後世之名；纂述未及終編，輒冀得一二有力之口，騰播人人之耳，以償吾勞也。（曾國藩〈聖哲畫像記〉）

(1)殪
(2)剞取
(3)蒲葦
(4)水滸

(6)佔畢
(7)咿唔
(8)遐邇
(9)騰播

(5)郭索　⑽責報

4.選擇題

(1)請選出語詞中無錯別字者？(A)挑拔離間　毫不介意　渾然一體　(B)故弄玄虛　束手無策　暮天席地　(C)徇情枉法　杳無消息　遲疑不決　(D)並行不悖　循序漸進　見異思遷。

(2)請選出語詞中無錯別字者？(A)荼毒生靈　敷衍塞責　觸目傷懷　(B)銳不可當　坦蕩如底　與日俱增　(C)錯落有致　抑揚頓錯　諱疾忌醫　(D)慢不經心　川流不息　按部就班。

(3)下列古代年齡稱謂由小到大排列，何者正確？(A)垂髫　豆蔻　弱冠　而立　不惑　知命　花甲　古稀　(B)豆蔻　弱冠　垂髫　而立　不惑　知命　花甲　古稀　(C)垂髫　弱冠　豆蔻　而立　不惑　知命　花甲　古稀　(D)垂髫　而立　豆蔻　不惑　知命　花甲　古稀　弱冠。

(4)下列各名言之來源出處，何者錯誤？(A)高山仰止，景行行止——詩經　(B)二人同心，其利斷金——周易　(C)皮之不存，毛將焉附——左傳　(D)司馬昭之心，路人皆知——三國志。

(5)下列詩詞名句及其作者，何者有誤？(A)山外青山樓外樓，西湖歌舞幾時休——盧梅坡　(B)不畏浮雲遮望眼，只緣身在最高層——王安石　(C)流光容易把人拋，紅了櫻桃，綠了芭蕉——姜夔　(D)春潮帶雨晚來急，野渡無人舟自橫——王維。

5. 請寫出下列各書籍之作者或編者

(1)太平廣記
(2)四庫提要辨證
(3)經學歷史
(4)徐霞客遊記
(5)尚書今古文注疏
(6)經典釋文
(7)嵇中散集
(8)經義考
(9)嘉祐集
(10)直齋書錄解題

國立清華大學

中國文學基本經典

八十四年度

1. 詳細說明詩六義。
2. 翻譯《詩經》的下列章節。
(1)月出皎兮，佼人僚兮，舒窈糾兮，勞心悄兮。(〈陳風．月出〉)
(2)我行其野，芃芃其麥，控于大邦，誰因誰極。(〈鄘風．載馳〉)
(3)鸛鳴于垤，婦嘆于室，洒掃穹窒，我征聿至。(〈豳風．東山〉)
(4)糾糾葛屨，可以履霜，摻摻女手，可以縫裳，要之襋之，好人服之。(〈魏風．葛屨〉)
(5)上帝板板，下民卒癉，出話不然，為猶不遠。(〈大雅．板〉)
3. 楚辭中〈離騷〉以及〈九章〉之〈惜誦〉、〈涉江〉、〈哀郢〉等篇名各有何意？其篇名命意和《詩經》之〈關雎〉、〈卷耳〉等之篇名命意，有何異同？這些異同在文學史上有何特別意義，試說明之。

4. 九歌共是那幾篇，每篇各祀何神？你認為其中那幾篇的文學價值最高，試以文學的觀點作一詳細的分析。

八十五年度

1. 詩經分國風、小雅、大雅、頌，這種編輯體例，在傳統上的意義為何？若以現代的文學觀點來看，又有何意義？是否合理，試申論之。

2. 解釋下列詩句：

(1)行道遲遲，中心有違。不遠伊邇，薄送我畿。（〈邶風．谷風〉）

(2)舒而脫脫兮，無感我帨兮，無使尨也吠。（〈召南．野有死麕〉）

(3)鸛鳴于垤，婦歎于室。洒掃穹窒，我征聿至。（〈豳風．東山〉）

(4)迨天之未陰雨，徹彼桑土，綢繆牖戶。（〈豳風．鴟鴞〉）

(5)不稼不穡，胡取禾三百廛兮？不狩不獵，胡瞻爾庭有縣貆兮？（〈魏風．伐檀〉）

3. 或謂〈九辯〉承襲〈離騷〉，皆為楚辭體之自敘傳，然二者風格與主題實頗有差別，試論該二篇作品在思想內容及表現手法之異同。

4. 請將下列四段文字譯成白話，並指出各段出自九歌的哪一篇。

(1)孔蓋兮翠旍，登九天兮撫彗星。竦長劍兮擁幼艾，蓀獨宜兮為民正。

(2)靈連蜷兮既留，爛昭昭兮未央。

謇將憺兮壽宮，與日月兮齊光。

(3)靈衣兮被被，玉佩兮陸離。

壹陰兮壹陽，眾莫知余所為。

(4)交不忠兮怨長，期不信兮告余以不閒。

朝騁騖兮江皋，夕弭節兮北渚。

八十六年度

1.〈陳風．月出〉一詩，歷來有「刺好色，在位不好德，而悅美色焉」、「男女相悅而相戀之辭」、「受壓迫者五花大綁走進殺人場的悲慨」等類型的詮釋，試就己見評其得失，並請將原詩譯成語體文。

月出皎兮，佼人僚兮；舒窈糾兮，勞心悄兮。

月出皓兮，佼人懰兮；舒懮受兮，勞心慅兮。

月出照兮，佼人燎兮；舒夭紹兮，勞心慘兮。

2.解說〈鄘風．桑中〉一詩：

(1)爰采唐矣？沬之鄉矣。云誰之思？美孟姜矣。

期我乎桑中，要我乎上宮，送我乎淇之上矣。

(2)爰采麥矣？沬之北矣。云誰之思？美孟弋矣。

期我乎桑中，要我乎上宮，送我乎淇之上矣。

(3)爰采葑矣？沬之東矣。云誰之思？美孟庸矣。

期我乎桑中，要我乎上宮，送我乎淇之上矣。

3.《漢書．藝文志》認為屈原賦有二十五篇，然而這項說法及屈原作品的真偽問題，歷來頗多爭議。請提出自己的看法說明哪些作品比較可能確為屈原著作，以及其共同特色如何。

4.〈離騷〉之藝術手法如何？請分析之。

八十七年度

1.解釋下列詩句：

(1)牂羊墳首，三星在罶。人可以食，鮮可以飽。（〈小雅．苕之華〉）

(2)予季行役，夙夜無寐。上慎旃哉！猶來無棄。（〈魏風．陟岵〉）

(3)爾卜爾筮，體無咎言。以爾車來，以我賄遷。（〈衛風．氓〉）

2.試將下列〈衛風．伯兮〉一詩譯成白話，並評析其文學表現之特色。

伯兮朅兮　邦之桀兮　伯也執殳　為王前驅

自伯之東　首如飛蓬　豈無膏沐　誰適為容

其雨其雨　杲杲出日　願言思伯　甘心首疾

焉得諼草　言樹之背　願言思伯　使我心痗

3. 以屈原作品為代表的《楚辭》一書，歷來為集部之首，從文學史或學術史的發展來說，頗有深意，試說明之。

4. 〈天問〉是篇極獨特的作品，胡適批評它「文理不通，見解卑陋，全無文學價值」，試論胡適此說之得失。

八十八年度

1. 指出下列著作係何時何人所作，並扼要說明各著作是從什麼方向在研究《詩經》：

(1)《詩三家義集疏》

(2)《詩經通論》

(3)《詩集傳》

(4)《鄭箋》

(5)〈詩經新義〉

2. 請將下列詩經摘句譯為語體文。

(1) 雝雝鳴雁，旭日始旦；士如歸妻，迨冰未泮。（〈邶風．匏有苦葉〉）

(2) 考槃在陸，碩人之軸；獨寐寤宿，永矢弗告。（〈衛風．考槃〉）

(3) 十畝之外兮，桑者泄泄兮，行與子逝兮。（〈魏風．十畝之間〉）

(4) 四牡騑騑，嘽嘽駱馬；豈不懷歸？王事靡盬，不遑啟處。（〈小雅．四牡〉）

(5) 誕寘之隘巷，牛羊腓字之；誕寘之平林，會伐平林；誕寘之寒冰，鳥覆翼之；鳥乃去

矣，后稷呱矣。（〈大雅．生民〉）

3. 屈原在中國文學史上的地位及影響為何，試申論之。

4. 〈離騷〉衣被百代詞人，影響極為深遠，但兩漢學者對〈離騷〉的內容評價出入甚大。劉勰說他們「褒貶任聲，抑揚過實」，他主張公正的評價如下：

「將覈其論，必徵言焉。故其陳堯、舜之耿介，稱湯、武之祗敬，典誥之體也。譏桀、紂之猖披，傷羿、澆之顛隕，規諷之旨也。虬龍以喻君子，雲蜺以譬讒邪，比興之義也。每一顧而掩涕，歎君門之九重，忠怨之辭也。觀茲四事，同於風雅者也。至於託雲龍，說迂怪，豐隆求宓妃，鴆鳥媒娀女，詭異之辭也。康回傾地，夷羿彈日，木夫九首，土伯三目，譎怪之談也。依彭咸之遺則，從子胥以自適，狷狹之志也；士女雜坐，亂而不分，指以為樂，娛酒不廢，沈湎日夜，舉以為懽，荒淫之意也。摘此四事，異乎經典者也。故論其典誥則如彼，語其夸誕則如此，固知楚辭者，體慢於三代，而風雅於戰國，乃雅頌之博徒，而詞賦之英傑也。觀其骨鯁所樹，肌膚所附，雖取鎔經意，亦自鑄偉辭。」

試論劉勰觀點之得失。

八十九年度

1. 請將下列詩句譯成語體文，並簡述該詩之主題意義。

(1) 君子于役，不日不月，曷其有佸？雞棲于桀，日之夕矣，羊牛下括。君子于役，苟無

飢渴！（〈王風．君子于役〉）

(2)佌佌彼有屋，蔌蔌方有穀。民今之無祿，天夭是椓。哿矣富人，哀此惸獨。（〈小雅．正月〉）

（案：「蔌蔌方有穀」後漢書引此句作「蔌蔌方轂」；「天夭」韓詩作「夭夭」）

2.古人歸納詩經的表現技巧，認為有賦、比、興三種方法。請舉詩經中的具體例子加以說明。

3.游國恩〈楚辭女性中心說〉一文認為《楚辭》最重要的比興材料是女人，屈原以女人象徵自已。試以《離騷》為例，檢證游說之得失。

4.九歌或以為屈原作，或以為非屈原作，其中有數種不同說法，你以為何者較為可信，請說明其中道理。

九十年度

1.試詳細解釋下列詩句：

(1)我心匪鑒，不可以茹。亦有兄弟，不可以據。薄言往愬，逢彼之怒。（〈邶風．柏舟〉）

(2)我東曰歸，我心西悲。制彼裳衣，勿士行枚。蜎蜎者蠋，烝在桑野。敦彼獨宿，亦在車下。（〈豳風．東山〉）

2.請以《毛傳》及朱熹《詩集傳》為例，說明漢儒及宋儒對詩經的詮釋方式，並簡述現代學者對他們的批評。

3.女性在屈原作品中的地位非常重要，試以女嬃及山鬼為例，探討她們的作用。

4.太史公屈原傳引淮南王安之語云：「《國風》好色而不淫，《小雅》怨誹而不亂，若《離騷》者，可謂兼之矣。……推此志，雖與日月爭光可也。」對屈原作品有甚高之評價；而班固則謂屈原「露才揚己」、「強非其人」，顯然有頗為不同之評價。其各自之觀點為何，請分析之。

九十一年度

1.解釋下列詩句：

(1)爾卜爾筮，體無咎言。以爾車來，以我賄遷。（出自〈氓〉）

(2)不稼不穡，胡取禾三百廛兮。不狩不獵，胡瞻爾庭有縣貆兮。（出自〈伐檀〉）

2.《史記．孔子世家》云：「古者詩三千餘篇，及至孔子，去其重，取可施于禮義……三百五篇」，宋代學者對此有何不同的看法？又《詩．大序》說：「風，風也，教也……雅者，正也。」按照近代以來學者的理解，應如何定義「風」、「雅」？

3.《楚辭．九歌》比較接近楚國宗教祭祀之民俗，而〈離騷〉在表現方式上則對此有所取法。試從這一方面說明〈九歌〉在文學表現上的特質，以及〈離騷〉的取法之處。

4.「至高神」很少成為後世中國文學作品的主題，但《詩經》與《楚辭》皆曾論及。試比較〈皇矣〉與〈東皇太一〉這兩篇作品中的「至高神」。

九十二年度

1. 請申述《詩經》一書的性質及其可能的研究途徑。
2. 試從內容要旨、意象風格、感情特色三方面比較〈氓〉（衛風）與〈谷風〉（邶風）二詩。
3. 「女性」是〈離騷〉一文中極重要的意象，試問屈原如何表達？其意義何在？
4. (1)〈離騷〉：「陟陞皇之赫戲兮，忽臨睨夫舊鄉。僕夫悲余馬懷兮，蜷局顧而不行。」
①翻譯以上四句。
②從〈離騷〉全篇結構上簡要說明這四句的作用。
(2)〈涉江〉：「余幼好此奇服兮，年既老而不衰。帶長鋏之陸離兮，冠切雲之崔嵬。」
①翻譯以上四句。
②簡要說明這四句和〈涉江〉全篇主題之關係。

九十三年度

1. 請申述歷來關於「詩有六義」的解說各有哪些主要的論點。
2. 試詳細解釋下列詩句：
(1)我心匪石，不可轉也；我心匪席，不可卷也。威儀棣棣，不可選也。（〈邶風．柏舟〉）
(2)謂山蓋卑，為岡為陵。民之訛言，寧莫之懲！召彼故老，訊之占夢，具曰：「予

聖」，誰知烏之雌雄？（〈小雅．正月〉）

3. 劉勰《文心雕龍．辨騷》篇說《離騷》有同於風雅者四事：「陳堯、舜之耿介，稱湯、武之祗敬，典誥之體也。譏桀、紂之猖披，傷羿、澆之顛隕，規諷之旨也。虬龍以喻君子，雲蜺以譬讒邪，比興之義也。每一顧而掩涕，歎君門之九重，忠怨之辭也。」有異乎經典者四事：「託雲龍，說迂怪，豐隆求宓妃，鴆鳥媒娀女，詭異之辭也。康回傾地，夷羿彃日，木夫九首，土伯三目，譎怪之談也。依彭咸之遺則，從子胥以自適，狷俠之志也；士女雜坐，亂而不分，指以為樂，娛酒不廢，沈湎日夜，舉以為懽，荒淫之意也。」並說以《離騷》為代表的《楚辭》乃「雅頌之博徒，而詞賦之英傑。」試論劉勰說法之得失。

4. 「女性」是《離騷》極重要的比興材料，試論「女嬃」及「有娀之佚女」的作用。

國立中興大學

中國語文學

八十九年度

1. 何謂象形？試分獨體、增體、省體、加聲象形四類各舉兩字說明。
2. 錢大昕研究古音學，有「舌音類隔之說不可信」之說，試說明其內容。
3. 試舉例說明「反訓」形成的原因。並就所知論述「反訓」能否成立。
4. 選擇題：修辭與文法

(1) 以「梨花院落溶溶月」為上句，下面四個句子中哪一句作為下句與它組成對偶為最適合？ (A)柳絮池塘淡淡風 (B)榆莢臨窗片片雪 (C)帶水芙蕖點點雨 (D)海棠初綻幽幽香。

(2) 子曰：「求也退，故進之；由也兼，故退之。」（《論語．先進》）加點字是：(A)動詞作主詞 (B)動詞作謂語 (C)動詞的使動用法 (D)動詞的意動用法。

(3) 荊軻嗜酒，日與狗屠及高漸離飲於燕市。（《史記．刺客列傳》）加點字是：(A)時間

名詞的意動用法 (B)時間名詞的使動用法 (C)時間名詞作狀語 (D)時間名詞作謂語。

(4)無絲竹之亂耳，無案牘之勞形：(A)雙關 (B)借代 (C)借喻 (D)映襯。

(5)先天下之憂而憂，後天下之樂而樂：(A)對偶與互文 (B)映襯與錯綜 (C)對偶與映襯 (D)映襯與互文。

(6)秦時明月漢時關，萬里長征人未還：(A)互文 (B)對偶 (D)錯綜 (D)層遞。

(7)七月在野，八月在宇，九月在戶，十月蟋蟀入我床下：(A)舉隅 (B)錯綜 (C)省略 (D)排比。

(8)〈滕王閣序〉中「楊意不逢，撫凌雲以自惜，鍾期既遇，奏流水以何漸。」用了那些修辭格？簡答之。

九十年度

1.寫出下列各句引號內文字之小篆、本義、構造、六書之屬。

(1)江之永矣不可「方」思（《詩經》）

(2)塞「向」墐戶（《詩經》）

(3)「后」以施令告四方（《易經》）

(4)不憤不「啟」（《論語》）

(5)背私者謂之「公」（《韓非子》）

2.在語言學史上，為上古至今的音韻作分期向來是諸多語言學者用心著力的問題，或從文獻語料出發，或從音節結構分析著眼，各自取得了可觀卻也頗不一致的成果。現在請您試就所學，嘗試將上古至今的音韻加以分期，惟請務必說明分期的判斷依據，而各期所展現的音韻特徵以及代表性語料文獻，亦請一併加以說明。

3.何謂「右文說」？與同源詞研究的關係如何？試舉例說明之。

4.修辭學中，有「轉品」的修辭方法；而漢語複詞之中，有「衍聲複詞」與「合義複詞」兩大類，試各舉其例，加以說明。

九十一年度

1.關於六書「轉注」的定義，歷來眾說紛紜，請列舉三家最具代表性的說法，並比較他們之間的異同得失。答題時，請儘量多舉例字說明之。

2.請就下列篆文任意選擇二字，先寫出它們的楷書釋文，然後分析它們的形體結構（諸如「象形」、「從某某」、「從某某聲」等等），最後再說明它們的初形本義。

(1)  (2)  (3)  (4) 

3.請先標出下列句中的通假字，再找出它們的本字，並說明你所持的理由，最後再以白話翻譯全句。

《郭店楚墓竹簡》：魯穆公昏於子思曰可女而可胃忠臣子思曰恒稱其君之亞者可胃忠臣矣公不敓員而退之。

4.漢語詞彙由單音節詞轉變為複音節詞，有哪些結構方式？而這些結構方式分別又可細分為多種類型，試就其結構方式及類型加以舉例說明。

5.請依據所學之聲韻學知識來回答以下的問題：

A.狡——古巧切　獪——古邁切　B.適——施隻切　室——式質切

C.項——胡講切　父——扶雨切　D.無——武夫切　我——五可切

(1)請依據A.B.C.D.四組例字的反切上下字來判斷，這四組字從中古到現代在讀音上是否發生了變化？倘若是，那麼又發生了哪些音韻上的變化呢？請一一舉出並加以說明。

(2)請依據A.B.C.D.四組例字的中古時期所屬聲母，上推其在「上古音」階段又各屬於哪一類聲母呢？

九十二年度

1.(1)試以許慎言「以為」者六字：來、烏、朋、子、韋、西，說明「本無其字」之假借。

(2)有篆刻一方，試予楷譯，並說明各文（字）之本義、構造、六書之屬。

2.(1)王維〈終南山〉：「太乙近天都，連山到海隅。白雲回望合，青靄入看無。分野中峰變，陰晴眾壑殊。欲投人處宿，隔水問樵夫。」一詩中運用幾種修辭技巧且各有何效果？

(2)修辭格「引用」與「仿擬」的定義為何？二者有何不用？如何區別？

(3)沈復名篇〈兒時記趣〉：「神定，捉蝦蟆，鞭數十，驅之別院。」中的「之」字如視為動詞，作「趕」解，及視為介詞，作「於」解，是否合理？請詳論之。

3.「飛雪連天射白鹿，笑書神俠倚碧鴛」這兩句詩為網路上盛傳金庸先生曾經寫過的十四部武俠小說的縮名。現在請你回答以下的問題：

(1)請就以下所提供的反切，一一找出與上列十四個字相對應的《廣韻》切語。如：飛－〇〇切。

①他前切②盧谷切③食鄰切④息老切⑤於綺切⑥皮歷切⑦於袁切⑧甫微切⑨羊己切⑩湯門切⑪相絕切⑫傍陌切⑬私妙切⑭所劣切⑮傷魚切⑯良脣切⑰胡頰切⑱神隅切⑲彼役切⑳力延切㉑神夜切㉒呼煙切

(2)確定每一字的相對應切語後，請分別寫出這十四個字所屬之中古聲類、韻攝以及由中古到現代是否產生了聲、韻、調上的語音變化呢？有哪些變化？請詳加說明。

(3)再請上推上古音，寫出其上古所屬之聲母以及所屬韻部（請以段玉裁古韻十七部為據）。

4.何謂「聯綿詞」？聯綿詞在語音、語義、字形方面有哪些特徵？請分別舉例說明之。

九十三年度

1.下面為清人吳熙載篆刻，任選其中五字寫出楷體及其本義、構造、六書之屬。

2.何謂象形？試分類各舉兩例以明之。

3.請依據您所學的聲韻學知識，從國語讀音以及您對中古、上古音的瞭解來推論：

(1)找出以下五個被切字的正確反切，並說明您的判斷依據。

(2)說明這五個字在中古時候的聲母。

(3)推測這五個字在上古屬於哪一韻部（請以董同龢22部為據）。

①謝——A.辭夜切　B.慈夜切　C.許下切

②善——A.墜頑切　B.常演切　C.失然切

③差——A.此移切　B.似茲切　C.楚宜切

④逸——A.於悉切　B.于密切　C.夷質切

⑤巢——A.側茅切　B.鉏交切　C.楚勞切

4.現今中國境內的漢語方言可分為哪幾大區？各區顯而易見且具代表性的語音特徵又有哪些？請就您所知加以說明。（注意：請務必說明您所採用的分區根據，是根據語音特點？地理劃分？還是其他因素。）

5. 試問同源詞在書寫形式上有幾種類型？請舉例說明之。

6. 請舉例說明下列訓詁名詞：

⑴「累增字」 ⑵「對文、散文」

靜宜大學

文學概論

八十九年度

1. 什麼是古典主義？什麼是浪漫主義？兩者在文學批評、文學思潮上有何意義？
2. 從接受美學和讀者反應理論，討論文學作品與讀者的關係。
3. 對文學作品的詮釋而言，中國傳統有所謂「知人論世」、「讀其書不知其人可乎」，晚近的觀點則有「作者已死」、「原意的謬誤」等說法，對此兩類詮釋觀點，試提出說明，並申述你的看法。
4. 簡釋下列辭語
(1) 語音中心主義（Phonocentrism）
(2) 文本（Text）
(3) 詮釋循環（Hermenutic Circle）
(4) 陰性書寫（Feminine Writing）

(5)伊底帕斯情結（Oedipus Complex）

九十年度

1.試述寫實主義的精神，並列舉一部作品加以討論。

2.何謂印象批評？所謂靈魂的冒險有何意義？

3.在解嚴之後，台灣文學進入到學術的殿堂，這與之前台灣文學的定位有天壤之別。請由典範變遷（change of paradigm）的角度解釋此一現象。

4.解釋下列名詞：

(1)意圖誤謬（intentional fallacy）及影響誤謬（affective fallacy）

(2)作品（work）與文本（text）

(3)作者之死（the death of author）

(4)理體中心主義（logocentrism）

(5)眾聲喧嘩（heteroglossia）

九十一年度

1.以當代台灣原住民文學的發展為例，請闡釋「種族」和文學的關係。

2.在從事文學討論或評論時，你認為文字、技巧、思想、感情、聯想力等文學構成的要素，應如何衡量其比重？

3.試述台灣現代派紀弦主張詩的六大信條，並加以評論。

4.名詞解釋：

(1)現實主義

(2)超現實主義

(3)意圖理論的謬誤

九十二年度

1.有謂：「神話」是原始社會的文學，同時也是哲學、科學和宗教，請就所瞭解的「神話」，舉例申論「神話」的文學意義和價值。

2.文學評論家葉石濤先生說：「沒有土地，哪有文學？」請從文學理論或文學產生的條件，評述之。

3.試比較現實主義、批判的現實主義以及社會主義現實主義三種文藝思潮。

4.何謂新批評？何謂意圖理論者的謬誤？試加以討論。

九十三年度

1.試從比較文學的觀點，來說明中國文學、台灣文學與世界文學的關聯。

2.名詞解釋：

(1)新批評

(2)寫實主義
(3)女性主義

3.作為文學表達的一種形式，你認為好的「小說」，應具備哪些條件？並請舉一部（或一篇），你認為最優秀的小說作品（需有作者、書（篇）名），說明其優點何在。

4.馬克思曾說，法國寫實主義大師巴爾札克藝術之偉大，在於「對現實情況的深刻了解」，試論以寫實主義為主要傳統精神的台灣新文學，在二十一世紀可能的發展。

台灣文學史

八十九年度

1.試述清代台灣文學發展的概況。

2.試述連橫、張我軍、賴和在台灣文學史上扮演的角色及其意義或影響。

3.吳濁流《亞細亞的孤兒》、《台灣連翹》、《無花果》，在台灣文學史上有何重要的意義？

4.台灣文學上，有所謂「跨越語言的一代」，請說明其意義、代表人物及重要作品。

九十年度

1.試以黃金川、張李德和、石中英為例，說明台灣文學史上女性傳統詩人的創作概況。

2. 請就龍瑛宗、呂赫若、張文環三位作家，擇一評述其小說藝術表現。
3. 一九四八年《新生報》「橋」副刊曾進行台灣文學史上第二次台灣文學論戰，請說明這次論戰的意義及其對戰後台灣文學發展的影響。
4. 八〇年代初期，台灣文學曾興起所謂「政治文學」的風潮，請問這股風潮與七〇年代鄉土文學論戰有何關係？其對八〇年代文學的多元化發展又有何影響？

九十一年度

1. 五〇年代的台灣現代詩壇詩社紛立、詩說紛紜，詩社間亦發生了論爭，請詳述五〇年代具代表性的詩社，及各詩社的詩論主張。
2. 一九八〇年代台灣面臨社會政治結構的劇變，文學書寫也呈現著眾聲喧嘩的繁盛景象，其中女性文學書寫更是蔚為風潮，近年來針對八〇年代女性文學的研究成果可稱豐碩。在此，請至少舉出三位女性小說家及其作品，具體論述八〇年代台灣女性書寫，異於其前女性文學書寫的特殊面向。並請進一步申論八〇年代以來豐沛的女性文學書寫成果，對於建構台灣現當代文學史的意義。
3. 日據時期彰化地區曾出現過「應社」，成員多半兼有新、舊文學素養，試問其重要文學主張與詩人為何？此一詩社在文學史上具有何種地位？
4. 日據新文學運動中，「鹽份地帶」詩人群與「風車詩社」詩人群為兩個重要新詩創作群體，但其文學理念與文學風格多有不同，至有相互論爭的情形出現。試比較這兩個群體在新詩史上有何地位?並對其論爭在文學史上的意義加以申論。

九十二年度

1. 試舉漢詩社、《風月報》或大眾文學作品為例，概述一九三七年漢文欄廢止後，台灣漢語文學的發展狀況。（您可作一整體綜論；也可從書寫者身分背景、風行文體與文類、出版發行狀況、文本意識型態、當時的文藝論爭……，選擇某些熟悉的面向深入析論。）
2. 試推薦一種您認為研究台灣文學不可不讀的重要文獻，介紹該文獻的內容、性質、發行背景、重要關係人物、典藏/複刻或出版狀況，最後簡述其研究價值或可能研究方向。（所舉文獻不拘文學/歷史、古典/現代、中文/日文或西文、文本/刊物。）
3. 日據時期新文學運動在三〇年代曾有過關於台灣文學語言問題的論爭，試就所知說明雙方的觀點，並提出己見評論之。
4. 戰後台灣小說史中有一以台灣歷史為題材之「大河小說」的文類傳統，試就所知，評述此類型小說在題材與思想上的特點。

九十三年度

1. 台灣文學史中，明鄭、日據與國府遷台，皆出現過遺民（或移民）文學之時期與作品，其三者間的關係與異同為何?又，此一類型文學對台灣文學傳統有何影響?

2. 試論「現代文學」雜誌在文學史上之定位與貢獻。

3. 請深入論述《笠》與《台灣文藝》在現代主義大旗高舉的六〇年代之文學史意義。

4. 解釋名詞：

(1) 楊逵

(2)「橋」副刊

(3) 七〇年代「現代詩論戰」

(4) 李昂

國立高雄師範大學

漢語知識（含字形、字音、字義、語法、修辭及應用）

九十二年度

1. 請舉例說明語法與修辭、邏輯的關係。
2. 何謂聯綿詞？有何功用？請舉例說明之。
3. 同義詞的細微差別表現在哪些方面？如何辨析？請詳述之。
4. 國語有哪些常見的連讀變調現象？請舉例說明之。
5. 由於研究目的的不同，語法學可以分成哪些種類？請論述之。

九十三年度

1. 分析句子結構的目的，是為了確定句型。請以下面的句子為例，說明確立句型的方法。

(1)倘若說，作品的層次愈高，知音愈少，那麼毫無疑問的，誰也不懂的東西，就是世界上的絕作了。

(2)最後，我要說一個讓你回憶到你的嚮往和憧憬的故事。

2.試說明動詞前面若有幾個名詞成分，需要選擇其中一個作為主語時，它的語義選擇順序為何？請舉例說明。

3.請就稱謂、姓名字號、地名，舉例說明漢語詞彙與文化的關係。

4.何謂「同源詞」？「同源詞」與純粹的「同音詞」有何差別呢？辨識同源詞對於從事華語詞彙教學有何助益？

語言學概論

九十二年度

1.何謂會話的「合作原則」？請舉日常生活中刻意違背「合作原則」的實例說明之。

2.詞義引申通常藉由隱喻和換喻兩種途徑，試舉例說明之。

3.請觀察下列語句中「白」字的意義，並判定哪些可歸屬「多義詞」〔polysemy〕？哪些應歸屬「同形異義詞」〔homograph〕？

(1)白皚皚的雪鋪滿田野。

(2)他承受了不白之冤。

(3)必須事先規劃，免得白忙一場。

(4)他總是喝白開水，不喜歡喝其他飲料。
(5)他終於開口向我表白了。
(6)我喜歡戲中男女主角的真情對白。
(7)他狠狠地白了我一眼。

4.下列語句具有歧義（ambiguous），請透過結構分析指出歧義所在，並試著以變換語句的方式化解歧義。
(1)通知的人還沒有來。
(2)看見敵人的哨兵。
(3)她的毛衣織得很好。
(4)他在城樓上發現敵人。
(5)耗費心神的頹廢行為必須嚴格禁止。

5.國語注音符號ㄩ，在漢語拼音方案中有u、ü、yu三種不同的標示方式，請根據以下資料描寫u、ü、yu的語音分佈，並解釋為何注音符號ㄩ可以分別由u、ü、yu標示卻不至於混淆？

(1)女 nu	(7)虛 xu
(2)迂 yu	(8)虐 nüe

(3) 約 yue　(9) 略 lüe
(4) 呂 iü　(10) 決 jue
(5) 居 ju　(11) 缺 que
(6) 區 qu　(12) 薛 xue

九十三年度

1. 「洋涇濱語」（pidgin）與「克里奧爾語」（creole）是如何形成的呢？兩者之間有何關聯？
2. 解釋何謂「關鍵年齡假說」（critical-age hypothesis），並根據此一假說區分語言「習得」（acquisition）與語言「學習」（learning）的差異。
3. 請舉例說明思維、語言、符號三者的關係。
4. 試比較屈折語與獨立語的差異。

國立花蓮師範大學

民間文學概論

八十七年度

1. 請選擇性地就傳統詩文、戲曲、小說往往保存大量民間文學如神話、傳說、民間故事、謠諺、歇後語……等資料的角度，析論傳統作家文學如何汲取並轉化民間文學。
2. 有關民間文學之分類，眾說紛紜，試以所見加以區別。
3. 試論述「民間文學」之界義及其特性。
4. 中西學者於「神話」定義各殊，試就所知，列舉諸家界義比較言之。

八十八年度

1. 何謂民間文學工具書AT分類法，試述其內容與影響。
2. 蒐集民間文學有其採錄方式與記錄之基本要求，請述之。
3. 試論「民俗」與「文學」、「文化」，相依相存、互感生發的原理、過程與成果。

4.試就某一臺灣民間故事，論述它的起源、演變，及其文學價值、對民情風俗的影響。

八十九年度

1.神話情節每因區域文化而異。請就吾國東北、西南、臺灣等地區的少數民族創世神話特質以言。

2.歷史地理派（芬蘭學派）對民間文學研究有何影響？其類型索引又有何缺陷？

3.諺語與俗語有何異同，試述之。

4.五四新文學思潮與本世紀的中國民俗研究有何關聯，試簡要述之。

九十年度

1.試述「母題」、「情節」、「故事類型」之含義及其關連性。

2.俗語為民間文學的重要組成部分，不諳俗語往往造成理解上的偏差，請試舉例言之。

3.民間許多神明之所以得到民眾的崇拜供奉，與相關傳說的風行有密切的關係，請舉二個神明為例加以說明之。

4.試論中國失樂園神話之特質。

九十一年度

1.聞一多先生對中國現代神話傳說研究理論之建樹及影響為何？試述之。

2. 民間說唱形式及曲調，每每存留於地方戲曲與民間寶卷之中，請舉例說明之。
3. 試述目連戲思想意涵與「三教同源」之關係。
4. 晚清思潮對近代中國民俗運動有何影響？請舉出代表人物，並略述其學說。

九十二年度

1. 《荀子·成相篇》係一保存古代民間說唱藝術形式的勸諫之文，其說然否？試申論之。
2. 就目連戲與儺戲的形成過程及表演型態分析二者有何差異？
3. 試略述民間寶卷中的神鬼體系與信仰特徵。
4. 請試以當前臺灣地區宗教活動說明廟會與民俗文化互動的關係。

九十三年度

1. 何謂「二重證據法」？試就前人運用該方法於神話、傳說研究所取得之論點述之。
2. 不諳訓詁，無由解讀民俗古籍文獻，且衍生歧義，試舉例說明之。
3. 民間戲曲活動及表達形式，與民俗有何互動關係？請就所知論述之。
4. 「民間文學」一詞眾說紛紜，或又稱「通俗文學」、「俗文學」、「口傳（承）文學」、「勞動人民口頭創作」、「民眾文藝」、「口語文學」。汝以為然否？試論述之。

東華大學

中國文學批評史

九十一年度

1. 請試論曹丕《典論．論文》在中國文學批評史中的價值及其地位。
2. 請試闡析歐陽修「詩窮而後工」說的歷史淵源及其內涵。
3. 宋代詞論曾有「婉約」與「豪放」之爭，請略述其爭論焦點，及雙方主要代表人物與批評觀點。
4. 請解釋下列各專有名詞，並說明其各由何人所提出。
(1) 活法。
(2) 奪脫換骨。
(3) 知人論世。
(4) 本色。
(5) 義法。

九十二年度

1.司馬遷、班固、王逸三家對屈原其人其作有何重要的批評？並從理論發展的角度論述他們的建樹。

2.鍾嶸《詩品》謂范雲詩「清便宛轉，如流風迴雪」，丘遲詩「點綴映媚，似落花依草」。類此印象式批評，與東漢以來人倫鑒識之論有何關聯？又試舉出後世善用印象式批評的三數顯例，略加申說，並指出此種方法之優劣。

3.南宋時期，「詩話」體流行甚廣，請問左列作家各有何「詩話」創作（請寫出書名）？並請略述其作品的特色與詩學觀點。又，「詩話」在中國文學批評史上有何重要的意義？

(1)楊萬里

(2)劉克莊

4.試述清人黃宗羲的文學批評觀點。

九十三年度

1.請試舉出三本著名的詩話或詞話作品（須寫出作者及時代），並加以簡要的評介。

2.《紅樓夢》研究中有所謂「索隱派」的詮釋進路，請試闡述你對這種詮釋進路的理解，以及評估其在中國文學批評史上的意義。

3.學者每謂中國文學批評的正式開展始源於魏晉南北朝。請就所知，略論促成當時文學批評蓬勃興起的主要因素。

4.杜甫在創作上對中唐以後詩人啟迪甚多。唯杜甫對於詩的評論，無論在前人影響與創作方法上亦具有深刻的見解。請就所知，略陳其觀點。

南華大學

二十世紀文學理論

八十六年度

1. 試說明赫希（E. D. Hirsch）對意義（meaning）和意趣（signifiance）的區分。將這種區分運用到文學作品多義詮釋的現象上，你認為其理論有何助益？或者有其實質上難以解決的問題？

2. 俄國形式主義文藝理論喜談「自動化」和「陌生化」，試加說明。運用這一區分，試對「山青花欲燃」和「春風又綠江南岸」如何顯現其藝術性效果作一解說。

3. 接受美學的理論重點何在？一部作品在歷史中為不同時期的讀者所閱讀，從接受美學的角度來看，會發生怎樣的狀況？

4. 解釋名詞：
(1) 符徵／符旨
(2) 解構（deconstruction）

(3)詮釋的循環（hermenueutical circle）

(4)預先理解（preunderstanding）

(5)新批評（New Criticism）

八十七年度

1.接受美學所謂的期待視野在作品閱讀過程中有何特別的作用？

2.新批評的矛盾語（paradox）如何理解？試用矛盾語的觀念解析漢代古詩〈今日良宴會〉中的「何不策高足，先據要路津，無為守窮賤，轗軻長苦辛」在全詩中的作用。附全詩如下：

〈今日良宴會〉

今日良宴會，歡樂難具陳，彈箏奮逸響，新聲妙入神

令德唱高言，識曲聽其真，齊心同所願，含意俱未伸

人生寄一世，奄忽若飆塵，何不策高足，先據要路津

無為守窮賤，轗軻長苦辛。

3.試用形式批評（俄國形式文論，美國新批評）結構主義和符號學的背景知識，解析杜甫詩「青惜峰巒過，黃知橘柚來」如何運用句法特殊構成方式，造成情意感受傳達的特殊效果？

4.術語解釋

(1)意圖謬誤（Intentional fallacy）
(2)歧義（Ambiguity）
(3)事序結構（Fabula）
(4)敘述結構（Sjuzet; plot; narrative structure）
(5)接受美學（Reception Theory）

八十八年度

1.解釋名詞：
(1)互參文本（intertextuality）
(2)理想讀者
(3)詮釋循環（或詮釋迂迴）

2.索緒爾對「隱喻」與「轉喻」語焉不詳，雅客慎則加以明確區分。
(1)請說明這兩者的意義。
(2)並舉中國詩詞為說明的例證。（至少二個例子）

3.(1)何謂歷時（或貫時）研究與共時（或並時）研究？
(2)舉中國文學研究的例子說明這兩者的區別。（至少一個例子）

4.新批評學派各家理論雖不一致，但均以作品為文學的本體，不甚重視作品的外緣研究，喜談「肌理」、「張力」、「矛盾語」、「反諷」，試以你的了解說明新批評的文學觀念及解析方法，並解析底下的詩：

賈生　李商隱

宣室求賢訪逐臣，賈生才調更無倫。
可憐夜半虛前席，不問蒼生問鬼神。

八十九年度

1. 試論蘇俄形式主義與美國新批評對語言／文字的看法，並加以比較（舉例說明）。
2. 詳述蘇梭爾（de Saussure）對語言的論點，並舉例說明。
3. 探討羅蘭巴特（Roland Barthes）與結構主義、解構主義之關聯，並引申其文學理論作為闡釋。
4. 以佛洛依特（Freud）、容格（Jung）及拉岡（Lacan）的主要觀念來說明心理分析的文學觀。

九十年度

1. 簡釋底下幾個二十世紀文學理論的術語。
(1) 意圖謬誤（Intentional fallacy）
(2) 意識形態（Ideology）
(3) 理想讀者

2.自從接受美學和讀者反映批評產生之後，讀者在文本意義產生過程中的作用及重要性漸漸為人所注意，試述你對這一走向的文學理論的了解。

3.以作品為中心的文學理論，常自稱其自己是「本體論的文學批評」，亦即以作品為本體，而非以外緣的任何一個要素為本體。試以你的理解，舉出一種以作品為中心的文學理論，詳細作一介紹。

4.二十世紀重視作品外緣研究的文學理論亦有許多，試舉出其中一種，對其理論作重點式的概述。

九十一年度

1.燕卜蓀所謂的ambiquity（晦澀，或譯多義性）與中國文學理論的那些說法類似？試舉一個詩例說明之。

2.日內瓦批評學派是現象學文學批評中聲名最著的一個學派，風行於二十世紀中葉，試闡述其理論重點。

3.簡答底下各理論學派的術語。

(1)代碼（code，或譯符碼）

(2)超我（superego）

(3)伊格頓之政治批評

4.後結構主義（尤其是其中的解構主義）如何看待結構語言學之父索緒爾所提出的「差異」

之說，亦即boat這個能指所以指「船」這個所指，是因boat與moat（深溝）、coat（外套）、boar（公豬）等能指互相區分的結果，這種說法是否含藏著什麼問題？

九十二年度

1. 由結構語言學到結構主義詩學，都喜歡談隱喻與轉喻，兩者到底有何區別？
2. 試述歐陸接受美學的理論要點，與哲學詮釋學有何關聯？
3. 日內瓦學派之現象學文學批評的理論要旨何在？他們對歷史批評的態度為何？
4. 在上舉理論之外，試就自己閱讀範圍舉出西方一理論學派或理論家，說明其理論要旨何在？

九十三年度

1. 簡釋下列文學理論術語：
(1)詮釋視域
(2)陌生化
(3)女性主義文學批評
(4)符碼（code）
2. 試用你所知道的任何理論，解釋底下的一首小詩。
〈金龍禪寺〉　洛夫

晚鐘
是遊客下山的小路
羊齒植物
沿著白色的石階
一路嚼了下去

3. 試從你所吸收的心理學理論（任何一套或綜合性的），建構心理分析批評的理論重點。

4. 試述詮釋學所謂的「前理解」（或先在理解，preunderstanding），在文學批評上具有怎樣的效用。

台北市立師範學院

語文基本能力

八十七年度

1. 現代漢語的詞，有單純詞與合成詞之分。何謂合成詞？其構成方式如何？試分別舉例說明之。
2. 演繹、歸納和類比，是語文思維的基本方法。試述演繹的法則及其應用實例。
3. 何謂「排比」修辭法、「示現」修辭法？請用此二種修辭法，敘寫一段二百字以內的「瀑布美景」短文，並分析短文中何句是「排比」，何句是「示現」修辭？
4. 改正下列病句，並從「文法」觀點，說明錯誤的原因。
   (1)老師的慈祥面容，親切的話語，至今還在我的耳邊回響。
   (2)大家熱情地迎接新同學及他們的行李。
   (3)小鳥的羽毛一旦豐富了，就要飛翔。
   (4)大會操在美麗的掌聲中結束了。

(5)上課鈴響了，立刻跑進教室。

八十八年度

1.試述下列各句引號中用語之詞序特色，並說明今語之詞序以比較之。
(1)管子對曰：鄰國「未吾親也」。（《國語・齊語》）
(2)天下之父歸之，「其子焉往？」（《孟子・離婁》）
(3)我周之東，「晉鄭焉依。」（《左傳・隱公六年》）
(4)雞鳴而駕，塞井夷灶，「唯余馬首是瞻。」（《左傳・襄公十四年》）
(5)太子及「賓客知其事者」，皆白衣冠以送之。（《史記・刺客列傳》）

2.古書常有省文，下列各句所省者何？並請以語法觀點說明之。
(1)項羽召見諸侯將，入轅門，無不膝行而前，莫敢仰視。（《史記・項羽本紀》）
(2)象曰：「謨蓋都君咸我績。牛羊父母，倉廩父母，干戈朕，琴朕……。」（《孟子・萬章》）
(3)呂祿信酈寄，時與出游獵。（《史記・呂太后本紀》）
(4)如是者，雖深，其人不加慮焉；雖大，不加能焉；雖精，不加察焉。（《荀子・天論》）
(5)子貢曰：「紂之不善，不如是其惡也。是以君子惡居下流，天下之惡皆歸之。」（《論語・子張》）

3.何謂「譬喻」修辭法？「夸飾」修辭法？請以「颱風好可怕」為題，用此二種方法，敘寫一段二百字以內的短文，並分析何句是譬喻，何句是夸飾。

4. 明進士顧憲成於東林書院撰一副「風聲雨聲讀書聲，聲聲入耳；家事國事天下事，事事關心。」之對聯。請以此為範圍，應用「仿擬」修辭法，撰寫一聯。

5. 請將下列各組之詞分別造句，並說明二者之同異。

(1) 愛惜．珍惜

(2) 目的．目標

(3) 損壞．毀壞

(4) 愛戴．愛護

(5) 充斥．充滿

八十九年度

1. 「昔我往矣，楊柳依依；今我來思，雨雪霏霏。」為詩經小雅采薇篇中的詩句。試分析作者用何種修辭法，表達征人久役於外之悲傷心情？

2. 何謂「示現」修辭法？其類別有幾種？試各舉一例並分析之。

3. 條件複句與假設複句的共通點和相異點是什麼？請舉例說明。

4. 五言絕句中，仄起首句不用韻之格律如何？並舉一首詩以證之。

5. 古人姓名字號之稱述方式不一，試就下列各條分析之。

(1) 孔父嘉

(2)孟姜
(3)齊姜
(4)伯禽父
(5)孟明視

九十年度

1. 一般短語（詞組）的種類有幾種？請舉例說明之。
2. 詩文之篇法結構方式甚多，請以「時間」結構方式，列舉三種常見之時間結構法，並舉例說明之。
3. 說話或作文，對某「論點」之建立或反駁，皆有賴充實之「論據」。請列舉三種「論據」方式，並舉例說明之。
4. 語言之使用有何禁忌？禁忌如何避免？試各舉例說明之。
5. 古人的名與字往往意義相關，試舉所知五例並說明之。

九十一年度

1. 蘇軾〈西湖〉詩云：「畢竟西湖六月中，風光不與四時同。」六月何以不在四時之中？試說明之。
2. 《史記・淮陰侯列傳》云：「後九月，破代兵。」試說明「後九月」之意義。

3. 雙關修辭法的種類有幾種？請舉例說明。
4. 假設複句與條件複句有什麼異同？請舉例說明。
5. 何謂合成詞？其構成方式有幾種？請舉例說明。

九十二年度

1. 古典詩歌中有所謂「流水對」，請舉兩個實例予以說明之。
2. 「借代」有何修辭功用？其分類又如何？請舉例詳述之。
3. 《論語》裡的數字有「實數」、「虛數」之別，請各舉兩例加以說明。
4. 國語四聲與傳統四聲有何不同？並舉例說明之。
5. 試舉十個以上二十四節氣名稱，並就所知論述之。

九十三年度

1. 唐朝魏徵〈諫太宗十思疏〉「臣聞求木之長者，必固其根本；欲流之遠者，必浚其泉源；思國之安者，必積其德義」的句子，共用了幾種修辭方式？請列舉說明。
2. 論辯中，應反駁對方的謬論。請舉一種反駁謬論的方法，並舉例說明。
3. 試簡述標點符號中的分號和破折號的用法。
4. 請敘述詩文中「避諱」的三種方式。
5. 古文的被動式共有幾種句型？請舉例加以分析之。

國立屏東師範學院

語文科教材教法

九十一年度

1.作文教學法有所謂「共作法」、「助作法」與「自作法」，試述其內容大要。

2.閱讀以下短文後，請回答短文後的問題：

花園裡，假山旁，許多孩子捉迷藏。
忽然間，不提防，一個跌進大水缸。
跳不起，爬不上，大家一起著了慌。
好孩子，司馬光，人又聰明膽又壯。
只見他，急忙忙，搬了大石就敲缸。
一陣敲，一陣響，水缸敲破開小窗。
滿缸水，向外放，救出朋友沒受傷。

(1)就「課文內容深究」方面，請設計批判性及創造性問題各一題。

(2)就「課文形式深究」方面，請就文章結構及文體特色二項加以探討。

3. 試說明「國語文」教學的內涵及教學原則。

4. 語文領域中的「讀、說、寫、作」如何統整?和「混合教學」有何異同?

附　錄

中國思想史參考書目

一、通論

《讀經示要》 熊十力著 臺北廣文書局
《新唯識論》 熊十力著 臺北明文書局
《原儒》 熊十力著 臺北明文書局
《東西文化及其哲學》 梁漱溟著 臺北正中書局
《中國文化要義》 梁漱溟著 臺北正中書局
《復性書院講錄》（含群經大義） 馬一浮著 臺北廣文書局
《科學哲學與人生》 方東美著 臺北黎明文化公司
《中國文化之精神價值》 唐君毅著 臺北學生書局
《文化意識與道德理性》 唐君毅著 臺北學生書局
《人文精神之重建》 唐君毅著 臺北學生書局
《中國人文精神之發展》 唐君毅著 臺北學生書局
《道德的理想主義》 牟宗三著 臺北學生書局

《政道與治道》 牟宗三著 臺北學生書局
《中國哲學的特質》 牟宗三著 臺北學生書局
《中國哲學十九講》 牟宗三著 臺北學生書局
《中西哲學之會通十四講》 牟宗三著 臺北學生書局
《中國哲學論集》 王邦雄著 臺北學生書局
《中西哲學論文集》 劉述先著 臺北學生書局
《新儒家的精神方向》 蔡仁厚著 臺北學生書局
《儒家思想的現代意義》 蔡仁厚著 臺北文津出版社
《儒學的常與變》 蔡仁厚著 臺北東大圖書公司
《儒學與現代意識》 李明輝著 臺北文津出版社
《中國哲學原論導論篇》 唐君毅著 臺北學生書局
《中國哲學原論原性篇》 唐君毅著 臺北學生書局
《中國哲學原論原道篇》 唐君毅著 臺北學生書局
《中國哲學原論原教篇》 唐君毅著 臺北學生書局
《中國哲學大綱》 張岱年著 臺北藍燈出版社
《中國哲學史料學》（二冊） 劉建國編著 吉林人民出版社
《中國思想史資料導引》 馬岡編著 臺北牧童出版社

二、哲學思想史（含斷代）

《中國古代哲學史》（上卷）　胡適著　臺北商務印書館
《中國哲學史新編》（七冊）　馮友蘭著　臺北藍燈出版社
《中國哲學史》（四冊）　勞思光著　臺北三民書局
《中國哲學史大綱》　蔡仁厚著　臺北學生書局
《歷史哲學》（專論兩漢）　牟宗三著　臺北學生書局
《才性與玄理》（專論魏晉）　牟宗三著　臺北學生書局
《佛性與般若》（專論隋唐）　牟宗三著　臺北學生書局
《心體與性體》（專論宋明）　牟宗三著　臺北學生書局
《中國哲學史話》　張起鈞、吳怡著　臺北東大書局
《中國哲學發展史》　吳怡著　臺北三民書局
《中國哲學思想史》　羅光著　臺北學生書局
《中國思想通史》（四卷）　侯外廬等著　北京人民出版社
《中國思想史》　韋政通著　臺北大林出版社
《中國哲學史》（四冊）　任繼愈主編　北京人民出版社
《中國歷代思想史》（六冊）　姜國柱等著　臺北文津出版社
《百卷本・中國思想史》（十冊）　北京人民出版社編印

《百卷本・宗教史》（十冊） 北京人民出版社編印
《中國思想史綱》 侯外廬主編 臺北五南圖書出版有限公司
《中國思想史》 錢穆著 臺北學生書局
《中國哲學史》 孫開泰等著 臺北文津出版社
《中國哲學史》 王邦雄等著 空中大學出版社
《中國思想史論集》 徐復觀著 東海大學出版
《中國思想史論集續編》 徐復觀著 臺北時報出版公司
《中國思想史論集》 傅武光著 臺北文津出版社
《中國哲學三百題》 夏乃儒編 臺北建宏書局
《中國佛教史概說》 野上俊靜著、釋證嚴譯 臺北商務印書館
《中國佛教史》 郭朋著 臺北文津出版社
《中國佛教哲學簡史》 嚴北溟著 臺北木鐸出版社
《佛教史》 任繼愈主編 臺北曉園出版社
《中國佛教通史》（四冊） 謙田茂雄著、關世謙譯 高雄佛光出版社
《中國倫理思想史》 唐宇元著 臺北文津出版社
《經學歷史》 皮錫瑞著 臺北藝文印書館
《中國學術思想史》 林啟彥著 臺北書林出版有限公司
《中國學術思想史》 鄺士元著 臺北里仁書局

《中國儒學思想史》　張豈之主編　臺北貫雅出版社、水牛出版社
《中國政治思想史》　蕭公權著　臺北聯經出版事業股份有限公司
《中國政治思想史》　陶希聖著　臺北食貨出版社
《中國政治思想史》　薩孟武著　臺北三民書局
《中國社會思想史》　陳定開著　臺北五南圖書出版有限公司
《中國社會思想史》　楊懋春著　臺北幼獅出版社
《中國哲學範疇發展史》（二冊）　張立文著　臺北五南圖書出版有限公司
《中國思想研究法》　蔡尚思著　湖南人民出版社
《中國思想發展史》　何兆武等著　臺北明文書局
《中國古代思想史論》　李澤厚著　臺北三民書局
《中國人性論史》（先秦篇）　徐復觀著　臺北學生書局
《兩漢思想史》（三冊）　徐復觀著　臺北商務印書館
《兩漢經學今古文平議》　錢穆著　臺北學生書局
《漢代學術史略》　顧頡剛著　臺北明倫書局
《兩漢儒學研究》　夏長樸著　臺灣大學文學院
《秦漢思想研究》　黃錦鉉著　臺北學海出版社
《魏晉清談》　唐翼明著　臺北東大圖書公司
《魏晉哲學》　劉貴傑、周紹賢著　臺北五南圖書出版有限公司

《魏晉玄談》　孔繁著　洪葉出版社
《魏晉思想與談風》何啟民著　臺北學生書局
《魏晉清玄》　李春青著　臺北雲龍出版社
《中國中古思想小史》（手稿）　胡適著　臺北胡適紀念館
《玄學通論》　王葆玹著　臺北五南圖書出版有限公司
《魏晉玄學史》　許杭生著　陝西師範大學出版社
《中國中古思想史》　郭湛波著　香港龍門出版社
《魏晉思想》（合編）　臺北里仁書局
甲、魏晉清談思想初論（賀昌群著）
乙、魏晉的自然主義（容肇祖著）
丙、魏晉思想論（劉修士著）
丁、魏晉玄學論稿（湯用彤著）
戊、魏晉玄學中的言意之辨（袁行霈著）
《中國佛教通史通述》　張曼濤主編　臺北大乘文化出版社
《漢魏兩晉南北朝佛教史》　湯用彤著　臺北商務印書館、鼎文書局
《中國禪宗史》　釋印順著　臺北慧日講堂
《中國禪學思想史》　洪修平著　臺北文津出版社
《隋唐佛教史稿》　湯用彤著　臺北木鐸出版社

《宋明理學概述》　錢穆著　臺北學生書局
《宋明理學史》（二冊）　侯外廬主編　北京人民出版社
《從陸象山到劉蕺山》（宋明心學）　牟宗三著　臺北學生書局
《新儒家思想史》　張君勱著　臺北鵝湖出版社
《宋明理學．北宋篇》　蔡仁厚撰　臺北學生書局
《宋明理學．南宋篇》　蔡仁厚撰　臺北學生書局
《北宋佛教史稿》　黃啟江著　臺北商務印書館
《中國近代思想史》　張錫勤著　臺北萬卷樓圖書出版有限公司
《中國近代哲學史》　侯外廬主編　北京人民出版社
《中國近三百年學術史》　錢穆著　臺北三民書局
《中國十九世紀思想史》（上下）　韋政通著　臺北東大書局
《中國近三百年學術史》　梁啟超著　臺北中華書局
《清代學術概論》　梁啟超著　臺北中華書局
《一百三十年來中國思想史綱》　胡秋原著　臺北學術出版社
《近代中國思想史》　郭湛波著　香港龍門書局
《中國近代思想史論》　王爾敏著　臺北著者自印
《中國近代思想史論》　李澤厚著　臺北三民書局
《中國近代思想史》　李華興著　浙江人民出版社

《中國近現代思想觀念史論》 林安梧著 臺北學生書局
《中國現代思想史論》 李澤厚著 臺北風雲出版社

三、專家、專題之論著

《周易的自然哲學與道德函義》 牟宗三著 臺北文津出版社
《易傳之形成及其思想》 戴璉璋著 臺北文津出版社
《孔孟荀哲學》 蔡仁厚著 臺北學生書局
《儒家心性之學論要》 蔡仁厚著 臺北文津出版社
《荀子學說》 陳大齊著 臺北華岡出版社
《荀子思想研究》 周群振著 臺北文津出版社
《荀子與古代哲學》 韋政通著 臺北商務印書館
《老子的哲學》 王邦雄著 臺北東大圖書公司
《老子哲學之詮釋與重建》 袁保新著 臺北文津出版社
《老莊哲學》 胡哲敷著 臺北中華書局
《墨學之省察》 陳拱著 臺北學生書局
《墨辯研究》 陳癸淼著 臺北學生書局
《墨家哲學》 蔡仁厚著 臺北東大圖書公司
《名家與荀子》 牟宗三著 臺北學生書局

《公孫龍子疏釋》 陳癸淼著 臺北蘭臺書局
《韓非子評論》 熊十力著 臺北學生書局
《韓非子的哲學》 王邦雄著 臺北東大圖書公司
《郭象莊學評義》 蘇新鋈著 臺北學生書局
《張載思想研究》 朱建民著 臺北文津出版社
《朱子新學案》 錢穆著 臺北三民書局
《朱學論集》 陳榮捷著 臺北學生書局
《朱子哲學思想的發展與完成》 劉述先著 臺北學生書局
《王陽明哲學》 蔡仁厚著 臺北三民書局
《比較中日陽明學》 張君勱著 臺北商務印書館
《黃宗羲心學之定位》 劉述先著 臺北允晨出版社
《王船山哲學》 曾昭旭著 臺北遠景出版社
《王船山人性史哲學之研究》 林安梧著 臺北東大圖書公司
《智的直覺與中國哲學》 牟宗三著 臺北商務印書館
《現象與物自身》 牟宗三著 臺北學生書局
《圓善論》 牟宗三著 臺北學生書局
《儒家與康德的道德哲學》 楊祖漢著 臺北文津出版社
《歷史與思想》 余英時著 臺北聯經出版社

《中國文化新論》（集體撰述） 劉岱主編 臺北聯經出版事業股份有限公司

序論篇、學術篇、思想篇、制度篇、社會篇、經濟篇、文學篇、藝術篇、科技篇、宗教禮俗篇。

《中國歷代思想家》（十冊） 王壽南主編 臺北商務印書館

《現代中國思想家》（八輯） 李日章編 臺北巨人出版社

《中國一百位哲學家》 黎建球著 臺北東大書局

《中國一百個哲學家》 張岱年主編 江西人民出版社

《中國哲學名著簡介》 商聚德等著 河北人民出版社

《中國學術名著提要・哲學卷》 上海復旦大學編印

《近代中國思想人物・民族主義》 李國祁等著 臺北時報文化公司

《近代中國思想人物・晚清思想》（二冊） 張灝等著 臺北時報文化公司

《佛學三百題》 王健主編 臺北建宏書局

《儒學三百題》 王健主編 臺北建宏書局

《禪宗三百題》 黃夏年主編 臺北建宏書局

《佛教三百題》 黃夏年主編 臺北建宏書局

《道教三百題》 王卡主編 臺北建宏書局

《中國儒學》 劉宗賢、謝祥皓著 臺北水牛出版社

中國文學史參考書目

一、通史類

《中國文學發展史》劉大杰著　臺北華正書局
《中國文學史》王忠林、黃錦銅等著　臺北福記出版社
《中國文學史》（二冊）葉慶炳著　臺北學生書局
《插圖本中國文學史》鄭振鐸著　臺北莊嚴出版社、宏業出版社
《新編中國文學史》（四冊）中國文學史研究委員會編著　高雄復文書局
《中國文學史》（三冊）中國社會科學院中國文學史編寫史組著　北京人民出版社
《中國文學史》（四冊）游國恩、蕭滌非等編著　北京人民文學出版社版；臺北五南圖書公司繁體字本（二冊）
《中國文學史》（四冊）袁行霈、褚杰斌等編著　臺北曉園出版社
《中國古代文學史》（三冊）馬積高主編　湖南文藝出版社
《百卷本中國史．中國文學史》（十冊）北京人民出版社編印
《中國大百科全書．中國文學》（二冊）中國大百科編委會　中國大百科全書出版社

二、解題類

《中國文學五百題》 王樹森編 遼寧人民出版社
《古典文學三百題》 上海古籍出版社編印 臺北建宏出版社
《中國文學史百題》（二冊） 文史知識編輯部編 北京中華書局 臺北萬卷樓圖書公司
《中國文學史二百四十題》 朱其鎧編 山東文藝出版社
《新編古代文學精解》 萬雲駿編 上海社會科學院出版社
《中國古代文學精解》 陸堅編 上海文藝出版社
《中國古代文學輔導綱要》 馮樹純編 北京高等教育出版社
《中國古典文學手冊》 吳桂就編 廣西教育出版社
《中國古典文學自學輔導手冊》 錢延之編 北京師範學院出版社
《中國文學發展史簡編》 皇甫谷編 香港田園書屋
《中國文學史精粹》 江雲編著 臺北千華出版社

三、斷代史類

《先秦大文學史》 趙明編 吉林大學出版社
《中國古代文學長編・先秦卷》 郭預衡編 北京師範學院出版社
《先秦兩漢文學史稿》 劉持生著 西北西北大學出版社

《中國文學史長編·秦漢魏晉南北朝卷》 萬光治著 北京師範學院出版社
《唐代文學史略》 王士菁著 湖南師範大學出版社
《中國古代文學史長編·隋唐五代卷》 杜邦鈞編 北京師範學院出版社
《兩宋文學史》 程千帆、吳新雷著 上海古籍出版社 高雄麗文文化公司
《宋元文學史稿》 吳組緗、沈天佑著 北京大學出版社
《中國古代文學史長編·宋遼金卷》 趙仁珪著 北京師範大學出版社
《金代文學史》 詹杭倫著 臺北貫雅出版社
《元代文學史》 鄧紹基著 北京人民文學出版社
《明清文學史·明代卷》 吳志達著 武漢大學出版社
《明清文學史·清代卷》 唐富齡著 武漢大學出版社

四、散文史類

《中國散文史》(三冊) 郭預衡著 上海古籍出版社
《先秦散文綱要》 譚家健著 臺北明文書局
《唐宋散文》 葛曉音著 臺北萬卷樓圖書有限公司
《唐宋古文運動》 錢冬父著 臺北萬卷樓圖書有限公司
《唐宋古文新探》 何寄澎著 臺北大安出版社
《北宋的古文運動》 何寄澎著 臺北幼獅出版社

《晚明小品論析》 陳少棠著 香港波文書局
《晚明性靈小品研究》 曹靜娟著 臺北文津出版社
《桐城派》 王鎮遠著 臺北萬卷樓圖書有限公司

五、辭賦史類

《辭賦通論》 葉幼明著 湖南教育出版社
《漢賦研究》 龔克昌著 山東文藝出版社
《漢賦史論》 簡宗梧著 臺北東大圖書公司
《漢賦源流與價值》 簡宗梧著 臺北文史哲出版社
《漢魏六朝辭賦》 曹道衡著 臺北萬卷樓圖書有限公司
《魏晉南北朝賦史》 程章燦著 江蘇古籍出版社

六、詩歌史類

《中國詩史》 陸侃如、馮沅君著 北京作家出版社
《中國詩歌簡史》 張健華著 北京中國青年出版社
《中國詩歌概觀》 潘明興編著 廣西師範大學出版社
《八代詩史》 葛曉音著 陝西人民出版社
《中國詩歌史．先秦兩漢》 張松如編 吉林大學出版社 高雄麗文文化公司

《中國詩歌史·魏晉南北朝》 鍾優民著 吉林大學出版社 高雄麗文文化公司
《兩漢詩歌研究》 趙敏俐著 臺北文津出版社
《漢魏南北朝樂府》 李純勝著 臺北臺灣商務印書館
《漢魏六朝樂府》 王運熙著 臺北萬卷樓圖書有限公司
《唐詩》 詹瑛著 臺北萬卷樓圖書有限公司
《唐詩通論》 劉開揚著 臺北木鐸出版社
《宋詩史》 許總著 四川重慶出版社
《宋詩概說》 吉川幸次郎著 鄭清茂譯 臺北聯經出版社
《清詩史》 朱則杰著 江蘇古籍出版社

七、詞曲史類

《中國詞史》 許宗元著 安徽黃山出版社
《詞史》 黃拔荊著 福建人民出版社
《唐宋詞通論》 吳熊和著 浙江古籍出版社
《宋詞概論》 謝桃坊著 四川文藝出版社
《唐五代詞》 黃進德著 臺北萬卷樓圖書公司
《宋詞》 周篤文著 臺北萬卷樓圖書公司
《南宋詞史》 陶爾夫著 黑龍江教育出版社

《清詞史》 嚴迪昌著 江蘇古籍出版社
《中國古代散曲史》 李昌集著 上海華東師範大學出版社
《元代散曲通論》 趙義山著 四川巴蜀出版社

八、小說史類

《中國小說史略》 魯迅著 臺北風雲時代出版社、里仁出版社
《中國小說史漫稿》 李梅音著 湖北教育出版社
《中國小說史》（四冊） 孟瑤著 臺北傳記文學出版社
《中國小說史》 北京大學中文系編 北京人民文學出版社
《中國古代小說演變史》 齊裕焜著 甘肅敦煌文藝出版社
《中國文言小說史稿》（二冊） 侯忠義著 北京大學出版社
《中國文言小說史》 吳志達著 齊魯書社
《中國志人小說史》 寧稼雨著 遼寧人民出版社
《中國古代神話》 陳天水著 臺北萬卷樓圖書有限公司
《中國古代神話》 袁珂著 臺北臺灣商務印書館
《魏晉南北朝小說》 劉葉秋著 臺北萬卷樓圖書有限公司
《六朝志怪小說考論》 王國良著 臺北文史哲出版社
《漢魏六朝小說史》 侯忠義著 瀋陽春風文藝出版社

《唐人傳奇》　吳志達著　臺北萬卷樓圖書有限公司
《唐代小說研究》　劉開榮著　臺北臺灣商務印書館
《唐代小說史話》　程毅中著　北京文化藝術出版社
《宋代話本研究》　樂蘅軍著　臺北臺大文學院文史叢刊
《宋元話本》　程毅中著　北京中華書局　臺北木鐸出版社
《話本小說概論》　胡士瑩著　北京中華書局　臺北古亭書屋
《晚清小說》　時萌著　臺北萬卷樓圖書有限公司
《晚清小說史》　阿英著　香港太平書局
《晚清小說研究》　賴明德編　臺北聯經出版社

九、戲曲史類

《宋元戲曲史》　王國維著　臺北里仁書局、臺灣商務印書館
《中國戲曲史》(四冊)　孟瑤著　臺北傳記文學出版社
《中國戲劇發展史》　周貽白著　臺南洞勉出版社
《中國戲曲通史》(三冊)　張庚、郭漢城編著　臺北丹青出版社
《中國戲劇史》　張燕瑾著　臺北文津出版社
《中國古典戲劇論集》　曾永義著　臺北聯經出版社
《元雜劇研究》　吉川幸次郎著、鄭清茂譯　臺北藝文印書館

《元代雜劇史》　劉蔭柏著　河北花山文藝出版社
《元雜劇發展史》季國平著　臺北文津出版社
《元明雜劇》　顧學頡著　臺北萬卷樓圖書有限公司
《明清傳奇導論》　張敬著　臺北華正書局
《明清傳奇》　汪永健著　江蘇教育出版社
《明清傳奇概說》朱曾樸、曾慶全著　臺北滄浪出版社
《清代戲曲史》　周妙中著　河南中州古籍出版社

十、文學批評史類

《中國文學批評史》　郭紹虞著　臺北文史哲出版社
《中國文學批評史》　羅根澤著　臺北學海出版社
《中國文學批評史》(三冊)　王運熙、顧易生等編著　臺北五南圖書公司
《中國文學理論史》(五冊)　蔡鍾翔等著　北京出版社　臺北洪葉文化事業有限公司
《中國歷代文論選》(三冊)　郭紹虞編著　臺北木鐸出版社
《中國文學理論批評史》(二冊)　敏澤著　吉林教育出版社
《詩話概說》　劉德重著　臺北學海出版社
《六朝文論》　廖蔚卿著　臺北聯經出版社
《清代詩學》　吳宏一著　臺北學生書局

《中國古代文學理論辭典》　趙則誠主編　吉林文史出版社
《中國古文理論名著解題》　吳文治編　安徽黃山出版社
《中國古代文論家評傳》（二冊）　牟世金編　河南中州古籍出版社

文字聲韻訓詁學參考書目

一、文字學

《文字學概要》 裘錫圭著 臺北萬卷樓圖書有限公司

《中國文字學通論》 謝雲飛著 臺北學生書局

《中國文字學》 龍宇純著 五四書店

《中國文字學》 唐蘭著 臺北樂天出版社

《中國文字學史》 胡樸安著 臺北商務印書館

《文字學》 林慶勳等著 國立空中大學出版

《古文字學導論》 唐蘭著 山東齊魯出版社

《漢字史話》 李孝定著 臺北聯經圖書出版有限公司

《中國古文字學通論》 高明著 臺北五南圖書出版有限公司

《古文字學新論》 康殷著 北京榮寶齋

《文字形義學概論》 高亨著 山東齊魯出版社

《古文字學初階》 李學勤著 臺北萬卷樓圖書有限公司

《中國文字發展史》　孟世凱著　臺北文津出版社
《文字學新撢》　邱德修著　臺北合記圖書公司
《古代漢語三百題》　陳必祥主編　臺北建宏書局
《說文解字詁林》　丁福保編　臺北鼎文書局
《說文答問》　蔡信發著　臺北萬卷樓圖書有限公司
《說文部首類釋》　蔡信發著　臺北萬卷樓圖書有限公司
《說文解字綜合研究》　江舉謙著　臺中東海大學
《說文解字古文釋形考述》　邱德修著　臺北學生書局
《六書原理》　江舉謙著　臺中東海大學
《六書今議》　杜學知著　臺北正中書局
《怎樣學習說文解字》　章季濤著　臺北萬卷樓圖書有限公司
《說文釋例》　李國英著　臺北南嶽出版社
《說文假借釋義》　張建葆著　臺北文津出版社
《轉注釋義》　魯實先著　臺北洙泗出版社
《假借遡原》　魯實先著　臺北文史哲出版社
《說文重文形體考》　許錟輝著　臺北文津出版社
《甲骨文字集釋》　李孝定著　臺北中研院史語所
《甲骨文編》改訂本　孫海波著　北京中華書局

《金文詁林》 周法高主編 香港中文大學
《古文字類編》 高明編 北京中華書局
《漢語古文字字形表》 徐中舒主編 四川人民出版社
《古漢語書目指南》 王英明編著 山東齊魯出版社

二、聲韻學

《中國音韻學研究》 高本漢著 趙元任、李方桂譯 上海商務印書館
《中國聲韻學》 姜亮夫著 臺北進學書局、臺北文史出版社
《中國音韻學史》 張世祿著 上海商務印書館
《中華音韻學》 王力著 臺北泰順書局
《漢語音韻學》 王力著 臺北藍燈出版社
《漢語史稿》 王力著 臺北泰順書局
《中國聲韻學》 潘重規、陳紹棠合著 臺北東大圖書公司
《高明小學論叢》 高明著 臺北黎明文化事業公司
《中國聲韻學通論》 林尹著 臺北黎明文化事業公司
《中國聲韻學大綱》 高本漢著、張洪年譯 臺北中華叢書編審委員會
《漢語音韻學》 董同龢著 臺北學生書局
《中國音韻學論文集》 周法高著 香港中文大學

《中國聲韻學大綱》　謝雲飛著　臺北學生書局
《漢語音韻學》　李新魁著　北京北京出版社
《聲韻學中的觀念和方法》　何大安著　臺北大安出版社
《古音學入門》　林慶勳、竺家寧合著　臺北學生書局
《聲韻學》　林燾、耿振生著　臺北三民書局
《中國語言學史》　濮之珍著　上海古籍出版社
《漢語語音史講話》　邵榮芬著　天津人民出版社
《音韻》　李思敬著　北京商務印書館
《聲韻學》（二冊）　陳新雄著　臺北學生書局
《聲韻學》　竺家寧著　臺北五南圖書有限公司
《聲韻學論叢》（六冊）　中國聲韻學會編　臺北學生書局
《上古音討論集》　高本漢著、趙元任譯　臺北學藝出版社
《上古音韻表稿》　董同龢著　臺北中研院歷史語言研究所
《上古音研究》　李方桂著　北京商務印書館
《古音學發微》　陳新雄著　臺北文史哲出版社
《中國古代韻書》　趙誠著　北京中華書局
《魏晉音韻研究》　丁邦新著　臺北中研院史語所
《古音系研究》　魏建功著　北京中華書局

《古音之旅》 竺家寧著 臺北萬卷樓圖書有限公司
《魏晉南北朝韻部之演變》 周祖謨著 臺北東大圖書公司
《音韻學教程》 唐作藩著 臺北五南圖書出版有限公司
《臺灣五十年聲韻學暨漢語方音學術論著目錄（一九四五～一九九五）》 董忠司、林炯陽編 臺北文史哲出版社

三、訓詁學

《訓詁學》（二冊） 陳新雄著 臺北學生書局
《簡明訓詁學》 白兆麟著 臺北學生書局
《訓詁學》 郭在貽著 湖南人民出版社
《訓詁學概論》 齊佩瑢著 臺北廣文書局、華正書局
《訓詁學引論》 何仲英著 臺北商務印書館
《訓詁學概要》 林尹著 臺北正中書局
《訓詁學大綱》 胡楚生著 臺北華正書局
《中國訓詁學史》 胡樸安著 臺北商務印書館
《訓詁學》（二冊） 楊端志著 臺北五南圖書出版有限公司
《訓詁學要略》 周大璞著 湖北人民出版社
《訓詁學初稿》 周大璞著 武漢大學出版社

《中國訓詁學》　周何著　臺北三民書局
《訓詁叢稿》　郭在貽著　上海古籍出版社
《訓詁研究》　陸宗達著　北京師範大學出版社
《訓詁通論》　吳孟復著　臺北東大圖書公司
《訓詁學》　洪誠著　江蘇古籍出版社
《訓詁方法論》　陸宗達、王寧著　北京中國社會科學出版社
《古漢語詞匯要》　趙克勤著　浙江教育出版社
《古漢語詞匯綱要》　蔣紹愚著　北京大學出版社
《古漢語詞匯講話》　何九盈、蔣紹愚著　北京出版社
《古代漢語虛詞通釋》　何樂士等編著　北京出版社
《先秦文獻假借字例》（二冊）　高本漢著、陳舜政譯　臺北臺灣叢書編審委員會
《中國字典史略》　劉秋葉　臺北漢東出版社
《訓詁論叢》（三冊）　王靜芝等著　臺北文史哲出版社

全國各大學中文研究所招生資訊

學校名稱	研究所名稱／所在地	招生人數（在職生）	筆試科目	書面審查／筆試／口試佔分比例（%）
臺灣大學	中國文學研究所 台北市中正區	20名 甲組17名 乙組3名	甲組： 1.中國語文能力測驗 2.中國文學史 3.文字學 4.聲韻學 5.中國思想史 6.國文 7.英文 乙組（外籍生組）： 1.中國語文能力測驗 2.國文 3.英文 4.中國文學史、文字學、聲韻學（三選一）	0／100／0
臺灣師範大學	國文研究所 台北市大安區	25名	1.國文 2.中國文學史 3.中國哲學史	50／50／0

臺灣師範大學	華語文教學研究所 台北市大安區	22名 （5）	甲組： 1.國文 2.英文 3.語言學概論 4.中國文學概論 5.教育概論 乙組： 1.國文 2.英文 3.中國語文概論 4.中國文學概論 5.國際現勢	
政治大學	中國文學研究所 台北市文山區	17名	1.高階國文 2.英文 3.文字學 4.中國文學史 5.中國思想史	0／100／0
東吳大學	中國文學研究所 台北市士林區	12名	1.中英語文能力 2.作文 3.中國文學史 4.中國思想史 5.小學	0／100／0

文化大學	中國文學研究所 台北市士林區	18名 （2）	1.國文 2.英文 3.文字學（含聲韻學、訓詁學） 4.中國文學史 5.中國思想史	0／85／15
淡江大學	中國文學研究所 台北縣淡水鎮	20名	1.國文 2.英文 3.文字學（含聲韻學、訓詁學） 4.中國文學史 5.中國思想史	0／75／25
輔仁大學	中國文學研究所 台北縣新莊市	15名	1.國文 2.語文能力（英文） 3.中國文學史 4.文字學暨聲韻學 5.專書（易經、尚書、禮記、左傳、四書、史記、老子、荀子、莊子、韓非子、楚辭、昭明文選等14科任選一科）	0／100／0
銘傳大學	應用中國文學研究所 桃園縣龜山鄉	15名	1.小學 2.中國文學史 3.中國思想史	15／65／20

世新大學	中國文學研究所 台北市文山區	10名	1.國文 2.英文 3.中國文學史 4.中國思想史 5.中國語文學	0／100／0
華梵大學	東方人文思想研究所 台北縣石碇鄉	14名	甲組： 1.國文 2.英文 3.哲概 4.中國哲學史 乙組： 1.國文 2.英文 3.佛概 4.中印佛教史 丙組： 1.國文 2.英文 3.文概 4.中國文學史	10／90／0
中央大學	中國文學研究所 桃園縣中壢市	19名	甲組： 1.中國文學史 2.中國思想史 3.文字學	0／40／20

			4.國文 乙組： 1.中國文學史 2.中國思想史 3.國學導讀 4.國文	
玄奘大學	中國語文研究所 新竹市香山區	20名 （5）	1.國文 2.中國文學史 3.文字學 4.中國思想史	0／100／0
清華大學	中國文學研究所 新竹市	14名 （2）	1.中國文學史 2.中國思想史 3.中國文學基本經典 4.國文 5.英文	0／100／0
清華大學	台灣文學研究所 新竹市	10名 （2）	1.台灣文學史 2.現代文學理論與批評 3.英文 4.中國文學史	0／100／0
中興大學	中國文學研究所 台中市南區	20名	1.國文 2.英文	0／100／0

			3.中國文學史 4.中國語文學（含文字、聲韻、訓詁）	
靜宜大學	中國文學研究所 台中縣沙鹿鎮	中國文學組 4名（1） 台灣文學組 4名（1）	中國文學組： 1.中國文學史 2.中國思想史 3.文字學、聲韻學、訓詁學（三選一） 4.中英文語文能力測驗 台灣文學組： 1.台灣文學史 2.文學概論 3.中國文學史 4.中英文語文能力測驗	0／100／0
東海大學	中國文學研究所 台中市西屯區	12名	1.國文 2.英文 3.中國文學史 4.文字學 5.中國思想史 6.古籍研讀能力測驗	0／80／20
逢甲大學	中國文學研究所 台中市西屯區	9名	1.國文綜合能力測驗（含小學、中國思想史、國學常識、詩文鑑賞能力等） 2.中國文學史	0／70／30

暨南國際大學	中國語文學研究所 南投縣埔里鎮	15名（3）	1.中國文學史、中國思想史、文字聲韻學（三選二）	0／75／25
彰化師範大學	國文研究所 彰化縣彰化市	16名	1.中國文學史 2.文史學 3.中國哲學史 4.國文	0／100／0
中正大學	中國文學研究所 嘉義縣民雄鄉	13名（3）	1.國文 2.英文 3.中國思想史 4.中國文學史 5.語言文字學	0／75／25
成功大學	中國文學研究所 台南市東區	12名	1.中國文學史 2.中國思想史 3.小學（包括文字學、聲韻學、訓詁學） 4.國文 5.英文	
中山大學	中國文學研究所 高雄市鼓山區	15名	1.國文 2.中國文學史 3.中國思想史 4.文字學	0／100／0

高雄師範大學	國文研究所 高雄市苓雅區	20名	1.國文 2.英文 3.中國文學史 4.中國哲學史 5.文字學（包括聲韻學及訓詁學）	
高雄師範大學	華語文教學研究所 高雄市苓雅區	15名	1.國文 2.英文 3.語言學概論 4.漢語知識 5.中國文學史	0／100／0
高雄師範大學	經學研究所 高雄市苓雅區	15名（不限定）	1.國文 2.英文 3.中國思想史 4.經典知識 5.中國文學史	0／100／0
花蓮師範學院	民間文學研究所 花蓮縣花蓮市	10名（2）	1.國文 2.英文 3.民間文學概論 4.中國文學史、思想史（二選一）	0／100／0
東華大學	中國語文學研究所 花蓮縣壽豐鄉	15名（2）	1.語文能力（國文、英文） 2.中國文學史 3.中國思想史 4.中國文學批評史	0／60／40

嘉義大學	中國文學研究所 嘉義縣民雄鄉	12名	1.中國文學史 2.中國思想史 3.文字學 4.國文 5.英文	0／100／0
南華大學	文學研究所 嘉義縣大林鎮	16名	1.中國文學史 2.二十世紀文學理論、中國思想史（二選一） 3.英文	20／80／0
雲林科技大學	漢學資料整理研究所 雲林縣斗六市	20名	英文、中國語文能力測驗、中國文學史、中國思想史（四選一）	0／100／0
台北市立師範學院	應用語言文學所 台北市中正區	17名	1.國文 2.英文 3.文字學 4.中國文學史 5.語文基本能力	
屏東師範學院	語文教育學研究所 屏東縣屏東市	15名	1.國文 2.英文 3.中國文學史 4.中國學術思想史 5.小學（含文字學、聲韻學、訓詁學）	

臺南大學	語文應用研究所 國語文組 台南市中區	7名	1.國文 2.英文 3.文字學（含文字、聲韻、訓詁） 4.中國文學史（含文學理論） 5.語文應用能力（含文法、修辭及寫作等）	
明道管理學院	國學研究所 彰化縣埤頭鄉	中國文學組 5名 書法藝術組 5名	中國文學組： 1.國文 2.邏輯分析測驗 3.中國文學史 4.中國思想史、文字學與聲韻學（二選一） 書法藝術組： 1.國文 2.邏輯分析測驗 3.中國書法史（含書論） 4.文字學及書法創作	
佛光人文社會學院	文學研究所 宜蘭縣礁溪鄉	24名	1.國文 2.英文 3.中國文學史、西洋文學史（二選一）	

國家圖書館出版品預行編目資料

全國中研所試題彙編／宋裕．黃淑媛編著. -- 初版. -- 臺北市：萬卷樓, 2005[民 94]

面；　公分

參考書目：面

ISBN 957－739－520－1 (平裝)

1. 中國文學－問題集　2. 中國語言－問題集

820.22　　94001321

全國中研所試題彙編

編　　著：宋 裕．黃淑媛

發 行 人：許素真

出 版 者：萬卷樓圖書股份有限公司

臺北市羅斯福路二段 41 號 6 樓之 3

電話(02)23216565．23952992

傳真(02)23944113

劃撥帳號 15624015

出版登記證：新聞局局版臺業字第 5655 號

網　　址：http://www.wanjuan.com.tw

E－mail：wanjuan@tpts5.seed.net.tw

承印廠商：晟齊實業有限公司

定　　價：560 元

出版日期：2005 年 3 月初版

ISBN 957－739－520－1